北京文化书系
红色文化丛书

北京学府的红色文化

中共北京市委宣传部
中共北京市委党史研究室
组织编写

黄延敏　王树祥　主　编

北京出版集团
北京出版社

图书在版编目（CIP）数据

北京学府的红色文化 / 中共北京市委宣传部，中共北京市委党史研究室组织编写 ；黄延敏，王树祥主编．— 北京 ：北京出版社，2021.4
（北京文化书系．红色文化丛书）
ISBN 978-7-200-14441-3

Ⅰ．①北… Ⅱ．①中… ②中… ③黄… ④王… Ⅲ．①学校—校园文化—北京 Ⅳ．①G527.1

中国版本图书馆CIP数据核字（2021）第060796号

北京文化书系　红色文化丛书
北京学府的红色文化
BEIJING XUEFU DE HONGSE WENHUA
中共北京市委宣传部
中共北京市委党史研究室　组织编写
黄延敏　王树祥　主编
*
北京出版集团
北京出版社　出版
（北京北三环中路6号）
邮政编码：100120
网　　址：www.bph.com.cn
北京出版集团总发行
新华书店经销
中国电影出版社印刷厂印刷
*
787毫米×1092毫米　16开本　19印张　281千字
2021年4月第1版　2021年4月第1次印刷
ISBN 978-7-200-14441-3
定价：95.00元
如有印装质量问题，由本社负责调换
质量监督电话：010-58572393

“北京文化书系”编委会

“红色文化丛书”编委会

本书作者　黄延敏　李明珠　王　硕　张　驰　王树祥
李　敏　苏　玉　郭　清

“北京文化书系”
序言

文化是一个国家、一个民族的灵魂。中华民族生生不息绵延发展、饱受挫折又不断浴火重生，都离不开中华文化的有力支撑。北京有着三千多年建城史、八百多年建都史，历史悠久、底蕴深厚，是中华文明源远流长的伟大见证。数千年风雨的洗礼，北京城市依旧辉煌；数千年历史的沉淀，北京文化历久弥新。研究北京文化、挖掘北京文化、传承北京文化、弘扬北京文化，让全市人民对博大精深的中华文化有高度的文化自信，从中华文化宝库中萃取精华、汲取能量，保持对文化理想、文化价值的高度信心，保持对文化生命力、创造力的高度信心，是历史交给我们的光荣职责，是新时代赋予我们的崇高使命。

党的十八大以来，以习近平同志为核心的党中央十分关心北京文化建设。习近平总书记作出重要指示，明确把全国文化中心建设作为首都城市战略定位之一，强调要构建涵盖老城、中心城区、市域和京津冀的历史文化名城保护体系，更加精心保护好世界遗产，加强对“三山五园”、名镇名村、传统村落的保护和发展，加强对文物、优秀近现代建筑、工业遗产、非物质文化遗产的保护，凸显北京历史文化的整体价值，强化“首都风范、古都风韵、时代风貌”的城市特色。习近平总书记的重要论述和重要指示精神，深刻阐明了文化在首都的重要地位和作用，为建设全国文化中心、弘扬中华文化指明了方向。

2017年9月，党中央、国务院正式批复了《北京城市总体规划（2016年—2035年）》。新版北京城市总体规划明确了全国文化中心建设的时间表、路线图。这就是：到2035年成为彰显文化自信与多元包容魅力的世界文化名城；到2050年成为弘扬中华文明和引领时代潮流的世界文脉标志。这既需要修缮保护好故宫、长城、颐和园等享誉中外的名胜古迹，也需要传承利用好四合院、胡同、京腔京韵等具有老北京地域特色的文化遗产，还需要深入挖掘文物、遗迹、设施、景点、语言等背后蕴含的文化价值。

组织编撰“北京文化书系”，是贯彻落实中央关于全国文化中心建设决策部署的重要体现，是对北京文化进行深层次整理和内涵式挖掘的必然要求，恰逢其时、意义重大。在形式上，“北京文化书系”表现为“一个书系、四套丛书”，分别从古都、红色、京味和创新四个不同的角度全方位诠释北京文化这个内核。丛书共计48部。其中，“古都文化丛书”由20部书组成，着重系统梳理北京悠久灿烂的古都文脉，阐释古都文化的深刻内涵，整理皇城坛庙、历史街区等众多物质文化遗产，传承丰富的非物质文化遗产，彰显北京历史文化名城的独特韵味。“红色文化丛书”由12部书组成，主要以标志性的地理、人物、建筑、事件等为载体，提炼红色文化内涵，梳理北京波澜壮阔的革命历史，讲述京华大地的革命故事，阐释本地红色文化的历史内涵和政治意义，发扬无产阶级革命精神。“京味文化丛书”由10部书组成，内容涉及语言、戏剧、礼俗、工艺、节庆、服饰、饮食等百姓生活各个方面，以百姓生活为载体，从百姓日常生活习俗和衣食住行中提炼老北京文化的独特内涵，整理老北京文化的历史记忆，着重系统梳理具有地域特色的风土习俗文化。“创新文化丛书”由6部书组成，内容涉及科技、文化、教育、城市规划建设等领域，着重记述新中国成立以来特别是改革开放以来北京日新月异的社会变化，描写北京新时期科技创新和文化创新成就，塑造北京人民勇于创新、开拓进取的时代风貌。

为加强对“北京文化书系”编撰工作的统筹协调，成立了以“北京文化书系”编委会为领导、四个子丛书编委会具体负责的运行架构。“北京文化书系”编委会由中共北京市委常委、宣传部部长杜飞进同志担任主任，中共北京市委宣传部常务副部长赵卫东同志担任副主任，由相关文化领域权威专家担任顾问，相关单位主要领导担任编委会委员。原中共中央党史研究室副主任李忠杰、北京市社会科学院研究员阎崇年、北京师范大学教授刘铁梁、北京大学文化资源研究中心主任张颐武分别担任“红色文化”“古都文化”“京味文化”“创新文化”丛书编委会主编。

在组织编撰出版过程中，我们始终坚持最高要求、最严标准，突出精品意识，把“非精品不出版”的理念贯穿在作者邀请、书稿创作、编辑出版各个方面各个环节，确保编撰成涵盖全面、内容权威的书系，体现首善标准、首都水准和首都贡献。

我们希望，“北京文化书系”能够为读者展示北京文化的根和魂，温润读者心灵，展现城市魅力，也希望能吸引更多北京文化的研究者、参与者、支持者，为共同推动全国文化中心建设贡献力量。

“北京文化书系”编委会

2019年9月

“红色文化丛书”
序言

北京是千年古都，有着丰厚的文化积淀。1949年伴随着中华人民共和国成立的脚步，北京获得新生。改革开放以来，北京文化得到新的更大发展。党的十八大以后，以习近平同志为核心的党中央进一步明确了北京作为全国政治中心、文化中心、国际交往中心、科技创新中心的战略定位，不仅为整个首都建设，也为北京的文化建设指明了方向、增强了动力。

为了深入挖掘北京文化内涵、推进全国文化中心的建设，中共北京市委决定编纂“北京文化书系”。书系包括“古都文化、红色文化、京味文化、创新文化”4个系列。按照市委要求和市委宣传部部署，由市委党史研究室负责，由我当主编，组织有关部门和单位的专家学者编纂了“红色文化丛书”。这是整个书系的一个重要组成部分。

对本套丛书，首先需要做几点总体上的说明和介绍。

一、北京红色文化的内涵和外延

编纂“红色文化丛书”，首先要界定北京红色文化的内涵和外延，这样才能确定写什么、怎样写。

文化，作为人类改造客观世界和主观世界的活动及其成果的总和，始终伴随着人类的活动而生成、发展，从而不断展现出五彩斑斓的色彩。当代中国文化，源自于中华优秀传统文化，熔铸了中国共产党领导人民在革命、建设、改革中创造的革命文化和社会主义先进文化，到当代，本质上成为中国特色社会主义文化。如果以颜色作为象征，总体上可以说是一种以红色为基调的文化；而中国共产党培育、形成和展现的文化，则是一种比较完全意义上的红色文化。这是广义上的红色文化。

但在本套丛书中，我们对红色文化做了狭义上的界定，即将红色文化限定于主要在1949年前由中国共产党培育、形成和展现的革命文化。这样界定，主要是为了尊重文化自身内容的多样性和复杂性，避免过于宽泛造成内容上的庞杂，也为了更加突出不同时期文化的主要特点。否则，北京红色文化就会像一个硕大无比的筐子，什么都能往里装了。

因此，本套丛书所说的北京红色文化，主要是指1921年中国共产党成立至1949年中华人民共和国成立之间，中国共产党在北京地区领导人民群众为争取民族独立、人民解放而斗争所培育、形成和展现的革命文化。往前，回溯到五四运动前后红色文化的萌发；往后，延伸到新中国成立后到1966年前所创作的反映新民主主义革命的主要作品、建筑，如人民英雄纪念碑等。

无论广义还是狭义，红色文化都是中国共产党“为中国人民谋幸福、为中华民族谋复兴”的初心和使命的重要体现，都是在实现这一初心和使命的历程中培育、形成、发展和完善起来的重要成果。而北京红色文化，则是这一初心和使命在北京区域内的体现和反映。

北京红色文化与中共北京历史有着紧密的联系。北京红色文化，是中国共产党在北京的活动、工作、斗争中培育、形成和展现出来的。因此，写北京红色文化，当然要写中共北京历史。但党史又不能完全等同于文化。所以，本套丛书安排几本书梳理和介绍了北京地区党的组织和活动，展示了党在北京地区英勇和复杂的斗争。但撰写这些历史，不是简单地写历史，而是重在反映这些历史中的文化和精神，努力体现贯串其中的北京红色文化。因此，这些历史与标准的党史著作是有区别的。

二、北京红色文化的特殊地位

北京红色文化不是孤立的地域文化，而是党和国家整个红色文化中一个特殊的重要组成部分。

中国共产党这艘红船，在上海制造，在南湖起航。追根溯源，首先是在北京孕育的。北京地区的党组织，是中国共产党的地方组织，但在某些时期也超出了地方的范围。如李大钊领导的北方区委，曾负责当时北方十几个省、区、市党的工作。北京发生的许多事件，如五四运动、一二·九运动等，都对全国产生了重大影响，起到了引领作用。

特别是1949年1月北平和平解放后，中共中央决定定都北平，随即“进京赶考”，从西柏坡迁驻香山，9月正式入驻中南海。在此期间，党中央、毛泽东运筹帷幄，指挥夺取了中国革命的最后胜利；筹备和召开中国人民政治协商会议，建立了中华人民共和国。北京的历史翻开了新的一页，中国的历史也翻开了新的一页。所以，从1949年初起，北平就实际上发挥了首都的作用。新中国成立之后，北京作为中华人民共和国的首都，围绕大局，服务中央，一直到今天，都发挥着特殊的作用。

所以，北京是地方的北京，但也是全国的北京。北京的红色文化，既具有地域性，也具有全局性。北京的红色文化，在党和国家整体的红色文化中，发挥着一定程度上全局性的作用；对全国的红色文化建设，也在一定程度上发挥着典型、示范和引领的作用。

所以，我们撰写“红色文化丛书”，既坚持立足于北京，又坚持着眼于全党全国，把北京红色文化放在全局中来认识和撰写，不仅充分反映党中央对于北京党组织和北京地区革命斗争的领导，而且反映党中央在北京对于全国革命斗争的领导和指挥。同时，又充分反映北京地区革命斗争的实际，充分反映北京地区革命斗争在全局中发挥的特殊作用，从而正确地反映北京红色文化与党和国家整体红色文化的关系。

三、北京红色文化的形态和表现

文化有物质和非物质两类基本形态。所以，北京红色文化，既包括精神领域的红色文化，也包括物质形态的红色文化。这种物质形态的红色文化，就是指蕴含在这些物质形态之中，以物质形态表现出来的红色精神文化。比如中共中央在香山的办公旧址，表现为物质形态，但包含有丰富的文化内容。所以，我们将北京的红色遗存、红色地标等均纳入了北京红色文化的范围。

物质形态的北京红色文化，主要有3类。

第一类，是红色地标。在本套丛书中，我们提出了"红色地标"的概念。所谓红色地标，就是指北京区域内具有地标性的红色遗址遗迹和纪念建筑。一般来说，每个城市都会有自己的地标性建筑。但很多北京的地标，不仅是北京的地标，而且是全国性的地标。如北大红楼、卢沟桥、天安门广场、国家博物馆、毛主席纪念堂等，它们有些是原先就有的，有的是1949年之后建立起来的。这些地标性建筑，都具有特别重大的意义，甚至从某个角度可以代表中国共产党、代表中华人民共和国。

第二类，是红色遗址遗迹。主要是除红色地标外反映革命斗争历史和精神的大量遗址遗迹。红色地标不少也是遗址遗迹，但因为其特别重要，就单列出来了。除此之外的大量红色遗址遗迹，也蕴含着丰富的红色文化。所以我们也在本套丛书里做了研究、介绍和展示。其中不少已经被列入不同级别的文物保护名录，有的还没有被列入。北京党史部门曾对这些遗址遗迹做过调查，特别是曾按中共中央党史研究室的统一部署，做过一次大规模的全面普查，这次在本套丛书里进一步加以反映。所有这些遗址遗迹，都是北京红色文化的重要载体。

第三类，是可移动红色文物。包括红色文献，如党创办的很多杂志、出版的各种书籍；红色艺术品，如木刻、标语、宣传画、摄影作品等。1949年及之后设计的国旗、国徽也是红色艺术品。它们具有可移动性的物质形态，也是北京红色文化的重要载体。

其实还有一类，兼具物质形态和非物质形态。主要是红色的文学作品、音乐作品、戏剧作品、舞蹈作品、电影作品、民间文艺等。就其内容和表现形式而言，应该属于非物质文化形态，但它们也以一定的物质形态存留于世。其中有的是原生态的历史作品，也有的是1949年后创作的反映1949年前革命斗争的作品。

精神领域的北京红色文化，主要是指在长期革命斗争中表达和反映的思想、理论、路线、政策、主张、观点、口号、精神、规范、要求、价值取向、道德要求等等。它们总体上都可以归入红色文化的范畴。如果直接在北京区域内形成和表现出来的，就是北京红色文化。

这类北京红色文化，也是非常丰富的。本套丛书主要展示和论述了一系列革命精神，用以集中反映北京在精神领域的红色文化，如五四精神、抗战精神等。每一本书都有从不同侧面的展示，在《北京红色文化概述》里又做了集中的分析论述。

四、北京红色文化的作用和价值

文化是一个国家、一个民族的灵魂。文化的发展繁荣与国家民族的命运紧紧联系在一起。北京的文化建设不仅与北京的发展紧紧联系在一起，而且在全国的文化建设和中国特色社会主义的建设中都起着重要的作用。

北京红色文化是北京文化的重要组成部分，同样具有十分重要的作用和价值。

从时间长度上来说，北京红色文化，既在新民主主义革命的过程中具有重要的价值，发挥了重要的作用，又对1949年后的革命、建设、改革具有基础性、延续性、灵魂性的价值和影响，一直发挥并将继续发挥重要的作用。

从空间维度上来说，北京红色文化既对北京地区的革命、建设、改革有着重要的价值，发挥着重要的作用，又因为其居于首都地位，所以对党和国家的全局发挥着重要的作用，对全国的红色文化建设起着引领和示范的作用。

对于历史而言，本套丛书将北京红色文化的作用概括为：传播马列主义，解答中国问题；认知基本国情，选择革命道路；加强政治宣传，动员鼓舞群众；团结进步力量，壮大统一战线；引领革命洪流，助推全国胜利。

对于现实而言，本套丛书将北京红色文化的时代价值概括为：传承红色基因，弘扬社会主义核心价值观；挖掘红色文化，助力全国文化中心建设；厘清历史真相，反击历史虚无主义；开发红色资源，促进地区经济社会发展。

这些提炼和概括，是在《北京红色文化概述》作者和编委会认真研究的基础上形成的，代表了我们整个团队对北京红色文化作用和价值的认识。

五、北京红色文化与其他文化的关系

“北京文化书系”包括“古都文化、红色文化、京味文化、创新文化”4个系列4套丛书。因此，编纂“红色文化丛书”，除了界定北京红色文化的定义和范围之外，还必须厘清和处理好其与古都文化、京味文化、创新文化的关系。

古都文化，是一种传统文化，而且是一种以古都为特点的传统文化。古都文化当然不是红色文化。但是红色文化多少也吸收和传承了古都文化的某些因子。作为京城、古都，北京长期居于国家政治、文化的中心地位。因此，那种天下观念、家国情怀、宽广视野，对于许多革命家在北京出发、许多历史事件在北京发生、中国共产党在北京孕育、新中国在北京诞生，都起了重要的作用。作为中华人民共和国的首都，北京不仅是全国的政治中心，也是全国的文化中心。北京文化是首都文化。长期形成的都市建设理念，对北京红色地标的规划、布局和建设也产生了深刻的影响。所以，北京红色文化在很多方面传承了中国传统文化的精华，也包括古都文化中的某些思想养分。

京味文化，是兼具都城性、生活性和民间性的一种文化。北京红色文化，运用了京味文化的很多形式，如戏剧、书画、礼仪、节庆、服饰、民俗、工艺、饮食等。中国共产党在革命、建设、改革中都利用其从事宣传、动员、教育（如统一战线、党的建设、武装斗争），产生了明显的效果。比如，党中央、毛泽东在到达北平的第一天，就会见了民主党派负责人和其他民主人士，并在颐和园设宴招待和餐叙，这既是饮食，也是礼仪，既是生活，也是政治。北京红色文化，在相当程度上渗入、影响和改造了京味文化。比如，1949年，中国共产党接管北平之后，在忙于一系列重大政治、军事事务的同时，立即着手整理市容、收容乞丐、封闭妓院，从而初步清除了传统京城的糟粕，改造了某些低俗的城市文化。

创新文化，是改革开放以来提出和突出强调的新型文化。作为中国共产党提出和确立的战略要求，创新文化甚至在广义上也是一种红色文化。两者在很多方面有着内在的联系、内在的共性。红色文化应该是一种富于创新的文化，创新文化也包含着红色文化的基因。但同时，我们也懂得，文化是一种庞大的社会历史现象，具有非常明显的多样性和复杂性。其中包含着非常众多的子文化、亚文化，也会有非常众多和不同的色彩。没有必要给所有的文化都贴上一个红色或非红色的标签。所以，北京红色文化与北京创新文化是并行不悖的。两者互相促进、互相交融，共同丰富和发展着北京文化，共同构成全国文化中心建设的重要内容，共同为北京“四个中心”与国际一流的和谐宜居之都建设发挥重要作用。

六、“红色文化丛书”的框架和特点

基于上述观点、分析和考虑，“红色文化丛书”一共包含12本著作，分别是《北京红色文化概述》《北京的红色觉醒》《北平抗战的红色脊梁》《迎接北平的红色黎明》《新中国在这里诞生》《北京红色先驱》《北京学府的红色文化》《北京红色地标》《北京红色遗存》《北京红色文艺》《北京红色出版》《北京红色设计》。

这12本书所写的内容和角度并不完全一样。《北京的红色觉醒》《北平抗战的红色脊梁》《迎接北平的红色黎明》《新中国在这里诞生》，主要按时间顺序，分4段介绍了不同时期党在北京的活动及其形成和发展的红色文化。今年是中华人民共和国成立70周年，这几本书连贯回答了中华人民共和国从何而来的问题。特别是《新中国在这里诞生》，集中介绍了中共中央在香山及到中南海筹划建立中华人民共和国的主要过程，对我们重温中共中央在香山的历史，从中汲取力量和智慧很有帮助。这4本书，均是以北京党史为基础，但又着重从文化的角度切入和贯通。党史叙事是研究和介绍北京红色文化的前提和基础。如果不说明党在北京的活动和工作，就无法说明北京的红色文化。当然，如果简单地重复党史而忽略红色文化的形成和发展，那就是党史而不是红色文化了。

《北京红色先驱》分别介绍了在北京革命斗争中涌现的著名人物和英烈模范。没有以他们为代表的共产党人和志士仁人，北京红色文化就无从产生。这些先驱，既有个体，也有群体，都是北京红色文化的创造者、体现者和代表者。

《北京学府的红色文化》集中介绍和展示了北京大、中、小学校中党的活动及其体现的红色文化。北京是学校特别是高校最集中的地区。北京学府在中共党史和中国革命史上发挥了特殊的作用。以往介绍各个学校的革命斗争史，都是一个一个学校单个研究和介绍的。但这次，我们首先把各个学校打通和整合起来，从整体上介绍北京学府红色文化的形成、发展、内容和特点。这种写法虽然要困难得多，但体现了北京学府红色文化的整体性和统一性。

《北京红色地标》《北京红色遗存》反映的是红色物质文化遗产。它们代表了北京红色文化的一个重要类别，着重介绍了具有地标意义的红色遗址遗迹、重要建筑和纪念设施。不仅介绍了有关这些建筑设施的红色历史，还从建筑学和美学的角度介绍和分析了建筑设计上的特点。突出红色地标，这是红色文化研究的一个创新，也是北京红色文化的一个重要特色。

《北京红色文艺》《北京红色出版》《北京红色设计》分别展示了北京红色文化的几个重要领域和类型。其中的红色出版和红色设计在党史研究中是个创举。迄今的党史著作，都是在叙述党史过程时提到这种或那种杂志、报纸或书籍。但它们的具体情况如何，中国共产党到底出版过哪些报纸、杂志和书籍，均语焉不详。《北京红色出版》首次做了集中研究和介绍。虽然只是北京地区的出版物，但仍然具有开创性的意义。《北京红色设计》更是一种新的探索和突破。它从艺术设计的角度介绍了一批建筑、雕塑、书刊、纪念物品、徽章标识中的红色文化，令人耳目一新，具有很强的知识性。

在这些单项著作的基础上，《北京红色文化概述》一书从整体上概述了北京红色文化的形成和发展、土壤和条件；物质形态的北京红色文化、精神层面的北京红色文化、北京红色文化的本质特点、北京红色文化的传承和发展、北京红色文化的时代价值、通过弘扬北京红色文化推进新时代新北京的建设等。这本书兼具历史概述和理论分析，集中回答了“北京红色文化是什么、有哪些”的基本问题。

所有这12本书，由于内容、角度不同，体例和风格上也有不同。我们一直努力保持体例和风格的统一，但很难完全统一，只能从实际出发，发挥各自的特色。不同角度、不同写法、不同风格，正好可以起到互补和整合的作用。

七、“红色文化”工程的实施和推进

编纂“红色文化丛书”，是北京市委的决定和部署，是贯彻落实习近平总书记对于北京首都建设和文化建设重要指示的重要举措。丛书编委会和所有作者，特别是负责单位市委党史研究室，都不断增强“四个意识”、坚定“四个自信”、做到“两个维护”，从政治和大局的高度对待这项工作，勇于担当负责，积极主动作为，努力完成市委交代的任务。

从接受任务开始，编委会就制订了严密的工作计划，以钉钉子精神抓工作落实，一环紧扣一环、一步紧跟一步，稳步有序地把这项工程推向前进。从设计方案到选择作者，从确定选题到拟订提纲，从写出初稿到反复修改，从多次审议到最后统稿，从专家审核到编辑介入，每一个环节都召开专门会议，提出要求，落实措施，明确要求，规定时间，有布置、有检查、有落实。市委党史研究室从主任到有关人员，全程参与和负责，及时推进工程，及时请示汇报，及时解决问题；为每一本书都确定了联络员，随时沟通联系。各位作者深入研究，认真写作，准时完成了不同阶段的写作和修改任务。编委会成员和有关专家多次审核每一本书，认真把关，提升质量。邵维正将军年事已高，但仍坚持参加了几乎每一次会议，并审稿把关。北京出版集团全程参与，及时配备了责任编辑，提前介入图书的审阅、编辑工作。正由于所有同志的共同努力，才使得这项工程按照市委的要求及时完成。全书形成第二、第三稿后，我们还专门将全套丛书报送给十几位有名望的学者型省部级领导，请他们审阅把关、提出意见。

"红色文化丛书"具有鲜明的政治性。所以，我们首先坚持正确的政治导向，坚持以党的两个历史决议的精神为准绳，在重大历史事实、基本观点和重大结论上，与党中央保持高度一致。同时，确保史实的准确性。尽力运用原始资料，认真核对比较，吸收最新成果，深入挖掘拓展，要求作者最大限度减少错漏和不准确之处。

"红色文化丛书"也具有很强的学术性。市委明确要求打造成精品工程。所以，本套丛书从一开始就把打造精品作为基本标准，一切按精品要求来设计、写作、审核、研究、修改、编辑，不断消除与精品不符的问题。每一本书都大改了3～5次，小改更多。都是希望全方位展示北京红色文化研究的成果，努力为北京人民提供内容丰富、权威准确的北京红色文化读物，也为北京红色文化建设提供一个重要的工作基础。当然，最后完成的书稿与精品工程可能还有一定的差距，这是我们深感遗憾的地方。

"红色文化丛书"也兼顾了读者的需求，力求增加一定的生动性、可读性。根据每本书的内容和任务，我们要求语言文字上形象一点、生动一点。但实现的情况不完全一样，生动性、可读性各有差异。除了语言文字外，每本书还配了适当的照片资料。

我们希望，"红色文化丛书"能够成为向中华人民共和国成立70

周年献上的一份礼物，能够从红色文化的角度清晰展示中国共产党在领导北京地区革命斗争过程中的初心和使命，也为全党和北京市开展“不忘初心、牢记使命”主题教育提供有益的参考读物。

作为主编，我根据这套丛书研究和编纂的实际情况，对上述7个方面作出说明和介绍。希望各方面领导、群众和广大读者看了这些说明和介绍后，能够更加准确地理解北京红色文化，理解这套丛书的内容和特点。

感谢参与这套丛书、以不同方式支持这套丛书的所有人员。

李忠杰

2019年6月7日

目 录

导语 1

第一章 启蒙图存双重奏 理论实践两结合 1

——党的创建时期北京学府的红色文化

第一节 北京学府的红色文化之源 3

第二节 北京学府的红色文化之网 21

第二章 洪流激荡潮头立 青春热血洒北京 33

——大革命时期北京学府的红色文化

第一节 国共合作的前锋 35

第二节 打倒列强争国权 43

第三节 五四精神再弘扬 52

第三章 革命低潮搏逆流 反蒋救亡竞先锋 63

——土地革命战争时期北平学府的红色文化

第一节 白色恐怖下的坚持与抗争 65

第二节 掀起抗日救亡的高潮 76

第三节 民族解放的先锋 88

第四节 一二·九运动向纵深发展 96

第四章　投笔从戎赴疆场　野火春风斗古城　111
——全民族抗战时期北平学府的红色文化
第一节　到抗战前线去　113
第二节　铁蹄下的抗争　120
第三节　地下斗争的新阶段　132
第四节　平郊抗日根据地教育红红火火　139

第五章　爱国民主发先声　埋葬黑暗迎黎明　147
——解放战争时期北平学府的红色文化
第一节　争取和平民主的斗争　149
第二节　第二条战线的怒潮　176
第三节　黎明前的殊死较量　210

第六章　北京学府红色文化的典型和特色　225

结语　272

后记　275

导 语

北京作为中国现代教育的发祥地，著名学府众多，文化机构林立，贤达硕儒荟萃，在中国现代文化史上具有独特而重要的地位。新民主主义革命时期，北京学界积极参加一系列以争取民族独立、人民解放为根本目的，以反对帝国主义、封建主义、官僚资本主义为主要内容的革命运动，逐步形成了以爱国主义为核心的优良传统，汇聚成特色鲜明的北京学府红色文化。

发端于新文化运动的北京学府红色文化，肩负着时代赋予的崇高使命，点燃起光芒四射的熊熊火炬，淬炼出革命文化的红色基因。党的创建时期，以学生斗争为先导的五四运动，高举彻底反帝反封建的文化大旗，促进了中华民族的伟大觉醒，助推了马克思主义的广泛传播，加速了中国共产党的应运而生。大革命时期，以国民革命为目标的学生运动，为国共合作奔走呼号，与军阀专制独裁激烈抗争，与列强野蛮行径无畏搏斗，为加速国民革命新局面的形成展现了血染的风采。土地革命战争时期，以反蒋抗日为担当的爱国师生，胸怀民族大义走上街头游行，不惧血雨腥风南下请愿示威，毅然决然投身救亡图存的滚滚洪流，成为民族解放事业勇立潮头的时代先锋。全民族抗战时期，北平爱国师生面对日寇的残酷暴行，积极适应对敌斗争形势，坚守民族气节，抵制奴化教育，纷纷投笔从戎赴疆场，浴血奋战扬威名，为加快民族独立进程注入新的活力。解放战争时期，北平学府广大师生面对中华民族“两个前途、两种命运”的历史抉择，坚定地选择“光明之路”，构成更加强大的文化统一战线，以各种方式积极响应党的号召，为夺取新民主主义革命的全国性胜利做出了重要贡献。

《北京学府的红色文化》一书，正是对这段波澜壮阔的历史中学府文化的全景式再现。时间上主要是指五四运动爆发至中华人民共和国成立这一历史时期，范围上主要是指北京市现行政辖区的各级各类学校，内容上主要是指以进步师生为主流特别是党领导和影响下开展的爱国民主运动，以及由此凝练而成的民主科学的理念、追求真理的信仰、爱国奉献的情怀、视死如归的精神、艰苦奋斗的作风。

北京学府红色文化与中华民族优秀传统文化一脉相承，与波澜壮阔的时代浪潮同频共振，与中国共产党人的初心使命水乳交融，始终彰显着革命性、先进性的高尚品格。它是一曲浩气长存、响彻云霄的青春之歌，它是一面高扬在京华大地的精神旗帜，它是一朵绽放在中华优秀儿女心中的五彩祥云，值得我们永远铭记和坚守传承。新时代新征程，北京学府红色文化依然光华闪耀、启迪心灵，激励我们向着更加美好的未来扬鞭策马、砥砺前行。

第一章

启蒙图存双重奏　理论实践两结合

——党的创建时期北京学府的红色文化

南有红船，北有红楼。南湖红船与北大红楼，是中国共产党创建史上的“双子星座”。1918年，一所由红色砖瓦砌成的建筑在北京落成。它先由红色外观得名“红楼”，后因其革命历史的见证者和革命精神的承载者身份再次与“红”结缘。赋予这座建筑“红色”生命的，则是以北京大学为主体的北京学府进步师生及其革命活动。

北京学府在中国共产党创建史上具有重要的地位。它是新思潮的迸发地，是爱国民主运动的策源地，更是中国共产党北方组织的发祥地。北京学府进步师生是救亡图存的先锋队，是社会改造的探索者，也是红色精神的演绎者。

党的创建时期，北京学府间铺开一张初具规模的基层组织网，北京学府的红色文化正是依托这一架构和网络，不断渗透、播撒和激发，最终汇成蔚为壮观的时代巨澜。

第一节　北京学府的红色文化之源

如果说马克思主义是一粒种子，那么北京学府具有进步思想的师生就是播种者。李大钊是中国传播马克思主义的先驱，北京大学马克思学说研究会是中国最早的比较系统地学习和研究马克思主义的团体。党的创建时期北京学府的先进分子、进步社团及其活动，以及渗透其中的文化精神，构成了北京学府红色文化的基本要素。

一、新文化运动：青年的初步觉醒

辛亥革命推翻了统治中国两千多年的封建君主专制制度，却未能改变中国半殖民地半封建社会的性质，更没能真正撼动扎根于中国社会的封建思想。民国初年，复辟闹剧轮番上演、军阀统治依旧黑暗，中国先进知识分子不得不重新思考“中国的出路”在哪里。

陈独秀在《吾人最后之觉悟》一文中指出，器物、制度变革都不能使中国摆脱专制政治，根本原因在于思想意识领域的封建礼教根基还未铲除，多数国民面对国家危亡犹如隔岸观火。因此，拯救中国、改变中国人一盘散沙的状态，关键是唤醒多数国民。而唤醒国民，则始于唤起青年觉悟。

1915年9月，陈独秀在上海创办《青年杂志》（第2卷改名为《新青年》）。1917年春，将《新青年》编辑部由上海迁到北京，邀请李大钊、胡适、鲁迅、钱玄同、刘半农等参加编辑部工作，并成为主要撰稿人。

《青年杂志》第1卷第1号的5条《社告》中，有4条谈及青年，指出“国势陵夷，道衰学弊，后来责任，端在青年。本志之作，盖欲与青年诸君商榷将来所以修身治国之道”[①]。这也明确表达了《青年杂志》的创刊宗旨在于改造青年思想，激发青年责任。

---

① 陈独秀：《社告》，《青年杂志》第1卷第1号，1915年9月15日。

《青年杂志》第1卷第1号登载陈独秀的《敬告青年》和高一涵的《共和国家与青年之自觉》两篇文章。陈独秀认为，青年对于个人“如初春，如朝日，如百卉之萌动，如利刃之新发于硎”，是人生最宝贵的时期。青年对于社会，“犹新鲜活泼细胞之在人身”[①]，为社会发展注入活力。国家的希望就在于中国能否诞生自觉、奋斗的新青年。高一涵从实现共和国这一迫切任务论及青年责任，发出“我任重道远之青年，安得不耸起双肩，自负此责”[②]的时代之问。

李大钊当时虽未加入《新青年》编辑行列，但也十分重视青年群体。1916年8月，他在《晨钟报》创刊号发表的《〈晨钟〉之使命》一文，将青年视为国家之魂，指出：“人先失其青春，则其人无元气；国家丧其青年，则其国无生机。”[③]1919年3月，李大钊发表《现代青

陈独秀

李大钊

① 陈独秀：《敬告青年》，《青年杂志》第1卷第1号，1915年9月15日。

② 高一涵：《共和国家与青年之自觉》，《青年杂志》第1卷第1号，1915年9月15日。

③ 中国李大钊研究会编注：《李大钊全集》（第一卷），人民出版社2006年版，第168页。

年活动的方向》一文，为迷茫中的青年指明前进方向。此外，蒋梦麟、鲁迅等人，也将目光投向青年，鼓励他们要勇于冲破旧的权威。

很多青年受《新青年》等杂志的影响，思想发生改变。张国焘看到《新青年》杂志时说，“一眼就觉得它的命名合乎我的口味，看了它的内容，觉得的确适合当时一般青年的需要”①。刘仁静看到《新青年》提倡白话文、宣传科学民主时，也认为这是时代的进步思想。毛泽东谈到《新青年》对自己的影响时指出：“我在师范学校学习的时候，就开始读这个杂志了。我非常钦佩胡适和陈独秀的文章。他们代替了已经被我抛弃的梁启超和康有为，一时成了我的楷模。”②

《新青年》如春雷初动一般，惊醒了整个时代的青年。这些青年将个人与国家紧密联系在一起，认识到应担负救国救民的责任。但实现救国理想的途径是什么？新文化运动倡导者并未指明。这就需要新青年们自己去探索。他们逐渐认识到，要想改造中国、改变世界，首先要从改变自己入手。开展学术研究、强健体魄、提高人格修养等一系列个人改造，成为当时进步青年的共识。

1917年秋天，长沙部分学校出现了一个署名“二十八画生”的征友启事。启事上写有“嘤鸣求友人……征求有志上进、愿为救国救民出力者为同道”③。发出启事的“二十八画生”就是毛泽东。通过这种方式，毛泽东联合一些青年，成立了以改造中国为奋斗目标的新民学会。学会以“革新学术，砥砺品行，改良人心风俗”为宗旨，开展思想革命、身心锻炼、游学留学活动。思想革命，要求成员多批判吸收古代思想、阅读西方书籍、接受先进思想。身心锻炼，则是要去掉中国“东亚病夫”的称号。毛泽东在《新青年》发表《体育之研究》一文，呼吁人们注意健康体魄对强国的重要性。他还以身作则，带领新民学会成员做体操、学游泳。游学则是毛泽东的独创，不仅可以锻

---

① 张国焘：《我的回忆》（上），东方出版社2004年版，第37页。

② ［美］埃德加·斯诺：《西行漫记》，东方出版社2005年版，第139页。

③ 张允侯等编：《五四时期的社团》（一），生活·读书·新知三联书店1979年版，第83页。

炼身体、增进彼此关系，还能帮助会员了解社会，学习书本以外的知识。此外，出国留学更是帮助会员增长见识，培养救国能力。总的来说，新民学会成立之初，成员从思想、体魄、见识等方面入手，努力将自己改造成可以担当时代重任的新青年。

与新民学会类似，互助社也遵循着从修身到救国的路径。1917年10月，恽代英在湖北发起成立互助社，仿照基督教团体——武昌青年会的形式，以“群策群力，自助助人”为宗旨，提高成员修养。该社要求社员每日开会一次，会前静坐5分钟，随后交流心得，反思不足，最后诵读《互励文》，提醒社员心系国家。社员们热心救国、注重个人品格修养，协助创办辅仁社、黄社、仁社等团体，让更多青年加入修身、助人、爱国的行列。

北京是近代中国教育最发达的地方之一，学生社团在这里更加活跃。蔡元培就任北京大学校长、《新青年》编辑部迁到北京后，这里更是吸引各地有志青年前来求学。北京的学府，会集了全国最领先的师资、最向上的青年。

1916年12月，蔡元培就任北京大学校长，对北京大学进行一系列改革。针对学校与生俱来的“官气”，蔡元培提出“大学学生当以研究学术为天职，不当以大学为升官发财之阶梯”[①]。为实现大学研究学术的目的，蔡元培着手整顿教师队伍。他一面辞退不够格的中外教员，一面广纳积学深厚的学者，特别聘请了陈独秀、李大钊、胡适、刘半农、鲁迅等一批新派人物。在蔡元培“思想自由，兼容并包”办学方针的指导下，北京大学面貌焕然一新。

1917年夏，北京大学3次招生，为学校注入了新鲜血液。到秋季开学时，校园氛围活泼起来。书法研究会、画法研究会、音乐讲习所等艺术类社团竞相出现；学生储蓄银行、消费公社等学生自我服务团体相继诞生；国民杂志社、新潮社、平民教育讲演团等学术研究团体或具有政治倾向的社团开始萌芽。受北京大学社团影响，北京其他高

---

① 蔡元培：《蔡元培自述》，河南人民出版社2004年版，第104页。

校的社团组织也陆续开展起来。

这一时期，北京的社团如千帆竞发，其中一些对近代中国走向产生了重要影响。

新潮社和国民杂志社是北京大学最为著名的两个学生社团。1918年底，新潮社由北京大学学生傅斯年、罗家伦、徐彦之等发起成立，并得到李大钊、鲁迅、胡适等人的支持。新潮社主要出版《新潮》杂志，介绍新思潮和倡导文学革命，在青年中拥有广泛的读者群。作为读者的施存统，在《致〈新潮〉杂志》中说："唤起多少同学的觉悟，这真是你们莫大之功。"①

国民杂志社成立于1918年10月20日，是一个爱国学生团体。1918年，为反对段祺瑞执政府与日本签订以苏俄为敌的《中日陆军共同防敌军事协定》，北京共2000余名学生参与要求政府废除《中日陆军共同防敌军事协定》的请愿运动。这次运动诞生了北京学生救国会（最初名称是北京学生爱国会），并扩展到全国。为便于在北洋军阀统治下进行反帝宣传，救国会在北京组织了国民杂志社。国民杂志社以"增进国民人格，灌输国民常识，研究学术，提倡国货"为宗旨。社员公开谈论政治，坚决反对日本帝国主义的侵略。国民杂志社吸收了很多进步青年，邓中夏、黄日葵②、周炳琳、许德珩、高君宇、张国焘都是国民杂志社成员。国民杂志社在五四运动的准备和游行示威阶段发挥过重要作用，许多成员在五四运动后接受共产主义思想，成为坚定的共产主义者。

如果说五四运动前青年的觉醒更多表现在"个人改造"上，北京大学平民教育讲演团，则显现出"社会改造"的倾向。

1919年3月，平民教育讲演团成立，以"增进平民智识，唤起平民之自觉心"为宗旨，采取露天演讲的方式，主要在城市普及平民教

---

① 《新潮》第2卷第2号，1919年12月。

② 黄日葵（1899—1930），广西桂平人。1918年考入北京大学，受李大钊影响，参与发起组织北京大学马克思学说研究会，1923年任中共北京地方执行委员会宣传委员，后任北京团地委委员长。1924年参加国共合作，负责国民党北京特别市党部的青年部工作。

育，希望通过这种行动，对社会上的教育问题有所补救。最初，讲演团向市民讲解幸福问题、家庭问题、卫生常识。后来随着形势发展，演讲主题倾向于政治宣传，并在五四运动及其他政治活动中发挥重要作用。中国共产党成立后，平民教育讲演团成为党的一个外围组织。

通过分析五四运动前的学生社团，我们可以从中了解五四运动前北京学生的思想状况。一方面，青年学生受新文化运动影响，逐步形成主体意识，“个人改造”意识初步觉醒。另一方面，在救国热情的驱使下，青年学生已经开始“社会改造”的实践。这些变化，是促使他们成为五四先锋的内在原因。

二、五四运动：北京学生冲先锋

第一次世界大战结束，中国以战胜国的身份参加巴黎和会。这次会议实质上是一次帝国主义国家的分赃会议，中国代表团提出的合理要求遭到拒绝。面对国家和民族的生死存亡，一批爱国青年挺身而出，全国民众奋起抗争，誓言“国土不可断送，人民不可低头”，奏响了浩气长存的爱国主义壮歌。

巴黎和会外交失败的消息传到北京，北京中等以上学校很快组织起来开会商议，决定5月4日举行示威游行。北京进步社团在这次游行的准备、联络等工作中充当了重要角色。

邵飘萍

1919年5月1日，国民杂志社成员在北京大学西斋举行紧急会议，决定3日晚7时在北京大学三院大礼堂举行学生大会。会上，京报社社长、新闻学研究会导师、国民杂志社顾问邵飘萍发表演说，报告巴黎和会上中国外交失败的经过和原因，具体分析了山东问题的性质以及当时的形势。张国焘、许德珩等国民杂志社成员在大会上也发表了演说。北京大学法科学生谢绍敏当场咬破手指，血书“还我青岛”4个大字，会场气氛十分高涨。

会后，国民杂志社成员连夜联络北京各中等以上学校，以保障游行队伍规模。当时北京国立8校几乎都有国民杂志社成员。社团定期开会，成员间相互熟悉，尤其那些活动积极的社员，能够在紧急时刻彼此联络。

社团骨干除了通知各校代表第二天的游行计划外，还紧锣密鼓地准备第二天游行示威所需要的传单、标语、旗帜。新潮社社员罗家伦连夜起草《北京全体学界通告》（白话文），许德珩起草的《北京学生界宣言》在天安门大会上宣读，将示威大会的气氛推向高潮。新潮社虽然一直存在资产阶级改良主义倾向，但在五四运动中确实发挥了重要作用。其成员傅斯年作为游行总指挥，参加了这场运动。

在北京高等师范学校[①]，游行的筹备工作也在紧张进行。该校工学会[②]成员，争分夺秒赶制“打倒卖国贼”“还我青岛”“宁为玉碎，不为瓦全”等标语，赶印揭露北洋政府卖国行为、呼吁各界支持学生爱国行为的传单。匡互生、周予同等人，查到曹汝霖、章宗祥、陆宗舆3个卖国贼的照片和居所地址，联络北京大学、北京工业专门学

---

① 前身为创办于1902年的京师大学堂师范馆，1908年独立为京师优级师范学堂。1912年5月，改名为北京高等师范学校（简称高师）。1923年7月，升格为国立北京师范大学（简称师大）。1929年8月，更名为国立北平师范大学。全民族抗战爆发后西迁，参与组建西北联合大学，后独立为西北师范学院。1946年学校迁回北平，定名北平师范学院（简称师院）。1948年11月，恢复北平师范大学名称。1949年9月，改为北京师范大学。

② 工学会，是北京高等师范学校一部分在校学生和毕业生组成的工学主义团体。该会成立于1919年5月3日，其前身是为反对日本帝国主义侵略成立的爱国主义组织“同言社”。

校[①]中的湖南籍学生准备采取激烈行动。一些学生如周予同、匡互生等，事先写下遗书，以备不测。据有关学生回忆，他们对于火烧赵家楼其实早有准备。

进步学生积极联络，北京各校空前团结。5月4日，游行队伍集结天安门，蓄势待发。

当天，参加示威游行的学校有北京大学、北京高等师范学校、中国大学[②]、朝阳大学[③]、北京工业专门学校、警官高等学校[④]、北京医科专门学校[⑤]、北京农业专门学校[⑥]、汇文大学、北京铁路管理学校[⑦]、北

---

① 前身是创办于1903年的京师高等实业学堂。1912年改名为北京高等工业学校，同年11月，改称国立北京工业专门学校。1924年更名为国立北京工业大学。1928年，学校成为北平大学工学院，一直存在到1937年。

② 建立于1912年，1913年4月正式开学，初名国民大学，1917年定名中国大学（简称中大）。1930年更名为中国学院，但人们仍习惯于使用中国大学的名称，本书采用此说法。1948年6月，学校恢复中国大学校名。1949年3月，因经费匮乏停办，部分院系合并到其他大学。

③ 创办于1913年7月，最初名为私立民国大学。1916年改名为朝阳大学（简称朝大）。1930年改名为朝阳学院。

④ 前身为创办于1901年的警务学堂。1911年辛亥革命后改为警察学校，1917年改为警官高等学校。1937年全民族抗战爆发后停办。

⑤ 前身为创办于1903年的京师大学堂医学实业馆，1912年设立北京医科专门学校（简称医专）。1924年1月，学校改组为国立北京医科大学。1928年成为北平大学医学院。

⑥ 前身为筹建于1905年的京师大学堂农科大学。1914年2月，改组为国立北京农业专门学校（简称农专）。1923年3月，改为国立北京农业大学（简称农大）。1928年成为北平大学的农学院。1937年9月随北平大学迁往西北，相继成为西安临时大学、西北联合大学的农学院。1938年7月，与国立西北农林专科学校合并，组成西北农学院。1949年9月，北京大学农学院、清华大学农学院、华北大学农学院合并，并于1950年4月正式定名为北京农业大学。

⑦ 成立于1916年12月，前身是1909年成立的铁路管理传习所。1921年与北京邮电学校等3校合并组建为交通大学。1923年改为北京交通大学，后多次更名。1929年改称交通大学北平铁道管理学院。1937年全民族抗战爆发后，南迁继续办学。1946年底，改为国立北平铁道管理学院。

京法政专门学校[①]、北京税务学校[②]、民国大学[③]13所学校。

游行开始后，学生从天安门来到东交民巷，沿途散发传单，向市民说明游行原因，号召同胞们起来反抗，宣誓：“中国的土地可以征服而不可以断送！中国的人民可以杀戮而不可以低头！”同学们喊着“中国是中国人的中国”“废除二十一条”“铲除国贼”“拒绝在巴黎和会上签字”“收回山东权利”“抵制日货”等口号。

在交涉无果的情况下，学生们带着愤怒来到赵家楼曹汝霖住宅，痛打章宗祥、火烧赵家楼。警察总监吴炳湘、步军统领李长泰带领大队军警赶到曹宅，当场逮捕32名学生，即北京大学学生许德珩、熊天祉、梁彬文、李良骥、牟振飞、梁颖文、曹永、陈声树、郝祖龄、杨振声、萧济时、邱彬、江绍原、孙德中、何作霖、鲁其昌、易克嶷、潘淑、林公顿、易敬泉（共20人）；北京高等师范学校学生向大光、陈宏勋、薛荣周、赵永刚、杨荃骏、唐英国、王德润、初铭音（共8人）；北京工业专门学校李更新、董绍舒；中国大学刘国干；汇文大学张德。[④]

外面的学生积极营救。5月4日晚，参加游行的北京大学学生在本校三院礼堂开会，各兄弟院校学生纷纷参会，商议营救被捕同学的办法，决定5月5日起宣布总罢课。校长蔡元培表示将积极营救学生。这次大会上，成立了北京大学学生干事会（简称学生会），这是中国第一个学生会。[⑤]

---

① 成立于1912年5月。1923年更名为国立北京法政大学，1928年改组为北平大学法学院。

② 成立于1908年5月，最初名为税务学堂，辛亥革命后改名为北京税务学校。1937年全民族抗战爆发后，学校停办不复存在。

③ 成立于1916年，1917年3月正式招生上课。1930年改名为私立北平民国学院。抗日战争胜利后，改称私立民国大学。

④ 北京师范大学校史资料室编：《五四运动与北京高师》，北京师范大学出版社1984年版，第112页。

⑤ 北京大学历史系《北京大学学生运动史》编写组编：《北京大学学生运动史（1919—1949）》，北京出版社1979年版，第27页。

5月4日的游行示威对北京的任何一所学校来说，是震动，也是鼓舞。当日没有参加示威游行的学校，纷纷行动起来加入其中。偏居西郊的清华学校学生[①]得知城内发生学生游行的消息，立即声明将与各校采取一致行动。高等科二年级学生闻一多，连夜抄录岳飞的《满江红》，贴在高等科饭厅门口，表示收复失地的决心。一些特殊学校也加入到爱国运动中。北京协和女子大学、贝满女中、慕贞女校、培德女校等教会学校的学生积极声援爱国行动，吁请全国妇女界同胞不甘落后，奋起救国。国立蒙藏专门学校[②]的学生也参加了爱国示威游行。

五四运动中北京高师被捕学生返校后合影

① 前身是创建于1911年的清华学堂，1912年改名为清华学校。1928年8月，学校改名为国立清华大学。

② 成立于1913年。1918年之前，学校多次停办。1918年至1927年，学校名为国立蒙藏专门学校。1929年6月至1937年7月，学校名为国立北平蒙藏学校。1937年全民族抗战爆发后，学校留在北平未迁，改名国立北京蒙藏学校。1945年至1949年新中国成立前，恢复国立北平蒙藏学校校名。

5月5日，北京各大专学校的学生同时罢课。下午2时，爱国学生3000余人在北京大学三院礼堂集会。大会通过决议，坚决要求中国代表拒绝在和约上签字、严惩卖国贼、释放被捕学生。为统一行动，当晚成立北京中等以上学校学生代表联合会筹备会。5月6日，北京中等以上学校学生联合会（简称北京学联）正式成立。

5月7日，被捕学生回到学校，受到同学们的欢迎。北京大学被捕学生登上学校广场上的欢迎台和同学们见面，大家情绪激动，热烈交流。北京高等师范学校被捕学生回校时，同学们为他们佩戴大红花，把他们高高举过肩头，簇拥着抬进学校大门。在这次斗争中，学生们不仅没有屈服于武力镇压，反而更加团结。

北京学生深知，要取得斗争的胜利，仅靠学生的力量还远远不够。他们通过演讲、演出等方式在群众中扩大爱国宣传。6月19日，北京大学学生演出剧目《新村正》《终身大事》；20日，高师学生演出《波兰亡国惨》《劫余泪》；21日，农专学生演出《美人剑》《笑死您》。[①]学生的演出活动受到市民欢迎，既向群众传播了爱国思想，也为开展各项活动筹集了经费。

北京师生大力宣传、联络，全国工、商、学界纷纷响应，声援北京学生的爱国斗争，使这场由北京学生发起的示威游行发展成为全国性的爱国运动。五四运动后期，工人成为斗争主力，开始以独立的姿态登上政治舞台。他们显示出的巨大威力，也让学生认识到同工人结合的重要性。

最终，北洋政府宣布罢免曹汝霖、章宗祥、陆宗舆，中国代表没有出席巴黎和会的和约签字仪式。

爆发于民族危难之际的五四运动，“是一场以先进青年知识分子为先锋、广大人民群众参加的彻底反帝反封建的伟大爱国革命运动，是一场中国人民为拯救民族危亡、捍卫民族尊严、凝聚民族力量而掀

---

① 北京农业大学校史资料征集小组编著：《北京农业大学校史》，北京农业大学出版社1990年版，第140页。

起的伟大社会革命运动，是一场传播新思想、新文化、新知识的伟大思想启蒙运动和新文化运动，以磅礴之力鼓动了中国人民和中华民族实现民族复兴的志向和信心”[①]，孕育了以爱国、进步、民主、科学为主要内容的伟大五四精神。

经过五四运动的洗礼，先进青年更加积极投身学习新思潮和改造旧社会的实践，迎来了中国革命的新曙光。

三、红色初现：马克思主义的选择与传播

受第一次世界大战和俄国十月革命的影响，五四运动后，各种社会主义学说纷至沓来，如无政府主义、互助主义、新村主义、合作主义、泛劳动主义、基尔特社会主义、社会民主主义，各种社会主义学说纷繁复杂，让人眼花缭乱。

少年中国学会创办的《少年中国》

正如瞿秋白所说：“社会主义的讨论，常常引起我们无限的兴味，然而究竟如俄国十九世纪四十年代的青年思想似的，模糊影响，隔着纱窗看晓雾，社会主义流派，社会主义意义都是纷乱，不十分清晰的。”[②]另据邓颖超回忆，她在觉悟社“常听到比我年长的男女社员们谈论着社会主义、无政府主义、基尔特社会主义等等。大家都还没有一定的信仰，也不懂得共产主义，只听

① 习近平：《在纪念五四运动100周年大会上的讲话》（2019年4月30日），《人民日报》2019年5月1日。

② 瞿秋白：《瞿秋白文集》（文学编）（第一卷），人民文学出版社1985年版，第26页。

说最理想的社会是‘各尽所能’‘各取所需’。”[①]

以上述思潮为指导，部分进步青年开始了具体的社会实验。由少年中国学会成员发起成立的北京工读互助团就是一例。

少年中国学会成立于1918年6月，起初以“振作少年精神，研究真实学术，发展社会事业，转移末世风气”为规约。同五四运动前多数社团一样，少年中国学会也认为个人改造是社会改造的准备。五四运动后，发起人王光祈[②]等学会成员将改造社会计划提上日程。在蔡元培、李大钊、陈独秀、胡适等人支持下，王光祈发起成立北京工读互助团，开始“创造新社会”的实验。

北京工读互助团共分4个小组，每组有十几个成员。团员们脱离家庭，共同生活，每天抽出一定时间做工和学习，其余时间娱乐或休息。团体内部的体力劳动有办食堂、洗衣服、放电影、印刷、贩卖书报、制造小工艺品等。成员们对工读互助团充满期望，把它视为“新社会的胎儿”，并设想工读互助团成功后，用工读互助团去改造社会，从而实现一个“顶大的工读互助团——工读互助的社会”。

但事与愿违，几个月后，工读互助团就解散了。李大钊、胡适、陈独秀、王光祈在《新青年》发表文章，分析工读互助团失败原因。王光祈认为这次失败全是成员的问题；李大钊觉得城市的房租等费用都高，若是到乡下从农作入手，也许会少些失败；胡适则完全否定了青年人追求共产主义、创造新生活的理想。

施存统是北京工读互助团第一组成员，他指出经济的压迫和能力的薄弱是工读互助团失败的两大原因。“要拿工读互助团为改造社会的手段，是不可能的；要想于社会未改造以前试验新生活，是不可能的；要想用和平的渐进的方法去改造社会的一部分，也是一样不可能

① 中国社会科学院近代史研究所编：《五四运动回忆录》（上），中国社会科学出版社1979年版，第75页。

② 王光祈（1892—1936），字若愚，四川成都人。1918年与李大钊、曾琦等发起组织“少年中国学会”。1919年底，在陈独秀、蔡元培、李大钊等支持下，又创建“北京工读互助团”。

《新青年》第6卷第5号为“马克思研究专号”

的……改造社会要用急进的激烈的方法，钻进社会里去，从根本上谋全体的改造。”[①]这次经历使施存统认清改造社会的重点和先后顺序。他抛弃“平和的经济革命”手段，更加坚定了共产主义理想。

工读互助运动的失败是空想社会主义在中国破产的重要标志。与工读互助团类似，当时的各种社会实验都昙花一现，先后失败了。许多青年知识分子转而接受马克思主义学说，走上革命道路。

五四运动后，马克思主义在北京学府的广泛传播主要体现在以下几个方面：

报刊中频繁出现马克思主义。早在1918年，李大钊发表了《法俄革命之比较观》《Bolshevism的胜利》《庶民的胜利》等文章，讴歌十月革命，认为无产阶级的社会主义革命是历史发展的潮流。在李大钊的帮助下，1919年5月5日，北京《晨报》为纪念马克思诞辰101周年，开辟《马克思研究》专栏。《晨报》副刊先后6个月连载了《马克思的唯物史观》（渊泉译）、《劳动与资本》（食力译）、《马氏资本论释义》（渊泉译）等马克思著作或马克思主义研究著作。这些译著有力驳斥了当时一些记者歪曲甚至污蔑马克思主义的不实报道。[②]

《新青年》杂志第6卷第5号发表的18篇文章中，有8篇研究马克思主义，而被誉为“马克思研究专号”。值得一提的是，作者中，除

① 张允侯等编：《五四时期的社团》（二），生活·读书·新知三联书店1979年版，第435页。

② 此前《晨报》通讯中有不少污蔑马克思主义是“过激主义”的文章。

李大钊一人真正信仰马克思主义外，其余人或为自由主义者，或为无政府主义者。这些文章对待马克思主义的态度，并不是一律的赞扬和宣传。如顾兆熊的《马克思学说》、黄凌霜的《马克思学说批评》，都对马克思主义持批评态度。但无论扬抑褒贬，这些文章无疑为读者提供了认识马克思主义的不同视角，客观上扩大了马克思主义在中国的影响。

《每周评论》发表了北京大学教授张慰慈介绍俄国各方面制度的多篇文章，如《俄国的新宪法》《俄国的土地法》《俄国的婚姻制度》《俄国遗产制度之废止》《俄国的新银行法》等。这些文章有助于国人了解俄国社会。

部分学生创办的刊物也成为宣介马克思主义的阵地。《曙光》月刊是北京进步学生社团曙光杂志社创办的刊物。该社团成立于1919年11月1日，以“曙光”为名，意在将朦胧、清新的曙光照在中国大地上。因成员受马克思主义影响，刊物在1920年底表现出明显的社会主义倾向，刊载大量介绍苏俄的文章。如李大钊的《团体的训练与革新的事业》《社会主义下之实业》，中国大学学生宋介撰写的《新俄罗斯之建设》，瞿秋白翻译的《俄国革命纪念》，王统照翻译的《旧治更新》等。此外，陕西旅京进步学生创办的《共进》半月刊，云南旅京学生创办的《铁花》《新社会》，高师工学会的《劳动月刊》等刊物，都成为传播革命思想和马克思主义思想的阵地。

学校出现马克思主义的课程和讲座。1920年7月，李大钊担任北京大学本科政治学系和史学系等多院系教授，成为中国第一个把马克思主义理论列入大学课程，并向学生系统讲授的教授。[①]李大钊在北京大学史学系讲授“唯物史观研究”，在政治、经济两系讲授“社会主义与社会运动”，并在政治学系承担“现代政治讲座”的部分课程，他所讲授的“工人的国际运动”“印度问题”“人种问题”，被列入现

① 陈大白主编：《中国共产党北京高校组织奋斗史（1921—1949）》，中国广播电视出版社2009年版，第23页。

代政治讲座中。李大钊不仅在北京大学的课堂上传播马克思主义，还在北京高等师范学校、北京女子高等师范学校[①]、中国大学、朝阳大学等学校任教，燃起马克思主义的星星之火。具体来说，在北京高等师范学校，李大钊开设“史学思想史”课程；在中国大学开设“唯物史观研究”“社会主义与社会运动”等课程；在北京女子高等师范学校，讲授“社会学”“女权运动史”两门课程。李大钊把讲堂作为马克思主义宣传的阵地，慷慨激昂地阐释革命道理，将革命的种子播撒在学生心中。

学校成立研究马克思主义的团体。1920年3月，在李大钊的倡议下，邓中夏、罗章龙、高君宇、刘仁静等北京大学学生秘密成立“北京大学马克思学说研究会”（1921年11月17日公开）。该研究会是中国比较系地学习和研究马克思主义的最早的团体。据罗章龙回忆，学习、宣传马列主义是当时研究会的主要工作。时任北京大学图书馆主任的李大钊，为研究会搜集了大量马克思主义书籍，使得研究会的马克思主义研究资料在全国首屈一指。会员们通过阅读、翻译、讲演、辩论、小组讨论等方式开展研究活动。讨论会每星期六晚7时召开，会员们根据指定题目展开讨论，一次讨论不完的下次继续讨论；讲演会每月底召开一次，邀请名人学者担任讲演员。李大钊、顾孟余、陈启修、高一涵都曾在研究会进行讲演。在分专题的研究中，包含马克思主义基本原理研究、俄国社会主义革命分析，以及中国问题考察。此外，研究会还利用各种重大节日、纪念日宣传马克思主义。这些活动，培养了会员的研究兴趣，促进了青年学生马克思主义水平提高。北京大学马克思学说研究会成为青年学生研究和宣传马克思主义的重要平台。

共产国际代表来华进行指导。马克思主义在中国的广泛传播，引

---

① 前身是成立于1908年的京师女子师范学堂。1912年，改名为北京女子师范学校。1919年，改名为北京女子高等师范学校（简称女高师）。1924年，学校升格为北京女子师范大学（简称女师大）。1928年，改称北平大学第二师范学院。1931年，学校从北平大学独立出来，并入北平师范大学。

起共产国际的高度关注。1920年4月，共产国际代表维经斯基与秘书马马耶夫、翻译杨明斋来华。经北京大学俄籍教授柏列维介绍，他们与李大钊取得联系。在北京大学期间，维经斯基会见了一些参加过新文化运动和五四运动的同学，邓中夏、刘仁静、李梅羹、张国焘、罗章龙等人进行了集体座谈和个别谈话。座谈会上，维经斯基向同学们介绍十月革命、苏俄的社会政策和基本状况，使同学们对苏俄的政治、经济、文化、军事的认识更加清晰，也在脑海中构建出一个新型社会主义政权下的社会轮廓。一些学生通过谈话更加坚定了共产主义信仰。罗章龙回忆，通过谈话自己“对共产主义远景，对十月革命，对苏联都有信心了”[①]，同时，维经斯基还带来一些介绍马克思主义和俄国革命的刊物及书籍[②]。他回国后，同北京大学马克思学说研究会保持联系，经常从国外寄来外文书刊。

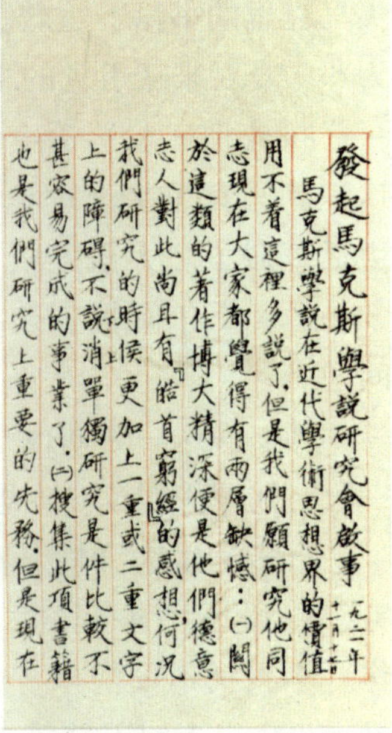
發起馬克斯學說研究會啟事 一九二一年十一月十七日
馬克斯學說在近代學術思想界的價值用不着這裡多說了，但是我們願研究他同志現在大家都覺得有兩層缺憾：(一)關於這類的著作博大精深便是他們德意志人對此尚且有「皓首窮經」的感想，何況我們研究的時候更加上一重或二重文字上的障碍。不說消單獨研究是件比較不甚容易完成的事業了。(二)搜集此項書籍也是我們研究上重要的先務，但是現在

北京大学发起马克斯（思）学说研究会启事

这一时期，进步学生积极主动学习马克思主义。初步了解马克思主义的邓中夏，认为应该利用五四运动后较为平静的时段进一步学习和研究马克思主义，以备将来指导革命。为营造良好的研究环境，邓中夏同几个同学商量，搬离吵闹的宿舍去合租一处公寓。他将这所公寓命名为“曦园”（寓意住在这里的人一定要有蓬勃的朝气，就像清亮的晨曦一样）。邓中夏在曦园完成了庞大的读书计划，主要学习和研究马克思主义理论。为读到马克思的著作，他曾凑钱托人到德国购

---

① 中共北京市委党史研究室编：《北京革命史回忆录》（第一辑），北京出版社1991年版，第70页。

② 如《国际通讯》和《震撼世界的十天》等俄、德、英文版书刊，很受青年们欢迎。

买马克思的书籍，也曾为读到更多马克思主义书籍而学习日语。[1]这为邓中夏后来从事党的事业打下坚实基础。

同是北京大学学生的黄日葵，1920年赴日考察回国后[2]，逐渐认识到马克思主义理论的重要性，当即决定："暑假后，我要实行生活革命了。大概除正课外，上午致力英文及哲学、心理学……文学……，下午阅报、杂志，晚间研究社会主义，或家族问题、妇女问题。"[3]

刘仁静这一时期也开始主动学习马克思主义。他在五四运动后的一段时间埋头阅读马克思的《资本论》。

很多学生为弄懂马克思主义主动向李大钊请教。1920年春，朱务善曾到北大图书馆找李大钊，请他介绍几本关于马克思主义的著作。李大钊不仅向朱务善推荐了书籍，还耐心地给他介绍日本早期马克思主义者河上肇等人的文章。面对青年学生的请教，李大钊总是热心指导，不仅为他们介绍马克思主义书籍，还向他们传授读书的方法。

对于五四运动后马克思主义传播的盛况，《东方杂志》一篇文章指出："一年以来，社会主义底（的）思潮在中国可以算得风起云涌了。报章杂志底上面，东也是研究马克思主义，西也是讨论鲍尔希维主义[4]；这里是阐明社会主义底理论，那里是叙述劳动运动底历史：蓬蓬勃勃，一唱百和，社会主义在今日的中国，仿佛有'雄鸡一鸣天下晓'的情景。"[5]

---

① 魏巍、钱小惠：《邓中夏传》，人民出版社1981年版，第26—27页。

② 1920年4月，黄日葵同康白情、徐彦之、孟寿椿组成一个北京大学游日学生团，赴日进行联系、宣传和考察活动。通过考察了解日本和英美的工人运动。

③ 中共北京市委党史研究室编：《中共北京党史人物传》（第一卷），中共党史出版社1994年版，第113页。

④ 今译布尔什维主义。

⑤ 《近代社会主义及其批评》，《东方杂志》第18卷第4号，1921年2月25日。

第二节　北京学府的红色文化之网

1920年10月和11月，北京的共产党早期组织和北京社会主义青年团[①]相继成立。此后，北京党、团组织不断发展支部。在此基础上，北京主要学府党、团组织逐步建立并形成规模。党、团组织在学校的基层组织网络是北京学府开展红色文化活动的重要平台。

一、建立党、团组织：北京的共产党早期组织和北京社会主义青年团

五四运动爆发时，中国国民党并没有站在群众运动的前列。为此，蔡和森指出，这个趋势说明国民党已不能领导革命，客观的革命势力发展超过了它的主观力量。劳动团体应自己起来成立一个大政党。随着马克思主义的传播和工人运动的开展，在中国组建共产党势在必行。

1920年8月，陈独秀在上海率先成立共产党早期组织，李大钊随即在北京响应。由于北京大学是马克思主义传播的中心，因此它成为北方第一个党组织诞生地。1920年10月，李大钊、张申府、张国焘3人在北京大学李大钊办公室成立北京的共产党早期组织。

不久，张申府去往法国。标榜信仰共产主义的无政府主义者黄凌霜、陈德荣、袁明熊、张伯根、华林、王竞林6人加入组织。

北京的共产党早期组织，当时称“共产党小组”。1920年11月，更名为中国共产党北京支部，李大钊任书记。北京共产党早期组织中的共产主义者与无政府主义者，在组织问题和无产阶级专政问题上发生严重分歧，经过激烈争论，除陈德荣外，其他5位无政府主义者全部退出。

---

① 简称青年团。

经历这次争论后，北京的共产党早期组织在吸纳党员时更加注重思想要求，北京大学马克思学说研究会中真正具有共产主义倾向的青年，如邓中夏、罗章龙、刘仁静、李梅羹等人相继入党。党的一大召开前，北京支部的党员有李大钊、张申府、张国焘、罗章龙、刘仁静、邓中夏、高君宇、何孟雄、李梅羹、缪伯英、范鸿劼、朱务善、张太雷等10余人。[①]他们以高校教授和学生的社会身份，分担支部各项工作。支部活动主要是在工人和知识分子中开展宣传工作。

在开展工人工作方面，1921年初，北京的共产党早期组织在长辛店创办劳动补习学校。这所劳动补习学校，与五四运动后期北京学联创办的平民教育学校既有联系又有区别。二者同是知识分子深入工人的实践，区别在于平民教育学校只以教育救国为目的，而长辛店劳动补习学校突破教育救国的思想，明确提出在工人中做宣传工作，目的是实现“政治救国”的目标。除了办补习学校，北京的共产党早期组织还创办《劳动音》周刊，作为知识分子和工人沟通对话的又一媒介。《劳动音》先是由无政府主义者陈德荣和黄凌霜承担编辑和发行工作，后转由罗章龙接办。这个通俗刊物一方面报道全国各地发生的工人罢工新闻，登载一些简单的说理性文章，通过生动形象的漫画教育工人团结；另一方面，它还充当工人的发声筒，鼓励工人诉说疾苦。

在对知识分子的马克思主义宣传工作中，党组织成员通过刊物、社团、课堂、辩论会等方式，将马克思主义在知识分子中的有效传播方式固定下来。张国焘在报告中指出：“近几年来，公共的普通教育学校在北京显著地增加了。从前，它们对学生进行了爱国主义教育，我们尽力促使这些学校进行共产主义的宣传，并且在这方面获得了部分成绩。”[②]

① 中共北京市委组织部等编：《中国共产党北京市组织史资料（1921—1987）》，人民出版社1992年版，第19—23页。

② 中共中央文献研究室、中央档案馆编：《建党以来重要文献选编（1921—1949）》（第一册），中央文献出版社2011年版，第14页。

中国共产党北京支部成立后，为了教育青年，壮大革命队伍，在李大钊的指导下，张国焘、邓中夏等人在北京大学发起成立北京社会主义青年团。

1920年11月，北京社会主义青年团成立大会在北京大学学生会办公室召开，张国焘、邓中夏、高君宇、何孟雄、缪伯英、罗章龙、刘仁静、朱务善、黄日葵、李骏、杨人杞、吴汝铭等约40人参加会议。大会通过团的章程，并确定团的主要工作是通过学生会吸收学生党员和开展活动，公推北京大学学生会主要负责人高君宇为第一任书记。

北京社会主义青年团成立后，在纯洁思想、发展组织等方面积极展开工作。

第一，进行改组，将团员的思想统一到马克思主义上来。北京社会主义青年团成立之初，内部思想纷繁复杂，并未将马克思主义当作共同信仰。当时团内部“马克思主义者也有，无政府主义者也有，基尔特社会主义者也有，工团主义者也有，莫名其妙的也有”[①]。这一现象同北京共产党早期组织初期成员思想状况有些相似，思想上的分歧造成了组织上的分裂，“凡遇见一件事情或一个问题，各人所提出的解决方法或意见，就不能一致，常常彼此互相冲突。在这种状态下面，团体规律和团体训练，就不能实行。团体的精神，当然非常不振”[②]。1921年5月，北京社会主义青年团不得不宣告暂时解散，直到同年11月才重新组建。重组后的北京社会主义青年团吸取过去的教训，确定了它是信奉马克思主义的团体。

第二，加强组织建设，注意吸收团员。北京是中国北方最早建立团组织的地方，承担着帮助北方各地建立团组织的任务。完成这一任务的前提是要能够培养出派往各地从事党团工作的骨干。因此，加强北京地方团组织建设，在北京进步学生中成立团支部就成为工

---

① 中国新民主主义青年团中央委员会办公厅编：《中国青年运动历史资料（1915—1924）》，1957年内部出版，第124页。

② 同上。

作的重中之重。1922年4月团的一大召开前夕，北京大学和北京女子高等师范学校已成立团支部，北京农业专门学校、西山温泉学院等校成立团支部，北京医科专门学校、交通大学、中国大学等学校的建团工作正在进行。[①]1923年12月，黄日葵任北京团地委委员长，在他的领导下，北京基层团组织有了快速发展。为建立团的基层组织，黄日葵、邓中夏常到北京各大中学校做组织和动员工作，多次到西单石虎胡同蒙藏专门学校，同那里的蒙古族青年交朋友。1924年3月底，已在北京大学、蒙藏专门学校等学校建立团支部近30个，团员达到300多人。

第三，加入各类学生团体，领导学生运动。1923年，北京社会主义青年团要求团员加入各类团体，并使其成为党或团的外围组织，指出“北京地方团此后应鼓励各同志于各学校、各种学术团体，或同行中努力宣传，作增加同志、补充支部之活动”。[②]1924年12月，再次强调各种文艺团体、学术团体，“为一校或一地域之组织，其数在北京甚为不少，其分子大抵为有头脑有能力之青年，且多表同情于国民革命者……致一种联络的机会即可多多吸收进步分子或竟可使其变为民革的团体也。”[③]

北京地区的青年团员践行团的号召，积极加入各类学生团体，扩大团的影响。

一是加入学生会或自治会，并取得领导地位。北京社会主义青年团的成员有一项重要使命，就是在没有学生会的学校成立学生会，在学生会活动停顿的学校恢复活动。

二是在学生社团中发展外围组织，组织青年参加政治活动。北京社会主义青年团在各校有了一定发展后，开始逐渐成为学生运动新的领导中枢。1922年，为庆祝五一国际劳动节和五五马克思诞辰纪念

① 中共北京市委党史研究室编：《北京青年运动史料（1919—1927）》，北京出版社1990年版，第29页。

② 同上，第63页。

③ 同上，第93页。

日，青年团做了充分、具体的部署：五一的活动由北京大学马克思学说研究会和北京高等师范学校工学会联合筹办，五五纪念日则由北京大学马克思学说研究会与北京高等师范学校马克思学说研究会联络，共同筹备并开会纪念。[①]北京社会主义青年团就是通过这些外围组织进行马克思主义的宣传，扩大马克思主义在学生中的影响。

三是在同乡会组织中扩大团的影响。北京社会主义青年团在从事政治运动的实践中，发现同乡间的关系对党的事业发展很有帮助。新滇社是一部分云南旅京青年组成的革命组织，社刊《铁花》由团员任主编，团员杨立贤在新滇社中担任领导职务，该社团开会时常将"共产主义""共产党""三民主义""国民党"作为讨论题目，实际上成为党的外围组织。团员参加各类学生团体、领导学生运动，使团员走出狭小范围，在更广阔的学生群体中宣传党的真实主张，壮大革命力量。

二、向外发展：北京高校党组织形成规模

1921年8月，中共北京地方委员会成立，李大钊任书记，地点设在沙滩北京大学红楼。中共北京地委成立后，主要工作是发展北京市党、团组织和开展学生运动、工人运动。

通过系统梳理和分析，北京高校党组织的建立模式主要有以下3种：

一是由中共北京地委直接设立。中共一大后，北京支部根据大会精神，努力发展党员和党的基层组织，建立了中共东城支部、中共西城支部、中共西山支部和长辛店支部。其中有3个为高校党支部。

中共东城支部，以北京大学的党员为主体组成，又称"北京大学支部"。北京大学无论在思想的先进性还是党员规模上，都在东城占

① 韩剑昆主编：《北京革命历史文件汇集（一九二二年—一九二六年）》，中央档案馆、北京市档案馆1991年内部出版，第14页。

有绝对优势。以北京大学为基础，成立中共东城支部无须多做解释。

中共西城支部成立于1921年，以北京女子高等师范学校和北京高等师范学校的党员为主组成。第一任支部书记缪伯英是北京女子高等师范学校的学生。在京读书期间，缪伯英在北京大学的湖南学生同乡会上结识了湖南同乡、北大学生何孟雄，由此接触到马克思主义。在何孟雄的帮助下，她经常到北京大学听课，参加北京大学马克思学说研究会，并和北京大学的进步学生一起研读《共产党宣言》《资本论》等马克思主义书籍。缪伯英在北京大学成长为一个坚定的马克思主义者，成为北京社会主义青年团第一个女团员，也是中国共产党组织中最早的女党员。此外，北京高等师范学校学生许兴凯、冯品毅、魏野畴等人也通过李大钊介绍加入北京大学马克思学说研究会，加上李大钊在课堂上对马克思主义的宣讲，两所师范学校具备了成立党支部的条件，中共西城支部应势而生。

中共西山支部成立于1922年，以中法大学的党员为主组成，它的成立与赴法勤工俭学学生有直接关系。中法大学第一任党支部书记萧明原是1920年赴法勤工俭学的学生，后来与颜昌颐、罗学瓒等人进入北京中法大学学习。在法期间，他和赵世炎、蔡和森等人看到第一次世界大战后满目疮痍的欧洲，逐渐放弃资本主义救国方案，转而将目光投向俄国，向往共产主义，这也使中法大学成为一个进步力量的聚集地。经过北京党组织联系，萧明在陈为人、邓中夏的介绍下加入中国共产党，并在中法大学开展建党工作。到1923年初，萧明仅用1年多时间就在中法大学发展了王斐然、颜昌颐、刘明俨等20多名党员，先后成立陆谟克学院党小组、党支部。①

二是从研究小组发展到党、团支部。除了在上述几所条件良好的学校率先成立支部之外，北京的党、团组织深入到其他大中学校，首先从思想入手，传播马克思主义，逐渐成立党支部。

---

① 中共北京市委党史研究室编：《中共北京党史人物传》（第四卷），中共党史出版社1996年版，第111页。

北京农业大学，是一所具有光荣革命传统的学校。1921年，在邓中夏的帮助下，北京农业专门学校（1923年3月改名为北京农业大学）学生杨开智、乐天宇、蒋文孝成立社会主义研究小组，开始马克思主义学习与研究，带动一些进步学生接受马克思主义。1922年，按照邓中夏的建议，以社会主义研究小组为基础，吸收李启耕、左正元、胡求仙等，建立社会主义青年团农专支部，团员共8人。团支部成立后，随即创办农业革新社，作为团支部的外围组织，在党的领导下公开活动。1924年1月，根据中共北京地委通知，北京农业大学全体团员转为党员，农大党支部正式建立。

蒙藏专门学校党支部同样经历了从学习马克思主义理论到建立党、团支部的过程。蒙藏专门学校是一所由北洋军阀政府开办，专门招收蒙古族和藏族学生的学校。1923年秋季，蒙古族学生入学不久，发生了北洋政府大量剥夺蒙古族人民土地的事件。同学得到消息后非常气愤，到北京各大院校揭露北洋政府的劣迹，结果遭到北洋政府的镇压，促使该校学生看清军阀政府的丑恶面目。学生的觉醒，引起了中共北方区委的极大关注。1923年冬，李大钊、邓中夏、刘伯庄、赵世炎、李渤海等人先后到校，通过个别谈心、介绍进步书刊、小范围讲座等方式，向进步学生讲述中国的社会问题，传播马克思列宁主义。李大钊等共产党人的谆谆教导，使一些学生从思想上接受并开始信仰马克思主义。乌兰夫曾回忆当时聆听李大钊讲话时的场景："我望着他那深邃的目光，感到大钊同志是最同情蒙古民族的人，深信他提倡的主义，领导的党，才是拯救蒙古族同胞出水火的政党。"①1923年底，经韩麟符介绍，乌兰夫、奎璧、吉雅泰、赵诚、佛鼎、李裕智、多松年、孟纯等蒙古族青年加入社会主义青年团，次年学校成立团支部。1924年，多松年、孟纯、王秉璋、佛鼎加入中国共产党，1925年，蒙藏专门学校党支部宣告成立。

① 中共北京市委党史研究室编：《北京革命史回忆录》（第一辑），北京出版社1991年版，第344页。

从接触思想理论，到成立党、团支部是支部发展的理想模式。但是，中国共产党成立初期，面临着党员少、情势危、任务重等问题，需要短时间内发展积极分子成为党员，这就出现了第三种模式。

三是从发展个别党员到建立党支部。燕京大学是美国教会在中国创办的一所私立综合大学，虽是一所教会大学，但一直是学生爱国运动的一支重要力量。

当时，燕京大学进步学生经常到北京大学参加活动，借阅进步书籍。这使燕京大学的学生与北大的共产党员和青年团员有了接触。①

燕京大学第一个中共党员是戎之桐。他经常到北京大学参加活动，并加入北京大学马克思学说研究会。在那里，戎之桐结识了北京大学共产党员刘仁静。1924年，刘仁静与戎之桐发展燕京大学进步学生章克入团，并于1925年介绍其入党。不久，戎之桐又介绍同乡王志刚入党。在此期间，加入共产党的燕京大学学生还有中文系的郭灿然等。通过这种个别发展党员的方式，燕京大学已经具有一定数量的党员。1925年，中共燕京大学党支部成立。戎之桐任支部书记，章克负责宣传工作，王志刚负责组织工作。

燕京大学女校同学合影（北京市档案馆　提供）

清华学校党支部也是由个别党员组建而成。该校党支部成立时间较晚，支部书记为王达成。王达成，原是燕京大学学生，三一八运动中，他目睹室友戎之桐、同窗郭灿然不畏强敌、负伤战斗，也钦佩北京大学张仲超为革命而牺牲。当他得知这些负

① 王效挺、黄文一主编，北京大学党史校史研究室编：《战斗的历程：1925—1949.2燕京大学地下党概况》，北京大学出版社1993年版，第14页。

伤牺牲的同学都是共产党员后，更加鼓舞了革命斗志。不久，王达成在戎之桐的介绍下加入中国共产党，并到清华学校成立党支部。在市委负责人帮助下，王达成联系了清华原有的两名党员雷从敏和朱莽，1926年11月成立清华学校党支部，王达成任支部书记。

除上述两所学校，北京法政大学、民国大学、朝阳大学等校也按照这一模式建立起党支部。通过以上3种方式，北京学府党组织的创建工作取得良好进展，党员人数明显增多。

截至1926年，北京已有13个学校党支部。它们分别是：北京大学支部、北京师范大学支部、北京女子师范大学支部、中法大学①支部、中国大学支部、北京农业大学特别支部、北京工业大学支部、朝阳大学支部、北京艺术专门学校②支部、燕京大学支部、清华学校支部、民国大学支部和蒙藏专门学校支部。

这些高校基层党组织，是培养北方革命人才的基地，为北方乃至全国的革命斗争提供了源源不断的领导人才。共产党人以北京学府为基础，逐步形成北京党、团的组织框架，织成了一张北京学府的红色组织之网。

三、北京学府的党、团活动

北京学府的党、团组织成立后，在党的领导下积极开展多项活动，加强思想、组织等方面建设。

一是秘密召开支部会议。党的创建和大革命时期，北京是北洋军阀历届政府所在地。这里反动势力强大、白色恐怖严重，开展党的

---

① 成立于1920年，简称中法，首任校长蔡元培，1926年1月教育部正式认可中法大学，1950年停办。

② 前身为成立于1918年4月的北京美术学校，1922年，学校改名为北京美术专门学校。1925年8月，学校改组为北京艺术专门学校（简称艺专）。1928年，学校成为北平大学下属的艺术学院。1934年，学校独立为北平艺术专科学校。1937年全民族抗战爆发后学校外迁，1945年迁回北平，恢复北平艺术专科学校。

工作十分困难。北京各校党、团支部以惊人的胆识、灵活的方法摆脱军阀政府监视，定期秘密召开支部会议。一些学校以社团名义召开支部会议。北京高等师范学校学生（团员）王重民组织了一个学术团体——“努力学社”，该校党员常以努力学社的名义，向学校借教室召开支部会议[①]。一些学校以掩人耳目的方式，为支部会议做掩护。如民国大学党支部开会时，以打麻将牌的名义做掩护，在男生宿舍或校外公寓进行。[②]

学校基层党支部的支部会议，上级组织一般会派人参加，以便传达上级指示、监督基层支部。据中法大学王斐然回忆：中法大学召开支部会议时，北京地委通常派人参加。会上一般先由地委派来的同志做政治报告，然后是支部工作报告和布置工作，最后进行批评和自我批评。[③]1926年，时任北京地委执委会组织部部长的陈为人出席了燕京大学支部会议，在会上为燕大党员讲党课，介绍进步书籍和党内文件；团地委的教育干事尹才一[④]曾受团地委书记刘伯庄委派，出席蒙藏专门学校和第四中学的团支部会议。团地委委员每周出席的支部并不相同，而是轮流出席。委员们出席各校支部会议后，要将所参加的支部会议情况向上级反馈，在北京团地委每周召开的委员会上报告前一周出席各支部会议的情形。

二是开展合法宣传活动。党员、团员积极开展合法活动。在李大钊的指示下，北京高等师范学校创办不定期小报《劳动文化》，以公开的形式宣传马克思主义，介绍十月革命，讴歌无产阶级劳动文化。团员在蔡和森的指导下组织起读书会，阅读进步书刊；[⑤]蒙藏专门学

① 中共北京市委党史研究室编：《北京革命史回忆录》（第一辑），北京出版社1991年版，第329页。

② 同上，第333页。

③ 同上，第228页。

④ 尹才一（1908—1987），字子九，又名尹士修，湖北恩施人。1923年考入朝阳大学，1924年转为中共党员，任共青团北方区委经济斗争委员。

⑤ 中共北京市委党史研究室编：《北京革命史回忆录》（第一辑），北京出版社1991年版，第159页。

校的学生，在邓中夏的引导下，自办进步刊物《蒙古农民》。燕京大学的学生章克在宿舍内摆起小书摊，专门介绍革命书刊。一些学生去北京大学参加左派组织的讲演会和读书会，进而走上革命道路。

为发展团员力量、扩大团的组织，北京团地委规定每名团员必须与两名非团员谈话，发现思想进步并可发展入团的同学便可直接向其宣传马克思主义。青年团北京西城支部书记邓鹤皋、朝阳大学尹才一、民国大学徐景湖因发展团员的成绩突出，受到表扬。

三是加强自身理论学习。蒙藏专门学校党支部建立较晚，第一批党员、团员马列主义知识缺乏，中共北方区委为提高他们的政治理论素养，专门为学校党员、团员举办马列主义研究小组，帮助他们系统学习《共产党宣言》和《列宁主义基础》等著作。在李大钊、邓中夏、赵世炎、刘伯庄的辅导下，该校党员、团员理论水平显著提高。据乌兰夫回忆："这次参加马列主义研究小组学习，对我来说是十分重要的，它使我真正从理论上明白了蒙古民族为甚（什）么贫穷落后受压迫，蒙古民族的解放斗争与中国革命乃至世界无产阶级的关系，以及中国革命的道路与前途等等。"①清华学校党支部也十分注重理论学习，学习读物有《共产党宣言》、《共产主义ABC》、蔡和森的《社会发展史》等。据清华学校朱理治回忆："大革命时期，党组织在大钊同志领导和影响下作风一般很好，很朴实，对学习也抓得很紧，每周都要学习。每次支部开会，一个形势报告，一个工作报告，一个学习（主要是学习党章），然后是理论问题讨论，批评和自我批评等共有五六项。"②

① 中共北京市委党史研究室编：《北京革命史回忆录》（第一辑），北京出版社1991年版，第345页。

② 同上，第320页。

第二章

洪流激荡潮头立　青春热血洒北京

——大革命时期北京学府的红色文化

大革命时期，在中国共产党和社会主义青年团领导下，北京莘莘学子热切回应时代召唤，积极投身反帝反封建的国民革命洪流。

他们争做跨党分子，维护统一战线，努力开创北京地区国共合作新局面；他们积极参加反帝斗争，力争国权、抵制西方腐朽文化渗透，形成牢固的反帝阵营；他们坚决反对封建势力，发扬五四精神，不畏强权，誓死斗争，虽遇挫折却依旧向前。

洪流激荡，青春热血。北京学府的青年学子站在斗争前列，向世人宣告：他们无愧于大革命先锋称号，他们书写了大革命时期北京学府红色文化的壮丽一页。

第一节　国共合作的前锋

20世纪20年代的中国，封建势力和列强侵略犹如两大强敌紧紧扼住中国命脉，中国任何一个政党都很难与其相抗。第一次国共合作，克服了中国革命力量分散且势力不强的劣势，高唱出“打倒列强，除军阀”的时代之音，极大地推动了民族民主革命进程。北京学府的革命师生勇于投身国民革命，充当了国共合作的前锋。

一、响应号召：争做跨党分子

中国共产党成立后，经过一年的革命斗争，逐渐认清中国社会状况和当时主要任务。孙中山正因广东军阀陈炯明发动叛乱而避居上海。双方在实践中都认识到，只有国共两党联合、进行国民革命，才能取得民族革命的胜利。

1922年8月29日至30日，为尽快建立民主联合战线，中共中央在杭州西湖召开特别会议，最终议决以党内合作形式实行国共合作。西湖会议结束不久，李大钊等人拜访孙中山，使孙中山接受中国共产党实行国共合作的主张，答应改变原有入党办法。9月，李大钊、陈独秀、蔡和森、张太雷等几位中共领导人以个人名义率先加入国民党，成为两党合作的桥梁。

1923年初，李大钊和苏联代表鲍罗廷在苏联大使馆约集北京党组织负责人范鸿劼、何孟雄、张昆弟、安体诚、包惠僧等人，讨论国共两党的联合战线问题。当时北京党组织内多数同志还认为，加入国民党会使共产党失掉无产阶级立场和纯洁性。经过李大钊和鲍罗廷耐心的解释劝说，一些党员逐步转变思想，北京党组织内的认识逐步趋于统一。

1924年4月，中国国民党北京执行部成立，这是第一次国共合作期间国民党中央执行委员会设于北京的执行机关，全权领导北京地区党务工作。最初，多数共产党员对到国民党北京执行部工作并不积极，认为加入国民党的目的是领导或参加革命运动，而到国民党的机关去凑热闹没有必要。北京党员的这一反应，出乎李大钊意料。

于树德[①]曾加入同盟会、参加辛亥革命，后经李大钊介绍加入中国共产党。他的身份对开展工作十分有利，党便指派其先行加入国民党并担任国民党北京执行部委员。黄日葵、缪伯英、刘清扬等党的骨干分子，也先后由党指派加入国民党并到国民党北京执行部工作。中国共产党的工作重心随之转向国民革命。

国民党北京执行部非常重视发展青年学生党员。1924年春，在国民党北京执行部秘书处工作的何孟雄和国民党员郭春涛、丁惟汾等人，一同前往中法大学做发展国民党员的工作。在党员、团员集中的学校，发展国民党员的工作取得较好进展。北京农业大学特别支部的党员和农业革新社的社员，全体参加国民党；团组织力量雄厚的蒙藏专门学校，发展了百余名国民党员[②]；朝阳大学的团员也争相加入国民党。

共产党员、青年团员不仅自己响应号召、争相跨党，还在学校动员普通同学加入国民党。朝阳大学团员尹才一手拿“国民俱乐部”入党（国民党）志愿书，在校园中征招国民党员。广大学生在共产党、青年团的影响和号召下，纷纷加入国民党。当时同学们在校园相遇，总是互问：“你参加（组织）了吗？”到1924年11月，北京大中学校加入国民党组织的人数增至1000余人，他们大多数是青年学生，其中共产党员和青年团员约占1/3。[③]

---

① 于树德（1894—1982），河北静海（今属天津）人。早年曾加入中国同盟会。1911年参加辛亥革命。后入天津北洋法政学堂读书，与李大钊是同学。国民党北京执行部成立后，任青年部（学生部）部长，积极协助李大钊领导北方地区国民党改组工作。第一次大革命失败后，同中共脱离组织关系，长期从事农村合作社理论的教学和研究。

② 共青团北京市委青年运动史研究室：《北京青年运动史（1919—1949）》，北京出版社1989年版，第58页。

③ 中共北京市委党史研究室编：《第一次国共合作在北京》，北京出版社1989年版，第540页。

正如孙中山所希望的那样，共产党员加入国民党后，就像是病人输入了新鲜血液，改变了国民党从前松散无力、死气沉沉的状况。

二、拥护“联俄”：敦促中苏复交

俄国十月革命后，中国人对新生的苏维埃政权充满好奇和向往。

1919年7月和1920年9月，苏俄政府两次发表对华宣言，宣布废除帝俄时代同中国签订的不平等条约，放弃沙皇政府在中国的特权。这些主张，更增加了人们对苏俄政府的好感。但苏俄政府多次派代表到中国谈判，都遭到北洋军阀政府的无理拒绝。北京学联决定采用“国民外交”的方式承认苏联①。

1923年9月，苏联代表加拉罕来京谈判。中共北京党组织及20多个团体代表千余人到车站迎接。9月9日，北京学联在中央公园召开欢迎会。20余校校代表到会，北京大学、北京师范大学、中国大学学生分别用英语演说，欢迎加拉罕的到来并表示希望两国亲善建交。

正当各校学生为争取政府承认苏联而努力时，苏联传来伟大无产阶级革命家列宁逝世的消息。北京学生界万分悲痛。为隆重纪念列宁，北京学联、北京大学马克思学说研究会、国民青年俱乐部和北京大学平民教育讲演团发起遥祭列宁大会。北京团地委对大会活动做出详细安排，计划当天请名人莅会演说，散发关于列宁的相片、传记和传单，表示哀悼。

1924年1月26日下午，千余人齐聚北京大学三院大礼堂，当天来得最多的是青年学生。礼堂的正前方，悬挂着列宁遗像，遗像下衬托以青松翠柏，象征列宁精神不死。遗像两侧，黑纱低垂，表达与会者的无限哀思。遥祭大会开会词指出：“列宁先生是全世界劳动领袖，全世界平民革命的首领，全世界弱小民族的提携者，马克思学说的大

---

① 1922年12月起，苏俄成为苏维埃社会主义共和国联盟（简称苏联）的一员。

师，当此世界劳动主义萌芽时代，遽丧此明星，不但为俄国民族中失此中流砥柱，亦即全世界各国均失所遵循。”[1]高君宇报告列宁生平，人们听了都很感动。

接着，各代表轮流上台演说，许多师生纷纷上台讲话，表达对列宁的悼念。北京大学教授顾孟余在演说中，不仅高度肯定列宁一生对俄国乃至世界无产阶级的重大贡献、对列宁之死表达沉痛哀悼，还号召人们在哀痛之余要“益加奋勉，努力前途，为社会谋福利，为国家放光明”[2]。这将人们从哀伤中拉到对继承列宁事业的思考。大会做出“请政府承认苏联”的决议，至此，遥祭大会成为一场促进中苏复交的会议，敦促中苏复交的运动终于爆发。

北京大学的教授率先采取行动。1924年2月16日，李大钊、马叙伦、顾孟余、蒋梦麟、陈大齐、胡适，联合致函中俄交涉督办王正廷，要求政府立即无条件承认苏联。在国内舆论压力下，北洋政府被迫同加拉罕举行复交谈判，并于3月14日签订协定大纲草案。

中苏复交谈判，引来帝国主义的仇视。他们无理干涉中国内政，对北洋政府进行恐吓，阻挠中苏复交。在帝国主义的威胁下，北京政府竟又收回已经签字的协定。这件事激起北京各校学生的极大愤慨。

3月20日，北京学联召开会议，讨论中苏复交问题。代表一致主张“承认苏俄，勿失时机”。3月22日，北京学联致函外交总长顾维钧，警告他如果再执迷不悟，唯帝国主义是从，学生将再次上演赵家楼事件。

北京学联一面严厉谴责政府的媚外行为，一面致函加拉罕，表示歉意，请求加拉罕延缓离京，为学生采取下一步行动预留更多时间。

在向各方表达立场和态度后，北京学生马上采取实际行动。1924年3月28日晚，在北京学联的组织下，40余校校代表召开紧急会议。学生们决定29日举行示威游行，到铁狮子胡同顾维钧住宅请愿，要

① 中共北京市委党史研究室编：《北京青年运动史料（1919—1927）》，北京出版社1990年版，第83页。

② 同上。

求承认苏联。不料游行计划被政府提前获知，全副武装的军警七八百人包围了北大、师大校舍。

这次示威虽未付诸实施，但在学生的抗争和民众的压力下，外交总长顾维钧和加拉罕分别代表两国政府签订《中俄解决悬案大纲协定》和《中俄暂行管理中东铁路协定》。1924年5月，中苏正式恢复邦交。

《中苏协定》是自鸦片战争以来中国和外国签订的第一个平等条约，对中国人民反帝斗争产生了积极影响，推动了北京地区革命运动的发展。6月6日，北京大学学生会在北京大学三院举行邦交恢复庆祝大会，礼堂上高悬两国国旗，苏联的赤色旗尤为醒目。

在这场对政府施压、迫使其同苏联复交的活动中，顾孟余等北京大学教授为学生指明正确方向，学生在同苏联代表的交涉中也显示出不同凡响的外交能力。北京学联则再次展现了不畏强权、奋战到底的精神。

三、废约运动：诞生“反帝大联盟”

列强压迫下的中国，不会轻易看到光明。

《中苏协定》虽已签署，但其实施又遭到帝国主义列强的阻挠。列强用拒交苏联使馆的方式表示对中苏复交的不满。这一行为再次引起北京人民的愤慨。

1924年7月13日，北京学生及各团体率先组织成立“反帝国主义运动大联盟”（简称反帝大联盟），使北京人民的反帝运动从分散走向统一。十几天时间里，参加的团体多达60多个。北京的“反帝大联盟”在各地得到响应，上海、天津、山东、武汉等地也先后成立“反帝大联盟”或“反帝大同盟”组织，全国掀起废除不平等条约运动的高潮。

1923年9月，北京反帝大联盟通告全国，倡议9月3日至9日为“中国人民反对帝国主义运动周”（简称反帝运动周），以提请国人不忘签订《辛丑条约》的耻辱。

反帝运动周期间，北京社会主义青年团、北京学联和参加反帝大联盟的其他团体一起，发起强大的宣传攻势。中共北京地委机关刊物《政治生活》特别发行《反帝运动特刊》，刊登大量反帝文章，使北京学生更加看清帝国主义的本质，借机向群众揭露帝国主义的丑恶面目。大街小巷到处张贴着反帝文告，“撤废《辛丑条约》”“打倒帝国主义”的传单随处可见，街头宣传队、讲演队多不胜数。

9月3日至9日，每天都有关于学生上街宣传的报道。9月7日是《辛丑条约》签订日，国旗降半旗，北京学生放假一天。学生们纷纷上街，在各校负责区域散发传单、小册子和讽刺漫画等宣传品，全市的反帝氛围更加高涨。

在散发的众多传单中，东交民巷附近出现了一张英文传单，大意是：中国人再不能忍耐帝国主义各国之横行与凌辱，如帝国主义各国尚不及时觉悟，不放弃掠夺中国之一切条约，不归还自中国夺去之一切权利，则将有大灾到临。[①]除了传单和小册子这类宣传品，街上还出现了描绘八国联军在京暴行的图画。

这一周里，天津、广州、上海、武汉、长沙、济南、太原等地也开展了反帝活动，召开反帝的群众大会，营造了强大的反帝废约声势。北京反帝大联盟在这场斗争中起到发起者和领导者的作用。[②]

四、团结斗争：维护统一战线

国共两党的合作，并不是毫无摩擦、一帆风顺的。

1924年，在敦促中苏复交运动的高潮中，国民党右派分子在报纸上散播谣言，诬陷北京大学等校收受了苏联10万元贿赂，无端指

① 中共北京市委党史研究室编：《北京青年运动史料（1919—1927）》，北京出版社1990年版，第125页。

② 中共北京市委党史研究室：《中国共产党北京历史》（第一卷），北京出版社2001年版，第113页。

责广大群众要求中苏复交是受了共产党欺骗。一时间，谣言传遍北京，一些不明真相的学生轻信谣言，转而支持右派分子，一定程度上分散了革命队伍。

敦促中苏复交运动中右派分子的言行，只是国共合作期间右派分子众多分裂活动之一。国民革命运动前后，右派分子几乎都“有所作为”。

北京党组织在李大钊的领导下，认真贯彻党的政策，团结左派，争取中派，打击右派，从上层到基层进行了激烈斗争。北京农业大学选举区党部负责人时，右派因人数不多，中共农大支部组织左派选举得到胜利，农大的国民党区党部一直在左派掌握之下。但右派分子经常捣乱，为了对付这些右派分子，中共农大支部成立国民运动委员会，专门掌握区党部的工作和监视右派分子的活动。①

孙中山逝世后，国民党右派展开了更为猖狂的进攻。1925年11月23日，谢持、邹鲁等在北京西山碧云寺召开“国民党一届四中全会”，非法决议将共产党人开除出国民党。右派分子的种种言行，削弱了革命队伍的力量。北京的右派分子组织右派国民党北京市党部，为难左派势力；组织所谓北京市工界联合会，直接和中共北京地委领导的北京总工会对立；还组织所谓学生会、妇女会等反动组织，为难进步势力。

共产党员、青年团员坚持团结斗争，拥护统一战线。李大钊曾多次在分区召开的国民党员大会上做报告，并在国民党创办的《新建设》杂志上撰文，阐述反帝反封建民主革命阶段国共合作、扩大革命统一战线的重大意义，希望国共两党团结一致，完成历史使命。他指出，革命阵营内部的互相猜疑、不团结、搞摩擦，只会对革命的敌人有利。北京团地委要求每个团员必须加入一个以上非政治性的群众组织，如讲演会、学术研究会、体育会等，以便右派分子造谣时，进步

① 中共北京农业大学委员会党史资料征集小组：《中国共产党北京农业大学组织史》，北京农业大学出版社1995年版，第83页。

分子能够及时在群众中说明真相，或在动员学生参加活动时，能够尽可能多地将进步分子召集在统一战线的正确旗帜下。北京团员积极响应北京团地委关于要求团员加入群众组织的决定，在反帝反封建的革命斗争中深入群众，争取最广大的革命力量，为维护统一战线、抵制右派分裂活动做出了积极贡献。国民党左派人士路友于、郭春涛、邓飞黄等，积极拥护共产党的政策，向统一战线靠拢，共同反击国民党右派。①

① 中共北京市委党史研究室编：《第一次国共合作在北京》，北京出版社1989年版，第427页。

第二节 打倒列强争国权

列强在中国肆意妄为，激起人们对帝国主义的仇恨。五卅运动以局部的星火燃起了打倒列强的燎原之势，它与文化上的非基督教运动、经济上的关税自主运动等活动，共同形成了国民革命时期打倒列强争国权的全民反帝斗争的局面。

一、声援五卅斗争："同胞们快起来奋斗"

1925年5月30日，帝国主义在上海制造了震惊中外的五卅惨案。惨案发生后，中共中央当晚召开紧急会议，极力推动国民运动，决定建立反帝统一战线作为领导五卅运动的总政策，将群众运动引到反帝反封建斗争中来。

消息传到北京，首先行动起来的是广大学生和知识界。6月1日至4日，北京学生联合会、北京国立大学教员纷纷发表声明，向国内国外说明事件真相。他们从惨案中认识到，帝国主义侵略下要想通过交涉减轻工人劳动强度是行不通的。中国工人的出路，只有起来革命。

为尽快采取行动，北京各校学生第一时间召集会议，要求撤换英、日领事，惩办行凶巡捕，收回租界，取消领事裁判权，赔偿损失，抚恤死者。为实现目标，北京学联所属90余所学校决定，从6月2日起罢课抗议。各校都召开了声援五卅惨案大会。朝阳大学学生贺昌俊在会上大声疾呼：此次运动关系全国存亡，民族消长，国人若不急起奋斗，则亡国灭种，即在眼前。说完，操刀断指，血写"亡国奴不如丧家狗，同胞们快起来奋斗"。[①]

---

① 中共北京市委党史研究室编：《北京革命史话（1919—1949）》，北京出版社1991年版，第43页。

为使北京民众尽快了解五卅惨案，各校纷纷组织讲演队赴北京城内外讲演，向民众揭露帝国主义的暴行。

声援五卅运动的游行示威

各校派出的讲演队各具特色。北京农业大学团支部发动进步师生深入农村，宣传反帝反封建、挽救国家危亡的爱国革命运动，带动了大井村、大瓦窑等地村民。北京交通大学讲演队与电车公司取得联系，在公共电车上张贴醒目的传单、标语。北京师范大学讲演队除了街头宣传，还由女生组成家庭讲演队，挨家挨户进行演讲，以期唤醒家中的妇女老幼。①此外，北京法政大学还在夜间增加提灯讲演队外出演讲。

学生们的演讲带来了同胞们思想上的变化。辛庄有一位老妇人，在听了温泉中学农村讲演团的演讲后，边哭边问：“先生，日本、英

① 上海社会科学院历史研究所编：《五卅运动史料》第3卷，上海人民出版社2005年版，第7页。

国在什么地方？什么模样的是英国人？什么模样的是日本人？我不要老命了！与他拼一个也算值得！”①

除了宣传、鼓动，更紧要的事情是募集捐款，以救助上海死伤同胞及罢工工人。北京学联通过组织义演、从公园门票中提取义捐款、派学生上街募捐等方式，募集现款。据燕京大学学生、后援会财务主任徐英回忆，“为研究募捐方法，先开代表小会，再开大会。大会是由‘学联’和‘后援会’共同召开……最后决定，各校同学各发一个竹筒当扑满（过去存钱币用的土罐），由头部套在胸前，沿街向路人劝捐。那时四百个铜子换了一枚大洋（银元）。到12时中午全都送到北大总部收存。我们在礼堂划好各校位置存放捐款。当时京畿警卫司令鹿钟麟是我父亲（按：徐英的父亲徐谦，是孙中山派到北方做国民军工作的代表）的好友，遂请他派了一连人保卫现场。下午4时，各校代表来到大礼堂，找到自己的地方，点数堆积如小山般的铜元。结果点清有万元。”②

五卅运动后，各地都出现外交后援会。北京西郊成为外交后援会发展密集地区，北京农业大学功不可没。在同学们的号召和指导下，西郊二三十个村子都挂出“××外交后援会”的牌子。党组织通过外交后援会，发动附近农民反对身边的帝国主义分子。当时外国人正在西郊地区修马路，侵占了农民的耕地。农大党团员、进步教授和农民并肩战斗，到了晚上，他们就去破坏外国人白天修的马路。学校的进步教授还在英国人别墅集中的什坊院一带，写下“British Get Out of The Way!”（“英国人滚出这条路去！”）的醒目标语。③

五卅运动期间，北京出现了许多反帝宣传作品，用朗朗上口的文

① 上海社会科学院历史研究所编：《五卅运动史料》第3卷，上海人民出版社2005年版，第8页。

② 张玮瑛等主编、燕京大学校友校史编写委员会编：《燕京大学史稿（1919—1952）》，人民中国出版社1999年版，第507页。

③ 中共北京市委党史研究室编：《第一次国共合作在北京》，北京出版社1989年版，第488页。

字阐明国家危亡的情势、上海工人的遭遇、北京人民的责任。如北京孔德学校印发《北京孔德学校伤心歌》[①]：

咱们中国太可怜　打死百姓不值钱
可恨英国和日本　放枪杀人如疯癫
上海成了惨世界　大马路上无人烟
切盼咱们北京人　三件事情立志坚
一是不买仇国货　二要收回租界权
第三不做他们事　无论他给多少钱
大家出力来救国　同心不怕不回天
待到兵强国又富　方可同享太平年

在北京学生的影响下，进步群众在这场斗争中表现出前所未有的政治热情。工、农、学、商各界群众在运动中结成广泛的统一战线，推动了国民革命运动深入发展。

二、非基督教运动：反思想文化渗透

鸦片战争后，帝国主义对中国进行政治、军事、经济侵略的同时，不断扩展基督教在华势力。他们通过办教堂、建学校等方式，对中国人民进行精神和文化上的渗透。20世纪20年代，中国发生了两次影响较大的非基督教运动。

第一次非基督教运动发生在1922年，起因是世界基督教学生同盟准备于4月4日在清华召开第十一次大会。虽是一场集会，但其意图是依靠中国基督徒，尤其是教会学校基督徒学生的力量，使大多数人放弃反帝反封建的民族民主革命。因此遭到中国共产党、社会主义

① 韩剑昆主编：《北京革命历史文件汇集（一九二二年——一九二六年）》，中央档案馆、北京市档案馆1991年内部出版，第244页。

青年团和其他进步力量的强烈反对，李大钊、邓中夏、高君宇等共产党员以及刘师复、陶孟和等北京各界人士由此发起非宗教运动。在发起词中，他们列举帝国主义利用宗教侵略中国的种种罪行。这一运动在北京立即得到响应。不久，在北京大学三院召开大会，成立“非宗教同盟”。一些青年还自发组织了非基督教同盟。为集中力量、统一指挥，非基督教同盟并入非宗教同盟。北京社会主义青年团的成员几乎全部加入非宗教同盟并参加活动。

4月4日当天，李大钊、邓中夏、萧子升等12人在《晨报》发表《非基督教者宣言》，揭露宗教对人精神上的摧残。各地非基督教同盟或非宗教同盟声援北京的电文纷至沓来。在全国非基督教者的声讨中，世界基督教学生同盟大会草草收场。非基督教运动在北京取得胜利。

第二次非基督教运动发生在国共合作统一战线建立后。1924年8月，上海再次成为非基督教运动的始发地。为使斗争持续开展，并在全国范围内得到广泛响应，上海非基督教大同盟提议将1924年12月25日（圣诞节）前后一周定为“反基督教周”，集中开展非基督教宣传。这一倡议很快得到各地青年响应。

北京爱国知识分子发表文章揭露基督教的本质。1925年4月，《政治生活》刊登《北京非基督教大同盟宣言》，号召人们起来反抗帝国主义对中国人的精神奴役和软化。

五卅惨案成为思想战线斗争的催化剂。对于五卅惨案，北京的教会学校不仅不表示同情，还禁止爱国学生参加示威游行。学生们通过传单，质问基督教徒和教会学校：“五卅惨案发生了，全世界不受基督教洗礼的工农阶级都给我们同情援助。唯有口口声声唱博爱的耶教徒及其教会却一个屁不放，并且教会学校禁止学生参加爱国运动。”[①]学生的愤怒汇成一股强大的力量，他们在声援五卅惨案的同时，将矛

① 共青团北京市委青年运动史研究室：《北京青年运动史（1919—1949）》，北京出版社1989年版，第75页。

头对准教会和教会学校。至此，非基督教运动进入新的阶段。它不再停留于思想战线上的斗争，而是更多地表现为实际行动，如收回教育权、取消教会学校等运动。

这一阶段，各地教会学校普遍掀起退学风潮。在北京，英国教会所办的崇德、笃志、萃文、萃贞中学，反英气氛十分浓厚。崇德中学墙外被学生写上“不上英国人设立的学校”10个大字，大部分学生退学或转入非教会学校，萃文中学和萃贞中学被迫停止办学。[①]

中国共产主义青年团[②]积极援助教会学校学潮，组织进步学生在群众中开展宣传工作。随着非基督教运动的发展，有的地区进一步提出在1925年圣诞节前夕开展“反基督教运动周”示威。这一计划得到了美生社、青年学会、北京学联等进步团体的热烈响应。

教会为防止北京学生奋起反抗，造谣说这一示威运动将烧教堂、杀教徒，并污蔑共产党人趁机杀人放火。他们呈请鹿钟麟派兵保护，并组织学生军看守校门。最终，团地委组织学生示威游行的计划未能实行，无奈改在北京大学三院召开非基督教运动国民大会，并散发传单、标语。[③]

这些传单和标语，再次揭露基督教是帝国主义侵略中国的工具，并强调非基督教运动在中国人民反帝斗争中具有特殊意义。许多青年学生在非基督教运动的启发下，离开教会学校，走上革命道路。

---

① 共青团北京市委青年运动史研究室：《北京青年运动史（1919—1949）》，北京出版社1989年版，第75页。

② 1922年5月，团的第一次全国代表大会，定名为“中国社会主义青年团”；1925年1月，团的第三次全国代表大会上改名为“中国共产主义青年团”；1935年11月，党中央决定把团的组织改变为具有民族解放性质的抗日救国的青年团体；1949年4月，宣告中国新民主主义青年团成立；1957年5月，中国新民主主义青年团召开第三次全国代表大会，决定把团的名称改为中国共产主义青年团，并决定把新中国成立前后中国社会主义青年团、共产主义青年团和新民主主义青年团的历次代表大会衔接起来。

③ 韩剑昆主编：《北京革命历史文件汇集（一九二二年—一九二六年）》，中央档案馆、北京市档案馆1991年内部出版，第434—435页。

在非基督教运动中，知识分子撰写大量非宗教文章，力图从思想上肃清宗教对中国革命的消极影响。北京党、团组织积极引领北京地区非宗教运动走向，将其融入国民革命的时代大潮。北京学生逐渐成为反对教会学校、争取教育权斗争的主力。由于北京学生和各界人士顽强斗争，收回教育权运动取得初步胜利。

三、关税自主：夺回经济权利

关税自主，是一个国家主权独立的标志。

鸦片战争后签订的《南京条约》，使中国开始丧失关税自主权。随着一系列不平等条约的签订，中国的关税几乎完全被帝国主义控制。争取关税自主，成为近代以来中国同帝国主义斗争的重要内容。

中国曾多次在外交中争取关税自主。巴黎和会上，中方在关税方面提交争取关税自主的《中国希望条件说帖》。1921年的华盛顿会议上，中国代表继续同与会国讨论关税问题，力争关税自主。但中方争取关税自主的两次努力，最后都归于失败。

五卅惨案发生后，主张打倒列强和废除不平等条约的示威游行持续高涨，非基督教运动如火如荼。这让外国列强感到极大的威胁，被迫做出一些让步，重新讨论中国在华盛顿会议上提出的关税问题。

1925年8月10日，美国公使照会北京段祺瑞执政府外交部，同意召开关税特别会议，但是，以禁止中国的一切反帝言论、反帝团体活动及反帝出版物的出版作为修改关税协定的交换条件。以此为导火线，北京爆发了以收回关税自主权为目标的关税自主运动。

国共两党积极合作，对运动的各个阶段加以引导。10月7日，中共北方区委和团北方区委联合发布《告工农学军书》，首先提出“关税自主”的口号，并把这一口号同废除不平等条约联系起来。一周后，团组织通过北京学联做出决议，提请全国学联召集各地学联代表大会讨论对付关税会议的办法及学生应采取的态度。全国学联临时召开代表大会，通过《关于关税自主决议案》。

各校学生积极响应，多次示威游行，要求关税自主，反对关税会议。10月25日，北京各校、各团体在天安门举行关税自主运动大会。到会的有北京大学、北京师范大学、中国大学、民国大学、北京艺术专门学校、北京农业大学、俄文法政专门学校、平民大学、中法大学、财政商业专门学校、文化大学、清明中学、求实中学及其他爱国团体，共计3000余人。[①]大会提出，国民抗争关税自主，须从根本上解决，要取消一切不平等条约。会后，举行游行示威。示威队伍沿途高喊“打倒帝国主义”“取消不平等条约”“反对关税会议”“力主关税自主”等口号，沿街散发传单20余种。

10月26日，是关税特别会议开幕的日子。北京各校各团体5万余人齐集新华门，再次举行示威游行。

由于游行计划被段祺瑞执政府提前获知，清华及北京其他各校的游行都遇到军警阻碍。26日一早，清华学生正待出发，校门已被反动军警把守，不许学生队伍出校。大家化整为零，沿京张铁路步行分散进城，按指定地点在交通大学和西城各校会合。在进步学生的带领下，清华学生终于克服重重困难，来到新华门。新华门一带已是军警密布。游行再次遭到阻拦，经交涉无果，学生与军警发生冲突，当场十几名学生受伤，数十人被捕，这就是“新华门流血事件”。

新华门惨案发生后，北京大学教授立即发表宣言，支持学生爱国行动。学生们不仅没有被吓退，反而更加勇敢。为扩大宣传，争取更多支持，北京共产主义青年团、北京学联等团体分头上街讲演，介绍关税自主、废除不平等条约、要求民众自由的意义，群众逐渐认识到关税会议是政府勾结帝国主义制造的骗局。

---

① 中共北京市委党史研究室编：《北京青年运动史料（1919—1927）》，北京出版社1990年版，第299页。

11月19日，关税特别会议通过以裁撤厘金①为条件的关税自主案。消息传来，关税自主运动筹备会酝酿发动更大规模的示威运动。

22日，北京市2万多市民再次走上街头，举行声势浩大的示威活动。中午，参加示威的青年学生和市民分别集中在北京大学三院、北京师范大学、北京法政大学三处，准备向天安门进发，再次受到军警阻拦。混战中许多示威民众被打伤，北京大学教授马叙伦、于树德在游行中受伤。经过激烈搏斗，群众最终集结天安门，如愿召开了国民大会。

国民大会指出，19日关税会议上通过的裁厘方案与无条件收回关税自主权是相悖的。大会严厉谴责军阀政府镇压爱国运动、残害示威民众的行为，要求政府无条件收回关税自主权，解除一切关税条约。会后，群众继续游行，高呼“收回关税自主权”“反对骗人的关税会议”“取消一切不平等条约”“打倒一切帝国主义”等口号。由于全国民众强烈反对，加上军阀间相继爆发战争，关税特别会议不了了之。

这次关税自主运动，虽然没有解决中国近代以来的关税问题，但大大促进了人们关税主权意识的觉醒。北京学生在这场斗争中爱憎分明、英勇对敌，有力揭露了帝国主义列强和军阀政府的骗局。

---

① 厘金，在晚清咸丰三年（1853）就已出现。它是中国的一种内地通过税，在全国各地实行征收，用于筹备军饷、弥补财政亏空，人们对此怨声载道。这种厘金制度，外国列强也要遵守，这在很大程度上限制了帝国主义的在华贸易，他们对此十分反感。若能裁厘，则可使外国商品更加方便地进入中国内地市场。因此，在关税特别会议上他们要求中国裁厘。而是否裁撤厘金，本是中国的自由，若成为讨论关税自主的条件，就丧失了自主的权利。

第三节　五四精神再弘扬

国民革命是一场推翻封建军阀的民主革命。北京政变后，曹锟下野，段祺瑞重新执掌北京政权。政权虽然更替，但均屈从列强、对内独裁。段祺瑞上台后，为讨得列强信任，甚至更加大肆出卖国家利益。因此，国共合作时期，推翻段祺瑞执政府成为北方人民革命的主要任务。北京的青年学子弘扬五四精神，积极投身反专制争民主的斗争。

一、国民会议运动：反对北洋军阀统治

1924年10月，在高涨的革命形势推动下，军阀吴佩孚的部下冯玉祥开始倾向革命，在北京发动政变，推翻直系军阀政府，并电请孙中山北上主持大计。

11月10日，孙中山发表《北上宣言》，重申反帝反军阀的政治立场，要求“召集国民会议，以谋求中国之统一与建设”，并动身北上。中国共产党发表《第四次对于时局之主张》，坚决拥护孙中山北上，进一步提出召开国民会议的主张。

11月24日，段祺瑞抢先就任中华民国临时执政，准备召开善后会议，使其统治合法化。中共中央决定，在段祺瑞召开善后会议的同时，于1925年3月1日在北京召开国民会议促成会，与之形成对抗。

这次运动中，北京团地委指导北京学生积极发挥作用。孙中山入京前，青年团发动团员深入群众，广泛宣传孙中山北上和召开国民会议的意义，协助做好欢迎孙中山北上的工作。

1925年2月，孙中山到达北京。李大钊带领北京市民前往车站迎接。青年团员在迎接队伍中充当群众的组织者和秩序的维护者。当日，团员事先在车站集合，拿到车站的多数指挥员证、章和传话号筒，自觉承担指挥和联络工作。孙中山出站后，青年团引导群众一直

来到北京饭店。

在北京团地委的指示下，北京的青年团员组织各校学生参加散发传单、街头演讲、出版促成会会刊等宣传工作，并通过北京国民会议促成会通电全国，发起组织全国国民会议促成会。为对抗段祺瑞执政府的善后会议，善后会议召开期间，中共北方区委组织了两次群众性示威游行，组织街头演讲，李大钊、赵世炎等人还在北大、师大、美专等校进行演讲。[①]在青年团员的宣传、组织下，以召开国民会议和废除不平等条约为目标的国民会议运动在全国达到高潮。

1925年3月1日，国民会议促成会全国代表大会在北京大学三院举行筹备会议。经过10天的筹备，国民会议促成会全国代表大会在北长街北京教育会礼堂正式开幕。北京学生积极配合，全力投入国民会议运动。北京大学学生出版会刊，寄发宣传品，到街头和群众游艺所进行通俗讲演，宣传召开国民会议的意义。会议期间承担登记、发传单、贴标语的任务。据乌兰夫回忆，学生们每天都会贴出一批标语。反动警察们撕掉一批标语，学生马上又贴出一批。当时贴出的标语有“打倒军阀！”“打倒帝国主义！”“反对召开善后会议！”等。[②]

国民会议促成会全国代表大会筹备期间，北京社会主义青年团第一任书记高君宇积劳成疾，因病去世。

高君宇原是北京大学学生，五四期间成为爱国学生领袖，在李大钊的影响下接触马克思主义，加入中国共产党。在高君宇的革命生涯中，北京不仅是哺育他成长为马克思主义者的摇篮，也是他从事革命活动的主要基地之一。他在北京地区从事革命活动，“七八年来无间歇，久而益厉，猛勇有加”。[③]

高君宇患有肺疾。一直以来，他带病坚持工作，为革命事业废寝

---

① 姚仁隽：《赵世炎传》，中共党史出版社1998年版，第123页。

② 中共北京市委党史研究室编：《北京革命史回忆录》（第一辑），北京出版社1991年版，第352页。

③ 北京市党史资料编辑室编：《故都从未停止战斗》，北京出版社1982年版，第28页。

忘食。尤其在国民革命期间，更是全心投入，终日操劳。他在广州帮孙中山起草著名的《北上宣言》，陪孙中山北上。在北京，高君宇旧病复发住进德国医院，病未痊愈即要求出院工作。出院后，到上海参加中国共产党第四次全国代表大会，会后又赶回北京参加国民会议促成会全国代表大会。其间，高君宇突患盲肠炎，经医治无效逝世。

高君宇的遗体安放在陶然亭湖畔，墓碑上刻着他生前自题在照片上的诗句："我是宝剑，我是火花。我愿生如闪电之耀亮，我愿死如彗星之迅忽。"

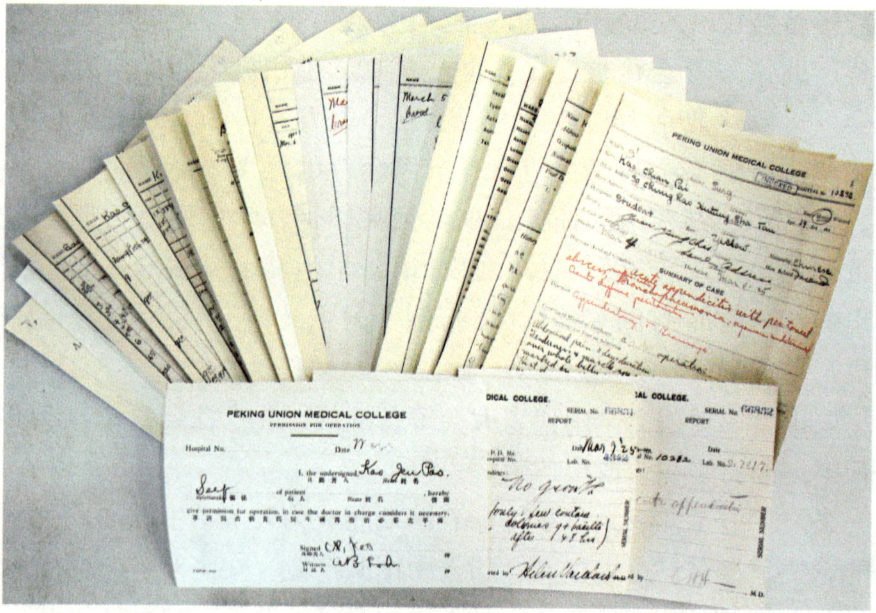

高君宇病历

3月12日，孙中山因肝病在北京逝世。他的逝世，对国共合作统一战线和国民会议运动都是巨大的损失。北京各界为此在中央公园举办了隆重的追悼活动。公祭期间，各界人士尤其是青年学生前往吊唁。在国民党北京市特别党部工作的刘清扬、夏之栩等人曾为孙中山守灵。

在追悼孙中山的活动中，北京党、团组织和国民党左派宣传孙中山的新三民主义，宣传孙中山与苏联和中国共产党的团结合作精神，宣传打倒帝国主义、打倒军阀的革命纲领。北京学联提出为孙中山铸铜像，改中央公园为中山公园，建设中山图书馆等建议，这些建议得到群众的支持。

国民会议促成会全国代表大会得以召开，离不开北京学生所做的宣传和保障工作。团员积极响应团地委工作安排，在各自的岗位恪尽职守，完成任务，保障大会顺利召开，从而推动了全国革命形势的发展。

二、“首都革命”：倒段反奉示威

1925年11月28日，以推翻段祺瑞执政府和建立“国民政府”为目的的革命运动（又称“首都革命”）在北京爆发。当日上午，北京的学生敢死队和工人保卫队行动起来。他们将号召人们革命的标语贴在街头巷尾，号召人们起来革命的传单撒满全城，将象征着革命的红旗插满屋顶。下午2时，国民党、共产党和各革命团体、市民、学生、工人约5万人齐集神武门前，参加国民大会。现场总指挥兼大会主席朱家骅宣布大会宗旨和行动的目的是“打倒卖国政府，建设国民政府”。

会后，朱家骅宣布：现在出发，赴执政府，迫使段祺瑞下野。集会群众整队出发，队伍依次为总司令旗、总指挥团、学生军、工人保卫队、各校学生、各团体、市民，最后是救护队。

200名敢死队员，手持尖头木棒，排列在群众队伍两旁保护。骑自行车的交通队，则在队伍中负责传送消息。①由医科大学学生组成救护队携带药品、担架等走在队伍的后面，时刻准备救护伤者。

① 中共北京市委党史研究室：《中国共产党北京历史》（第一卷），北京出版社2011年版，第126页。

在这次斗争中，很多女同志满怀爱国热情，勇敢地投入倒段反奉的斗争，一些女同学为表示决心，毅然剪去长发。当时，段祺瑞不在执政府，示威队伍高呼口号，前往吉兆胡同段祺瑞私宅，要求段祺瑞辞职。

“首都革命”是国民会议运动的继续和发展，也是北京民众代表全国民众夺取政权的试探。虽然由于国民军动摇、时机不成熟等原因没有达到预期目标，但在这次试图推翻执政府的斗争中，革命队伍得到锻炼，北京民众也实现空前团结。正如李大钊所说：“这次尝试，同志们的精力并没有白费，我们通过这次尝试，作了一次演习，对我们的革命队伍作了一次大检阅，对于将来组织和领导起义也是大有裨益的。”①

经过这次斗争，北京学生在思想和行动上都取得较大进步。他们在中国共产党的领导和教育下，把推翻帝国主义和封建军阀的反动统治作为自己的行动纲领。1925年12月9日，北京大学学生会发表对时局的宣言，认为“民众现已到了一个实际与帝国主义及军阀争斗，而要实行收回国民政权的时期，帝国主义统治中国的局面，与乎反动军阀掌握政权的时期已经快要崩溃而成为过去的事实”②，充分显示出北京学生对中国共产党的充分信任和对国民革命的坚定信心。

三、女师大风潮：新旧之争

女师大风潮是北京女子师范大学学生开展的以驱逐校长杨荫榆为核心的斗争风潮。它以1925年1月的“驱杨运动”为开端，直到1925年12月学生复校彻底平息。

---

① 中共北京市委党史研究室编：《第一次国共合作在北京》，北京出版社1989年版，第442页。

② 王学珍等编：《北京大学纪事（1898—1997）》，北京大学出版社1998年版，第136页。

杨荫榆先后留学日本和美国，在美国哥伦比亚大学专门攻读教育，并获教育硕士学位。从这些经历看，杨荫榆担任校长能够使人信服。她作为第一位国立大学女性校长，本颇受学生欢迎。但没过多久，“迎杨”的口号就变成了“驱杨”。“她多年在国外埋头苦读，没看见国内的革命潮流；她不能理解当前的时势，她也没看清自己所处的地位。”这是著名女作家杨绛对她三姑母杨荫榆所做的评价。杨荫榆正是这样一个“没看清自己所处的地位”，充当了违逆历史潮流的封建代表。

1924年2月，北洋政府任命杨荫榆为女师大校长。当上校长后，她的处事风格引起多数师生不满。此外，她还禁锢学生思想、禁止学生参加政治活动。杨荫榆和女师大进步师生之间，矛盾一触即发。

1924年秋季开学，女师大三位学生因江浙战争阻隔道路未能按时返校，杨荫榆勒令学生退学。但是一些私下与杨荫榆相熟的学生，旷课几个月却未受任何惩罚。该校学生自治会经过讨论，决定代表学校多数师生要求杨荫榆收回成命。但杨荫榆态度坚决，拒绝学生的请求。杨荫榆的行为激怒了女师大学生，女师大风潮由此开端。

1925年1月，学生自治会决定不承认杨荫榆为校长，并到教育部要求撤换杨荫榆。这标志着女师大学生与杨荫榆正式决裂。章士钊任教育总长后，采取一系列举措宣扬封建思想，如“整顿学风”支持杨荫榆镇压学生运动，提倡学校读经（规定自初小四年级起学生必须读经）、排斥白话文，办《甲寅》周刊等。此后，杨荫榆加紧攻势，悍然在校内贴出开除曾经反对过她的刘和珍、许广平等6名学生自治会骨干。

学生活动得到鲁迅的支持，得到北京党、团组织的具体指导，也得到北京多所学校学生的援助。在杨荫榆无理开除学生自治会6名成员后，北京大学学生会首先抗议，发表《对女师大风潮宣言》，向全国人民呼吁驱逐杨荫榆。接着，全国各界妇女联合会、北京学联等团体组织纷纷发表宣言，要求罢免章、杨二人。这些学校、团体，都成为女师大进步师生的坚强后盾。

杨荫榆派军警、打手、女流氓等百余人闯入学校驱赶学生，驱赶不成最终将学生围困校内。

女师大风潮在社会上的影响越来越大。到了8月，段祺瑞执政府决定停办女师大，并将女师大改为国立北平女子大学，由政府武装接收。学生们进行护校斗争，但终抵不过反动政府。学校被强行解散，学生们陷入绝境。

多数同学坚决不到国立北平女子大学上课。她们在宗帽胡同筹建新校，并邀请鲁迅等教授做学校教员。在学生们最艰难的时候，鲁迅及其他30多名教授为学生们义务授课，使学校教学活动得到恢复。鲁迅在9月21日新校开学典礼上说，“我相信被压迫的决不致灭亡”①，因为被压迫的，正是学生代表的新生力量。

当时，适逢“首都革命”，女师大学生也迎来复校希望。11月30日，同学们听说章士钊潜往天津，就迫不及待地要求回到石驸马大街——那个她们曾经学习、战斗过的地方。当日下午5时，同学们从宗帽胡同整队出发，由鲁迅亲自护送回校。回到学校，已有各校学生和附近群众等在校门口欢迎。学生们在校门上重新挂上国立北京女子师范大学的校牌。不久，师生们发表《复校宣言》。

女师大风潮，以进步学生的胜利和段祺瑞执政府的失败而告终，是国民革命期间北京地区反帝反封建斗争的胜利，北京学府进步师生的革命力量再一次得到彰显。

四、三一八惨案：“民国以来最黑暗的一天”

1926年3月初，冯玉祥领导的国民军与亲日的奉系军阀作战。3月12日下午，日本军舰掩护奉系军阀军舰，驶入大沽口，蓄意挑起

① 陈漱渝：《鲁迅与女师大学生运动》，北京人民出版社1978年版，第58页。

事端，炮轰大沽炮台，使炮台受到很大损失。国民军被迫反击，击退奉系军阀和日本军舰。

事后，日本反要求中国政府向日本政府谢罪并赔偿损失，并于13日为大沽口事件提出抗议书。16日，英、美、法、意、荷等国趁机向北京政府递交最后通牒，要求国民军撤去大沽口防御，以维护《辛丑条约》为名，提出诸多无理要求。段祺瑞执政府不但没有采取有力措施还击，反而屈从于八国通牒，表示遵守《辛丑条约》。

北京各界纷纷行动起来。3月14日，北京群众在故宫太和殿前举行大会，抗议日本炮轰大沽口；3月16日，李大钊指示中共北京地委召集活动分子会议；3月17日，北京大学等校和各社会团体，在北京大学三院集合，召开全市各团体联席会议。经过14日、16日、17日的酝酿和准备，国共两党通过国民党北京市党部，组织北京各校、各团体掀起了一场声势浩大的示威请愿活动。

1926年3月18日之前，学生们个个心怀抱负。

刘和珍烈士

女师大学生刘和珍平日热心于进步活动，每当学生集会，她总是手执校旗走在同学前面，高呼口号。在校期间，她最喜爱李大钊、鲁迅的课程，并受他们影响倾向革命。有关最后通牒的消息传到学校后，刘和珍对同学们说，“外抗强权，内除国贼，非有枪不可；军阀不倒，教育事业就搞不好，打倒军阀后，我再当教师不迟”①，随后，她与同学一起参加了这场反帝爱国斗争。

燕京大学魏士娟，在五四爱国运

① 陆兵编著：《京都英烈》，北京燕山出版社1991年版，第19页。

动中将自己名字中的“娟”字改成“毅”字，决心在以后的生活中更坚毅地奋斗下去。①1925年11月的反奉斗争中，她毅然剪去长发，再次表示爱国决心。1926年3月17日，魏士毅因胃病复发卧床休养。当她听到次日要在天安门集会的消息，不顾同学们的劝阻，一定要去参加集会游行。第二天，她克服病痛，肩扛校旗走在学校队伍前端，有同学担心她的身体劝其回校休息，魏士毅忍着胃痛对同学说：“遇到这种国家大事，我是一定要跟着走的！”②

正是数千名如刘和珍、魏士毅一样的青年，组成了3月18日北京示威游行的学生队伍。

3月18日上午，北京80余所大、中学校和60余团体在天安门前举行“反对八国通牒国民大会”，抗议日本军舰入侵大沽口、炮轰国民军，坚决反对八国通牒。国民大会结束后，群众队伍一路高呼“打倒帝国主义”“驳回八国无理通牒”“废除《辛丑条约》”等口号，沿街散发传单。下午1时20分，游行队伍来到铁狮子胡同段祺瑞执政府门前，此时周围已布满荷枪实弹的卫队。僵持中，卫队突然开枪，刘和珍、杨德群、魏士毅等数十人遇难，近200人受伤，史称“三一八惨案”。

北京农业大学学生林孔唐受伤后，在医院对其弟说：“苟吾死，吾恨‘此身不死外人手’，而横遭彼帝国走狗之屠杀……吾死以后，此躯愿留学校。”③5月22日他因伤不治而亡。为尊重烈士遗愿，师生将林孔唐安葬在罗道庄北京农业大学东门外稻田西部三角洲上。清华学生韦杰三因伤势过重，3月21日晨在协和医院逝世。临终前他念念不忘祖国，对同学们说：“我心甚安，可是，中国要快强起来呀!”④

为国家和民族的前途，不计个人得失，赴汤蹈火，在所不辞，是学生诠释的无畏革命精神。这种精神，激励着更多同伴奋勇向前。

---

① 陆兵编著：《京都英烈》，北京燕山出版社1991年版，第22页。

② 同上，第23页。

③ 汪长仁编：《三一八惨案资料汇编》，北京出版社1985年版，第411页。

④ 清华大学校史编写组编著：《清华大学校史稿》，中华书局1981年版，第89页。

很多同学亲历此次惨案，提出加入中国共产党的要求。燕京大学的刘隽，在执政府门前看到李大钊在枪林弹雨中指挥学生撤退，深受感动，于1926年3月30日，经李大钊和陈为人介绍入党。同是燕大学生的王达成，在斗争中了解到同行的好友以及部分牺牲的同学都是共产党员，坚定了加入共产党的决心。惨案发生后，李大钊之子李葆华还在孔德中学发展多名共青团员。

从惨案发生到1927年2月将近一年间，北京地区的共产党员从300多人发展到千人以上，各大学和京师一中、艺文、今是、崇实、朝阳、汇文等中学建立了共青团的组织。[①]

发展起来的党、团组织面临严重的白色恐怖。三一八惨案后，段祺瑞执政府四处缉捕国共两党在北京的领导人，大街上到处贴满“宣传赤化、主张共产者，不分首从，一律处死刑”的布告。革命工作被迫转入地下。

面对险恶的形势，主持国共两党北方工作的领导人李大钊，迫不得已秘密迁入苏联大使馆旧兵营继续工作。中共北方区委机关、国民党北京市党部也同时迁往。李大钊深知从事革命活动十分危险，设法安排已经暴露身份的党员撤离北京。或去苏联学习深造，或去南方参加北伐战争，或到外地开展工作，而李大钊自己却坚持在白色恐怖中继续开展革命工作。

国民党左派人士李世军，受李大钊委派去甘肃成立省级党部。离京前，他劝李大钊考虑转移到安全地方工作，李大钊坚定而决绝地回答：“我不考虑，你们走你们的，你们快一点走。革命就不能怕死。”而当李世军以此为由请求留下时，李大钊却说：“你们是另一回事，你们年轻，你们出去还可以继续战斗。”[②]李大钊在这件事上的“双重标准”，彰显了他对青年的无限爱护和他对革命事业的责任担当。

---

① 北京市政协文史资料委员会编：《北京文史资料》（第一辑），北京出版社1979年版，第100页。

② 中共北京市委党史研究室编：《第一次国共合作在北京》，北京出版社1989年版，第468—469页。

4月6日，京师警察局总监陈兴亚率领警察、宪兵、便衣侦探300多人直奔东交民巷，包围中东铁路办事处、远东银行等处，重点搜查苏联大使馆的旧兵营，逮捕了包括李大钊在内的共产党员及国民党左派人士数十人。4月28日下午，李大钊等20名革命者在西交民巷京师看守所壮烈牺牲。

京师看守所

就义时的李大钊

第三章

革命低潮搏逆流　反蒋救亡竞先锋

——土地革命战争时期北平学府的红色文化

土地革命战争时期对于中国革命来说，是一段内忧外困的特殊岁月。中国共产党毅然高举革命旗帜，英勇肩负反抗国民党独裁统治、开展抗日救亡运动这两大革命任务。

中国共产党领导的红色力量，冲破白色恐怖的沉沉帷幔，在北平学府广播革命种子，抛头颅洒热血，无所畏惧，坚持斗争，奏响了一曲曲撼天动地的进步青年奋斗进取、奉献牺牲的青春之歌。九一八事变后，在反抗国民党反动统治的同时，北平学府进步力量高举抗日救亡的旗帜，南下示威点燃抗日救亡的烽火，一二·九运动发端北平并席卷全国。

勇搏逆流，愈挫愈奋，方显民主战士风采和救亡先锋本色。北平学府进步师生前赴后继、呐喊奋争，以不畏牺牲、舍我其谁的青春革命气概，存亡续绝，焕发风采，谱写了为实现中华民族独立富强而英勇奋斗的壮丽青春篇章。

第一节 白色恐怖下的坚持与抗争

以奉系张作霖为代表的旧军阀势力，与蒋介石控制下的新军阀势力，彼此之间激烈争斗，但是对于北平革命力量的绞杀，立场完全一致。中国共产党领导的北平各学府的进步力量，积极开展革命行动，在曲折中探索，不畏牺牲，徐图发展，为未来学府民主革命事业的发展聚集力量。

一、反对“大学区制”：冲破国民党当局的教育控制

1927年，国民党政府改教育部为大学院，将全国分为若干大学区，每个大学设校长一人，负责一切学术和教育行政事务。在此之前，由奉系军阀开展过的大学合并运动，对大学区制也有一定影响。

1927年8月，张作霖颁布了改组北京所有国立高等学校的“大元帅令”，强迫国立九校合并为“京师大学”[①]。10月，奉系军阀又决定甄试各私立大学学生。甄试的重要标准，就是对奉系独裁统治有无不满，凡是不满者则以甄试“不合格”为由开除。奉系军阀极力控制青年学生的思想，强迫学生读经义、学八股，还安插了一些水平不高、思想反动的政客文人到学校当教授。这种背景下，一些不屑于与这些人物为伍的学者、教授，纷纷引退，仅北京大学就有29位教授离开北京，致使北京大学在一段时间内陷入停课状态。[②]

奉系军阀的倒行逆施，受到国立九校师生的强烈抵制。国立九校学生为抵制合并发表了宣言。北大、农大等校还组织了救校十人团等护校组织。但是，奉系军阀以扰乱治安的罪名对学生进行镇

---

① 共青团北京市委青运史研究室：《北京青年运动70年大事记》，北京出版社1990年版，第21页。

② 共青团北京市委青年运动史研究室：《北京青年运动史（1919—1949）》，北京出版社1989年版，第142页。

压，出动大批军警，强迫国立九校合并，强令取消各校的学生会和教职员联合会，禁止学生举行集会，并令学生和教职员限期到京师大学报到，不从者一律开除。青年学生以“赤化嫌疑”遭逮捕和迫害者比比皆是。在奉系军阀的高压统治下，北京地区的革命形势一度出现了低潮。①

1928年6月初，国民党当局接管北京，并于6月28日正式将北京易名为北平。北平师生以为国民党统治北平以后，便会废除张作霖那套做法，因此自动恢复了被强行解散的学生会和学联，北大学生护校组织还发表了《护校宣言》，国立九校也自动恢复了原名。不料，国民党当局与奉系军阀一脉相承，宣告实行大学区制，且不准国立九校复校，只将京师大学易名为北平大学，任命李书华为校长。1928年8月，北平大学区成立，北平各校并校工作实施，而反对并校的学生护校运动随之顿起。这些纷争与风潮实质上是当局各派争夺和瓜分教育界地盘的主导权。②

大学区制并不乏合理因素。首倡者蔡元培、李石曾等人怀着教育救国的梦想，创办北京中法大学后，不断推动教育改革，学习法国教育制度，设计了以大学区制为基础，融合欧美主要国家先进教育模式的新学制方案。③这在中法大学的大学、中学一体化的教学实践中，也是成功的。然而在北平全市甚至全国范围推行，却遭到反对。大学区制不大适合当时中国的国情，也缺乏在更大范围内的实践经验。④

面对多方抵制，国民党北平当局停发各校经费，继续拖欠教员薪金，并取消师范学校学生公费。这些做法激化了矛盾，各校学生纷纷

① 共青团北京市委青年运动史研究室：《北京青年运动史（1919—1949）》，北京出版社1989年版，第143页。

② 刘继青：《大学改革的理想与困境——罗家伦整理整顿清华大学的前前后后（1928—1930）》，《清华大学学报》（哲学社会科学版）2013年第6期。

③ 许睢宁、张文大、端木美：《历史上的中法大学（1920—1950）》，华文出版社2015年版，第142页。

④ 同上，第144页。

举行集会、示威、发表通电，向北平当局和国民党当局请愿，反对大学区制，强烈要求恢复国立九校。北大学生还组织了救校敢死队、武力护校团，教职员组织索薪团，向政府索要被扣压的薪金。国民党当局压力剧增。

1929年1月，教育部被迫让步，协议将北京大学定名为“国立北平大学北大学院”，对外译用“国立北京大学”，任命陈大齐为院长。6月22日，北大学生通电全国，自动恢复北京大学名称。到了8月，国民党当局不得不将“北大学院”改名为“国立北京大学”，并在暑假期间宣布取消大学区制。①

国民党统治北平初期，北平各学府的进步师生在中国共产党的领导下，积极参与反对国民党当局摧残教育事业的斗争。学校中的共产党员积极参加学生会和各种社会团体的活动，扩大党的影响，争取这些组织的领导权。师范大学、中法大学等院校都有党组织领导的刊物和壁报，用以扩大北平政治宣传。②

二、援助留日被捕同胞：建立北平反帝大同盟

1929年底，北平爆发了以援救被日本当局逮捕的中国侨民为目标的反帝斗争。起因源于这一年9月4日，日本共产党组织东京工人和旅日中国留学生、朝鲜进步侨民集会示威，纪念国际青年节，抗议日本出兵东北，反对日本进攻苏联。日本当局当场逮捕2000多名示威群众，其中就有华侨300多人。

由于反共立场相同，中国驻日领事馆不但不向日本抗议，还与日方勾结，逮捕前往营救被捕示威华侨的中国人。消息传来，国内舆论哗然。中国共产党为了援救这些被捕同胞，声援国际进步力

---

① 共青团北京市委青运史研究室：《北京青年运动70年大事记》，北京出版社1990年版，第23页。

② 中共北京市委党史研究室：《中国共产党北京历史》（第一卷），北京出版社2011年版，第172—173页。

量，决定发动一次反帝爱国运动。11月，根据中共顺直省委指示，在党的领导下，北京大学学生出面组织北平留日被捕同胞后援会筹备会。①

12月29日，后援会筹备会邀请在日本被捕后、又被驱逐回国的中国留日学生到北京大学，向在此集会的10余所院校学生发表公开演讲。演讲会场上，群情激昂，大家决定扩大后援会筹备会组织，派代表联络各革命团体一致行动。

1930年1月5日，北平留日被捕同胞后援会召开成立大会，到会代表70余人，明确十大工作方针，包括与留日学生团体及全国的反帝团体行为一致，派代表到各地发动反帝运动等。大会选举产生了由15人组成的北平留日被捕同胞后援会执行委员会，会后发表通电，推进群众斗争。

2月1日，后援会召开代表大会，决定在天桥举行市民大会。2月7日下午，北平大中学生以及一些工人、农民，共3000余人齐集天桥。由于国民党军警镇压，市民大会的旗帜和宣传品在中途被没收，6人被捕，派往公安局交涉的代表也被扣留。广大群众坚持集会示威，与军警展开搏斗，游行至晚上才结束。这次示威被称为二七示威。

二七示威后，后援会再次召开代表大会，决定将后援会改组为北平反帝大同盟，包括文艺团体、社会科学社团和大中学校。大同盟在北京大学、北平师范大学、燕京大学、清华大学、中法大学以及汇文、孔德、宏达、山东等中学设立支部，并设有几个工人支部。②

与此同时，北平党、团员在学校、郊区农村和军队中的工作，也取得一定的成绩。有些乡村建立起秘密组织，成为领导农民斗争的核心。有些部队里秘密成立党支部。经历了革命低潮之后，北平地区的

---

① 共青团北京市委青年运动史研究室：《北京青年运动史（1919—1949）》，北京出版社1989年版，第150页。

② 中共北京市委党史研究室：《中国共产党北京历史》（第一卷），北京出版社2011年版，第174页。

革命运动开始出现复兴的趋势。[1]

1930 年 2 月 7 日，在中共北平市委领导下，3000 多名市民、学生集会游行，抗议日本军警逮捕北平留日爱国学生

三、四二〇、八一示威："左"倾冒险主义行不通

1928年7月，在莫斯科召开的共产国际第六次代表大会提出"第三时期"理论，认为无产阶级直接革命的大好形势就要到来。这一判断加剧了已经滋长的"左"倾冒险主义。[2]

① 共青团北京市委青年运动史研究室：《北京青年运动史（1919—1949）》，北京出版社 1989 年版，第 151 页。

② 中共北京市委党史研究室：《中国共产党北京历史》（第一卷），北京出版社 2011 年版，第 175 页。

“左”倾的冒险、盲动主义在北平党组织的思想上、行动上时有表现，1929年11月，为纪念十月革命，中共北平市委计划让各支部在群众较多的地方举行部分飞行集会，7日下午举行扩大的飞行集会。结果部分飞行集会未发动起来，扩大的飞行集会被国民党侦探包围，党团员13人遭捕。[①]类似的这种“左”倾危险行为，在北平多次出现，带来了不应有的损失。

1930年2月26日，中共中央发布第70号通告，提出应当集中力量积极进攻，把组织工人政治罢工、地方暴动、兵变、扩大红军作为中心策略。党中央的领导人李立三也被有利的革命形势冲昏了头脑，错误地认为夺取一省或数省革命政权的时机已经到来，中国革命的爆发可能引起全世界直接革命形势的到来。[②]

由于国民党新军阀忙于中原大战，放松了对革命活动的镇压，北方党内的一些同志也过高地估计了国民党新军阀的统治危机，过高估计了恢复起来的革命力量，认为顺直全省、地方暴动的客观条件已经成熟，提出了变军阀战争为国内阶级战争的斗争口号。[③]

4月20日，中共北方组织利用纪念五一国际劳动节的机会，组织北平进步群众开展反对国民党的示威活动。

4月20日，以党、团员为主的进步群众在东城米市大街青年会的教堂举行纪念五一劳动节的活动。之后，由这次活动的主席肖致中号召大家出去游行示威。游行队伍有100多人，高喊“拥护红军！”“拥护苏维埃！”“拥护苏联！”等口号。但是出门没有多远，就被预先得知消息的特务们包围。游行队伍一下子就被冲散了，很多

---

① 中共北京市委党史研究室：《中国共产党北京历史》（第一卷），北京出版社2011年版，第175页。

② 黄修荣、黄黎：《共产国际与中国共产党关系探源》，人民出版社2016年版，第680—681页。

③ 共青团北京市委青年运动史研究室：《北京青年运动史（1919—1949）》，北京出版社1989年版，第151页。

参加游行的同志被捕。①

当天晚上，北大党支部领导的进步团体向学生宣布事件经过，决定立即罢课。第二天晚上，当反帝大同盟、青年反帝同盟、译学社等4个团体准备召开营救被捕人员会议时，军警突然包围会场，多数与会者被冲散，一些人被捕。在当局的压迫和校方的阻挠下，原定的罢课计划均未实现。②

这次事件前后，共有100多人被捕，其中多数是党、团员和青年积极分子。但是，这样惨重的损失并没有使北方党、团组织引为鉴戒。顺直省委在指示信中，肯定四二〇集会示威，并认为开展得仍不够积极，存在右倾倾向。6月底，中共北平市委根据上级组织的要求，决定发动七一六反军阀战争、拥护苏维埃代表会议的示威运动，并把党、团合并，成立北平行动委员会（简称北平行委）。7月16日当天，北平行委在西单牌楼举行反战示威，仅有七八十人参加。③

然而，顺直省委进一步决定于8月1日举行八一示威，要反对帝国主义世界大战，拥护苏联，援助世界的殖民地革命。筹备中，恰逢红军攻占长沙，受这一消息鼓舞，有的人甚至认为最后的阶级决战已经到来，应加紧准备武装起义，争取北方革命的胜利。

8月1日上午8时，工人、学生、平民、士兵等200余人在和平门外南新华街路西的北平师范大学聚集起来后，高呼口号冲出师大，走上南新华街，向琉璃厂方向前进。但向南没走多远，就遭到国民党便衣警察追捕，多人被捕。④

八一示威活动使北平党、团组织遭到极大破坏，骨干分子多人

---

① 中共北京市委党史研究室编：《北京革命史回忆录》（第二辑），北京出版社1991年版，第123、124、127页。

② 共青团北京市委青年运动史研究室：《北京青年运动史（1919—1949）》，北京出版社1989年版，第152—153页。

③ 同上，第153页。

④ 中共北京市委党史研究室编：《北京革命史回忆录》（第二辑），北京出版社1991年版，第140—141页。

被捕，许多党、团员在示威中暴露了身份，不得不转移到其他地方去工作。[①]

9月，中共六届三中全会召开，形势发生重要转折。大会批评李立三的“左”倾错误，停止组织全国总起义和集中红军攻打中心城市的冒险计划。10月，中共中央北方局召开扩大会议，确定了北方党、团的主要任务是争取群众。北平也取消了行动委员会，恢复了原有的组织系统，避免了可能发生的更惨重的损失。[②]

四、公祭李大钊：“先烈精神不死”

李大钊是中国共产党的主要创始人之一，不幸于1927年4月壮烈牺牲。他英勇就义后，灵柩安放在北京宣武门外下斜街浙寺里，因反动派的白色恐怖，在那里停放了6年而未能安葬。

1933年春，李大钊夫人赵纫兰带着两个儿子，从河北省乐亭县大黑坨村来到北平，想料理李大钊的后事。中共河北省委、中共北平市委将此事通知河北省赤色革命互济会，互济会立即派一位女同志见赵纫兰，说希望借机搞群众性悼念活动，揭露反动派杀害共产党人的罪行，伸张革命正义。这个意见得到赵纫兰的支持。

中共河北省委、中共北平市委指定由河北省反帝大同盟、北方文总（全称“北方文化总同盟”）牵头，对公葬活动进行全面安排；由河北省互济会负责办理丧事的具体筹备工作，并动员北平各革命团体参加。

有的同志还展开募捐和宣传工作。范文澜、许地山等教授除对公葬捐款外，还为营救被捕革命战士以及救济死难烈属而捐献。徐祖正、钱稻孙等人，敬佩李大钊的为人，虽不支持共产党，也愿捐助。鲁迅特别为这次公葬捐款50元。北大校长蒋梦麟在征得同校教

---

① 共青团北京市委青年运动史研究室：《北京青年运动史（1919—1949）》，北京出版社1989年版，第154页。

② 同上，第155—156页。

授们同意后，联名发起募捐。

4月22日是公祭日，灵堂设在浙寺毗卢殿。正中有李大钊遗像，陈设简单。黄少谷、李书华、沈尹默、李蒸、张崧年（张申府）、白眉初等送挽幛数十幅、花圈数十个。清华大学史学系教授张崧年所送布幛，上写“守常先生不死”，幛中无字，令人感怀。[①]

公祭采取随到随祭的方法。李大钊的生前好友易培基、李书华、黄少谷、马裕藻、胡适、何基鸿等人，均亲往致祭。团体方面有北大公葬李大钊同学会及文艺前线社等。祭奠时，李夫人因连日悲哀过甚，不能起床，卧在灵堂侧，由子女四人陪同，向往祭者致答礼。目睹者莫不为之落泪悲痛。

1933年4月23日，中共河北省委、北平市委组织各界进步群众2000多人举行公葬李大钊活动，将李大钊灵柩葬于万安公墓。图为浙寺祭奠现场

① 北京市党史资料编辑室编：《故都从未停止战斗》，北京出版社1982年版，第17页。

有人感慨“守常一世轰轰烈烈，现在落得个冷冷清清”。其实，这样冷冷清清的场面是筹备组有意安排的，以麻痹当局。当天傍晚，灵堂进行重新布置，增添了不少革命团体送来的挽联、花圈。如反帝大同盟、互济会、文化总联盟、社会科学家联盟、妇女抗日救国联合会等，还有省、市、区的各种群众团体。灵堂一扫冷清寂寥，骤然换上革命气氛。

4月23日早5时左右，送殡的群众从四面八方聚来。天气阴沉沉的，每个人胸前佩戴着白花或蓝花，大厅里挤满了人，非常肃穆。6时，浙寺里奏起哀乐，大家在灵前默哀致敬，继而悲壮的《国际歌》歌声冲破沉闷的空气。

送殡的群众随着家属，自动组成行列。走在最前面的是旗伞执事和吹鼓手，次为供有李大钊遗像的影亭，接着是由64名杠夫轮班抬着的灵柩。灵前是李振华（李大钊的族侄）打幡，几位亲友执绋，灵后是赵纫兰和几位年高体弱的亲友乘坐的几辆马车，灵两边走着的是互济会员组成的护灵队，家属后面便是送殡的队伍，有青年学生、教授、工人、农民、士兵和市民。

在送殡队伍前列高举着十几副挽联。前导横幅写着“李大钊先烈精神不死”，下款是“北平青年恭送李大钊安葬”，两边的挽联是：

为革命而奋斗，为革命而牺牲，死固无恨；
在压迫下生活，在压迫下呻吟，生者何堪！

送殡的队伍从浙寺出发后，经下斜街、菜市口进宣武门，沿途参加送殡的人越来越多，十分拥挤。送殡的队伍越来越长，越来越雄壮。浩浩荡荡的人流像潮水一样，汽车、电车被迫停了下来，交通也为之中断。

队伍行至西四牌楼突遭国民党宪兵三团宪警袭击，捕去40余人，送殡队伍被冲散。亲友们怀着悲愤的心情，把花圈、挽联捡起来，放在马车上。送葬队伍继续前进，直赴香山万安公墓。灵车行至西郊燕京大学西门时，清华大学的学生们又拦路进行了郊祭。

灵柩刚到墓地，后面赶来一辆马车，也在墓地停下。车上拉来一块石碑，碑额用破棉被裹着，揭开碑额一看，图案是凹下去的红五角星，五角星中突出黑色的镰刀斧头，碑文是红字。有人念着碑文，掘墓工人在旁听了都感动得流泪。在安葬时，这块墓碑被暂时安放在墓穴里。

这次公葬导致了大批人被捕，据4月24日北平《晨报》的报道，"有男女青年四十余人"。赵纫兰出面奔走，要求迅速释放，也毫无结果。[①]

这次公祭活动，使广大青年学生对李大钊的生平事迹、革命精神和道德情操有了进一步的认识和理解，激发了他们以先烈为榜样、为民族独立和人民解放的正义事业而奋斗牺牲的决心，是一次很有意义的革命宣传教育。

---

① 北京市党史资料编辑室编：《故都从未停止战斗》，北京出版社1982年版，第23页。

第二节 掀起抗日救亡的高潮

日本侵占东北，中华民族处于危亡之中，而国民党当局仍推行“攘外必先安内”政策，继续绞杀。在亡国灭种的危机面前，北平学府的红色力量在校园，到民间，去战斗中的长城前线，发出救亡图存的呐喊，展现青春革命的伟力。

一、九一八事变：白山黑水沦丧

1931年9月18日，九一八事变爆发。

张学良麾下的东北军为了保存实力，大部分不战而退，避走关内。国民党当局在九一八事变后奉行不交涉、不抵抗政策，对日本军国主义侵略东北的狼子野心判断严重失误，依然视中国共产党及红军为主要敌人。[①]不到半年，东北全部沦丧，3000万同胞从此惨遭日本侵略者蹂躏，华北亦危在旦夕。

九一八事变使北平人民感到异常愤怒，9月19日下午，北平各报馆纷纷刊出号外。日军占据沈阳各衙署各通讯机关、驱逐中国警察、遮断北宁路车站的消息，像炸弹一样在北平各大中小学爆炸。[②]抗日救亡运动在古都勃然兴起，青年学生成为这场运动的排头兵。

9月19日，北平大学法学院的东北籍学生组成东北学生抗日会，致电国民党当局及全国人民，要求“一致对外，民众群起，杀贼救国，宁为玉碎，不为瓦全”。北京大学学生会、北平大学俄文法政学

---

① 张宪文：《中国抗日战争史》第一卷，化学工业出版社2017年版，第46页。

② 中共北京市委党史研究室编：《北京革命史回忆录》（第二辑），北京出版社1991年版，第246页。

院学生自治会、民国学院、华北学院[①]、燕京大学等学校纷纷发表通电、宣言、告全国父老书等，表达对日本帝国主义侵占东北领土的愤怒和誓雪国耻的决心。

从9月21日起，北平大学、中学甚至小学抗议日本侵略陆续罢课。9月22日，北大学生罢课一天，并分赴闹市区游行、讲演。9月23日，北平各界抗日团体在中山公园召开抗日救国大会，大中小学学生臂缠黑纱，情景异常悲壮。9月26日，北平各界抗日救国会呼吁，对日实行经济绝交，不准中国商号卖日货。[②]

各校组织宣传队、歌咏队、话剧队、漫画标语队，走上街头宣传、演出。一时间，北平汽车公司的卡车被学生租光。在发表通电、罢课的同时，各校的学生会、自治会纷纷更名改组为抗日会。北平各校的东北籍学生于9月21日在旧刑部街奉天会馆成立东北留平学生抗日救国会，参加者多达三四千人，成为北平学生抗日救亡运动中的重要力量。[③]

为了恢复失地，打回老家去，东北大学、东北中学的学生自动组织游击队，在西山练兵，要求张学良发放枪弹，奔赴抗日战场。北平师范大学等校学生组织敢死队、青年义勇军和救护队。学生们走上街头，为马占山等在东北坚持抗日的军队募捐。为了报道日军在中国犯下的罪行，北平师范大学、民国学院出版《反日三日刊》，燕京大学、北平艺术专门学校等校出版了抗日壁报。[④]

中共北平市委为进一步推动抗日运动，于9月23日秘密召开党

---

① 1922年6月由蔡元培倡议创办，1928年正式开办。初名华北大学，1930年11月改名华北学院。1946年改名华北文法学院。1949年3月自行撤销，并入从解放区迁来的华北大学（今中国人民大学）。

② 共青团北京市委青运史研究室：《北京青年运动70年大事记》，北京出版社1990年版，第28页。

③ 中共北京市委党史研究室：《中国共产党北京历史》（第一卷），北京出版社2011年版，第182—185页。

④ 共青团北京市委青年运动史研究室：《北京青年运动史（1919—1949）》，北京出版社1989年版，第159页。

的活动分子会议，决定向广大群众进行广泛的抗日救国宣传。9月24日，北平60余所大中学代表在北京大学集会，宣告北平学生抗日救国联合会（简称北平学联）成立。中共北平市委通过参加北平学联的党、团员代表，积极开展工作。

在北平学联的组织下，9月28日，250多个团体的代表及市民20万人，在太和殿前举行北平抗日救国市民大会。各界代表在会上发表激昂慷慨的演说，要求对日经济绝交，全国人民团结一致，抗日到底。大会通过了29项抗日议案，决定分3路进行抗日游行，沿途散发传单，高喊口号，并推举代表到张学良处请愿抗日。

从9月底开始，各校学生到北平市区、近郊讲演，组建纠察队，发放反日宣传品。10月30日又组织了3万多名学生分乘平汉、平绥两路快车赴乡村，依照宣传大纲讲演，散发宣传品。各校名流教授，也交替到校讲演中日问题。在扩大抗日宣传、唤起各界民众奋起救亡的同时，各校还纷纷成立了义勇军，组织军事训练，准备武装抗日。①

北平青年学生不仅鼓舞、推动了北平各界民众的抗日救亡运动，自己也深受教育。一次，有一两百名革命群众和党员，在长安街上游行，高呼“打倒日本帝国主义！援助东北义勇军！”等口号，一位东北军的排长，含着热泪，立正向游行队伍敬礼。这一幕使大家都很感动。②

二、南下请愿示威：抗日救亡的怒吼

九一八事变后，南京政府教育部颁布制止学生参加抗日救国活动的7项办法，要求“学生一切行动应悉遵中央意旨”，“照常努力学

---

① 中共北京市委党史研究室：《中国共产党北京历史》（第一卷），北京出版社2011年版，第185—186页。中共北京市委党史研究室编：《北京地区抗日运动史料汇编》（第一辑），中国文史出版社1990年版，第88—89页。

② 中共北京市委党史研究室编：《北京革命史回忆录》（第二辑），北京出版社1991年版，第208页。

习，不得罢课”。10月3日，教育部再次重申各校不得因抗日活动停课。北平市警察局更以“少数分子把持会务”为借口，命令解散北平学生抗日救国联合会，严缉该会少数成员。同时，成立由国民党控制的新学联。

11月，蒋介石表示“个人决心北上”，学生们趁机发起“送蒋北上抗日”运动。

北平学生和在北平的东北流亡学生也多次向张学良及北平当局请愿，要求抗日，但未得到明确答复。在极度愤怒中，学生们捣毁国民党北平市党部。北京大学学生曾前往西城顺承王府张学良的私邸请愿，要求出兵抗日未果。11月25日，北平学联又组织2000余学生到张学良私邸和国民党北平市党部请愿，要求对日宣战，并请张学良援助在东北抗日的马占山。

张学良在接见请愿学生时保证：“只要中央命令一到，我张学良立即出兵。我要卖国，你们谁都可以用枪打死我。”说着，他掏出身上的手枪，“啪”的一声放在桌子上。此事传出去之后，很多北平学生以为，出兵抗日的决定权并不在张学良，转而被张学良诱导，想到国民党统治的中心南京去请愿。①

11月23日，清华大学学生请愿团200余人齐集前门东站，准备乘平浦线列车南下，一开始路局方面不许学生登车，学生便卧倒在铁轨上。半小时之后，路局方面终于妥协，拨出两节二等客运列车，让学生上车南下。清华大学学生请愿团开了北平学生南下请愿示威运动的先河，其他学校也纷纷行动起来。如11月28日，民国大学学生请愿团400余人乘列车南下；11月29日，燕京大学190余名学生不顾校方的劝阻南下请愿。②

到11月底，包括北平学生在内赴南京敦促国民党当局出兵抗日

---

① 共青团北京市委青年运动史研究室：《北京青年运动史（1919—1949）》，北京出版社1989年版，第160—161页。

② 中共北京市委党史研究室：《中国共产党北京历史》（第一卷），北京出版社2011年版，第191页。

的学生已达两万多人。学生的行动得到各地工商界人士的直接配合和积极响应。

12月，国民党当局行政院就北平师范大学抗日救国会派宣传队前往长辛店进行抗日宣传一事，致函教育部、铁道部，声称“北平师范大学抗日救国会宣传队传单及演讲内容，逾越抗日范围”，命令“迅速查明，严加制止，以遏反动”。[①]国民党当局的倒行逆施引起师生们的激烈反对。清华大学讲师吴其昌率夫人与胞弟，向张学良请愿。张学良无法答复，转而将吴其昌送往南京。一些地方的学生派代表或自行结队到南京向国民党中央请愿，迫使蒋介石接见学生，答复质问。

正当活动进入高潮时，12月初，南京政府代表向国联提议将锦州划为“中立区”，这无异于承认日本帝国主义占领东北的合法性。这一行动再次引起爱国学生的强烈不满，各地学生纷纷改请愿团为示威团。北平学生痛感下一步将是日本占领华北，因此，要求南下示威的呼声也更加强烈。

为了加强对北平学生南下示威运动的领导，中共北平党、团市委动员党、团员组织示威团。12月1日，北京大学成立以党、团员为骨干的230多人的南下示威队伍。5日，北大示威团在南京街头示威时，被军警包围。军警打伤学生30余人，逮捕185人。这一事件，激起爱国学生强烈反抗。

12月4日，北平各大中学校约2000名学生组成北平学生南下示威团，准备从前门火车站乘车赴南京。北平公安局局长命令北平铁路局拒绝载运学生南下。双方正相持不下之际，从南京传来北大示威团被殴打的消息，群情更加激愤。

北平学生南下示威团当即决定进行卧轨斗争。卧轨斗争坚持了3天3夜。北平当局也受到各界舆论的谴责，处境十分狼狈。张学良慑

① 共青团北京市委青年运动史研究室：《北京青年运动史（1919—1949）》，北京出版社1989年版，第159—160页。

于学生运动的威力和各方舆论的谴责，12月7日清晨被迫下令开车。登上15节车厢，在一片欢呼声、口号声和歌声中，上午11时许出发赶赴南京。[①]

南下示威的学生在前门东站开展斗争

由于示威团在讨论到南京后的斗争策略时，内部发生分歧，到蚌埠后，示威团主席团决定停车召开全体大会。表决同意南下示威团分裂为两队。一队是示威团，另一队是请愿团。12月10日，南下示威团和南下请愿团到达南京。

请愿团按照国民党当局的安排住进金陵大学。在向国民党当局递交请愿书，听了蒋介石的训话后，少数学生返回北平。多数南下示威团成员拒绝国民党当局的“招待”，忍饥受冻，住进中央大学。14日之后，由各地学生组成的示威队伍前往外交部，开始示威，与当局发生多次冲突，12月17日发生珍珠桥惨案。18日黎明，国民党当局宣布全市临时紧急戒严全副武装的军警，将北平学生南下示威团的驻地团团包围，强令学生在操场集中，然后把他们塞入汽车，送到火车站，押回北平。[②]

毛泽东曾评价说，北平学生南下示威，正是苏区反“围剿”时期，牵扯了国民党的一部分精力，起了南北呼应的作用。对于在蚌埠分裂为“请愿团”和“示威团”的问题，他认为不要分裂，不分裂就是7000多人，分裂了就是5000多人了。[③]

---

① 中共北京市委党史研究室编：《北京革命史回忆录》（第二辑），北京出版社1991年版，第237页。

② 共青团北京市委青年运动史研究室：《北京青年运动史（1919—1949）》，北京出版社1989年版，第162—165页。

③ 同上。

示威运动虽被镇压下去，但是广大青年学生的抗日爱国运动并未因此停止。被迫返回各地的示威学生，把消息传遍全国，舆论界纷纷谴责国民党当局的反动措施。“这次运动，对发动群众、宣传抗日、揭露国民党反动政府的‘不抵抗主义’以及‘攘外必先安内’的反动政策，是起了积极作用的，其影响也是深远的”。①

三、慰劳长城抗战将士：同仇敌忾护家园

1933年5月12日，日本侵略军占领通州，31日与南京政府签订《塘沽协定》。从此，日本侵略者不仅拥有东三省、热河的主权，宛北、冀东的大片土地也归其所有，使整个华北门户洞开。1935年6月27日，南京政府察哈尔省代理主席秦德纯与日本代表土肥原贤二谈判，签订“秦土协定”。南京政府在对日谈判中的妥协投降立场和丧权辱国行径引起广大人民群众的强烈反对。

在中共北平市委及左翼团体的带动之下，1933年1月7日，豫章中学教职员宣布绝食3天，敦促国民党当局放弃不抵抗政策，抗击日军对华北地区的侵略。1月中旬，平绥铁路工会、北平市立中等学校教职员代表联席会议分别发表通电，要求南京政府速派大军北上抗日。2月20日，东北热河后援协会在北平成立。5月15日，民国大学抗日后援会、汇文中学抗日会、山东中学抗日会及东北民众归国团等抗日团体发起组织华北救亡会。

与此同时，北平各界掀起了慰问抗日将士、向他们捐钱捐物的活动。北平师范大学组织伤兵慰劳团，北京大学组织前线视察慰劳团赶赴多伦，清华大学抗日会组织100余人赴遵化，修筑遵化至玉田、遵化至沙流河两条道路。师大教授卢永春捐献价值82元的布匹及300元大洋，全校教职员捐月薪5%，合计大洋1469.45元。全市私立中小学

① 中共北京市委党史研究室编：《北京革命史回忆录》（第二辑），北京出版社1991年版，第245页。

为购买爱国飞机捐款达5万元之多。北平各阶层人士还捐助了大量的物资：服装鞋类包括沙鞋、靸鞋、袜子、白裤褂、皮鞋、棉衣、小皮袄、雨衣等；战备器材有大刀、钢盔、汽车、自行车、导火线、防毒面具等；医疗药品有纱布、绷带、裹伤包、脱脂药棉、神效避瘟散、防疫养生丹、立效灵丹、银翘解毒丸等；食品类有茶叶、面粉、面包、酱菜、咸菜、肉罐头、饼干、锅饼等。①

北平妇女会的代表在前线慰问长城抗战的官兵

四、冲破文化“围剿”：高举抗日反蒋的旗帜

中国共产党高举抗日反蒋的大旗，加强对国民党统治区文化战线工作的领导，1929年下半年，中共中央文化工作委员会成立，下设社会科学、文学、出版3个组。中共顺直省委和北平市委也先后成立文化工作机构，党的负责人直接参加了北平左翼文化团体的筹备工作，领导文化战线的斗争。

1930年初，在中共顺直省委的领导下，北平20多个普罗文艺社团、社会科学研究团体组成“北平普罗文化运动大同盟”，成为在北平左翼文化运动的基本力量，为以后北平左联、社联、剧联等团体的建立做了组织上的准备。

---

① 中共北京市委党史研究室：《中国共产党北京历史》(第一卷)，北京出版社2011年版，第202—203页。

1930年3月2日，中国左翼作家联盟在上海正式成立，在北平文化界和青年学生中产生了很大影响。1930年9月18日北方左翼作家联盟（简称北方左联）成立。北方左联是北平党领导下成立的第一个左翼文化团体。[①]当时活跃的左翼文化团体，还有北平剧联、北平世界语者同盟等组织，以及工农通讯委员会和各种读书会、刊物编辑社等。[②]

北方各左翼文化团体，运用各种文艺宣传形式，创造新的中国文化。北平剧联、乐联的同志，运用演剧形式，在公开场合演出反帝反封建的进步戏剧。他们生活艰苦，没有专门的服装和道具，只有几支化妆用的毛笔、几桶自己调制的颜料、几块旧幕布。演出也很危险，几乎每次演出都要与军警进行一番激烈斗争，但演出却很频繁。北平左翼团体演过的进步剧目有《活路》《一致》《到明天》《工场夜景》《乱钟》《梅雨》《瓦刀》《血衣》《S.O.S》《战友》《一个烧饼》《两伤兵》等。[③]

在传播马列主义理论方面，北平教育劳动者联盟盟员做了很多工作，他们在北平许多大学和中学特别是北京大学、北平师范大学、中国大学、中法大学这样一些民主气氛较强的学校或私立学校里，公开设置马列主义哲学、政治经济学课程，教育了一大批青年，推动了中国思想界的进步。[④]进步教授对学生的影响很大，以中国大学为例。李达、吴承仕、杨秀峰、黄松龄、吕振羽、马哲民、刘侃元、杜叔林、齐燕铭等著名学者，都在中国大学教课，向学生宣传马克思主义，传播革命思想。李达、吕振羽、吴承仕、黄松龄、杨秀峰讲授的课程，以马克思主义理论为依据；刘侃元讲授的政治学，采用马克思主义唯物史观和列宁在《国家与革命》一书中的观点；杜叔林讲授的

① 中共北京市委党史研究室：《中国共产党北京历史》（第一卷），北京出版社2011年版，第214—217页。

② 同上，第218页。

③ 同上，第220页。

④ 同上，第222页。

“论帝国主义”就是列宁的著作《帝国主义是资本主义的最高阶段》；马哲民讲授的经济学就是苏联经济学家列昂捷夫的著作《政治经济学》。这些教授不仅在课堂上对学生宣传马克思主义和革命思想，有时还参加学生们的各项活动。①

教师联合会也同时成立，范文澜是主要负责人，吸收了一些大学教授和中小学教师特别是著名教授许德珩、侯外庐、马哲民、施存统、黄松龄等人参加。由于他们的参加，该会在教育界产生了极大影响，几乎每半月或一周就有政治时事和学术演讲，听众常常是座无虚席，不仅做了抗日宣传，对宣传马列主义也起了重大作用。②

1932年冬，鲁迅到北平探望生病的母亲。其间，他不惧危险，应邀在北京大学、辅仁大学、女子文理学院、北平师范大学、中国大学做了著名的“北平五讲”。在北平师范大学的演讲，是应北方左联之邀。11月27日，这场原本预备在北平师范大学风雨操场做室内演讲的讲话，由于听众有1000多人，不得不临时改到露天操场上去讲。操场中间摆放一张方桌，鲁迅站在桌上演讲《再论“第三种人”》。天气很冷，风相当大，鲁迅身穿一件青灰布袍，迎着北风，从容自如。讲完以后，群众久久不散，围着他问长问短，他一一回答，始终毫无倦容。③

鲁迅还在家中指导了北方左联的工作。他高度赞扬北方左翼文化团体的行动，建议约稿、写稿不要迷信名人，名人不一定写出好文章，要从自己的队伍中培养作家；鼓励同志们继续开展工农通讯运动，设法打入国民党的士兵中去；赞扬了团结许德珩等教授的工作。面对北方左联派去的20岁年轻人，鲁迅一面吸烟，一面静静地听这位同志汇报了3个多小时，中间未打断，最后才谈了以上这些意见。

---

① 中共北京市委党史研究室编：《中国大学革命历史资料》，中共党史出版社1994年版，第72—73页。

② 中共北京市委党史研究室、中共天津市委党史资料征集委员会编：《北方左翼文化运动资料汇编》，北京出版社1991年版，第327页。

③ 同上，第284、290、291页。

送这位同志出门时，向门外看了又看，叮咛了又叮咛，一直等他走了很远，几乎看不见了，还在招手告别。[①]

左翼文化运动的发展，令国民党当局非常恐慌。他们一方面向青年灌输党义教育，另一方面对革命、进步文化进行“围剿”。据粗略统计，从1931年到1935年，仅当局宣布查封的书刊就有1000多种，其中大部分是中国共产党和左翼文化团体发行的书籍和刊物。

1933年以后情形更为严重。1933年3月，中国工农红军粉碎了国民党第四次军事“围剿”。北平青年受到鼓舞，抗日呼声很高，进步刊物屡禁屡现。蒋介石派出嫡系部队控制北方局势，加紧镇压北平革命文化运动。[②]三、四月间，国民党当局派遣特务武装——宪兵三团

1932年11月，鲁迅应北平左翼文化团体之邀公开演讲，抨击国民党反动统治

① 中共北京市委党史研究室、中共天津市委党史资料征集委员会编：《北方左翼文化运动资料汇编》，北京出版社1991年版，第330—331页。

② 共青团北京市委青年运动史研究室：《北京青年运动史（1919—1949）》，北京出版社1989年版，第204页。

进驻北平。宪兵三团原驻南京，有一套镇压共产党、破坏群众运动的反革命经验。他们利用国民党原来在各校的组织，派特务深入各大学频繁活动，采用绑架、暗杀等手段迫害进步青年，打入革命队伍内部刺探情报。此外，宪兵三团还开办特别训练班，培训背叛革命者充当特务，破坏革命。后来，国民党当局又增调蓝衣社到北平开展特务活动，各大学都钻入不少领取蓝衣社津贴的特务学生。

在这种情况下，中共地下党团和外围革命团体接连遭到破坏。1933年8月，正当北方文总、左联、社联及进步读书会、杂志社的代表在北平艺术学校召开筹备会之际，大批军警包围会场，将与会代表全部逮捕。北方左翼文化队伍遭到很大损失。8月，仅在北平报纸上公布的被捕左翼文化团体成员就有近百人之多，被秘密抓走的更不计其数，一些同志在狱中还惨遭毒手。北平左翼文化总同盟（后称北方左翼文化总同盟）领导下的各社团成员大大减少，到1933年10月，只剩下不到100人。[①]

1934年，北平当局对各大中学校加强管制。各校设军训主任和军训教官，对学生进行军事训练。在每个学生宿舍设生活指导员，学生的一切言论、行动都受到监视和干涉。特务们伪装进步，混入学生队伍，专门从事搜集情报、破坏学生运动。在军、警、特的严密监视下，学生被剥夺了爱国的权利和生活的自由。[②]

在严酷的文化“围剿”之中，各大中学校依然有一些爱国进步学生参加左联、社联、语联等团体活动。各校还建立诗社、读书会、世界语学会、新文字研究会公开的群众团体，燕京大学、清华大学等校师生，利用各自的条件，积极开展宣传抗日救亡活动。[③]

---

① 中共北京市委党史研究室：《中国共产党北京历史》（第一卷），北京出版社2011年版，第224页。

② 共青团北京市委青年运动史研究室：《北京青年运动史（1919—1949）》，北京出版社1989年版，第179—183页。

③ 徐子佩：《我在清华大学的学习和革命生活（中）》，《中州今古》1994年第2期。

第三节　民族解放的先锋

华北之大，已经安放不得一张平静的书桌了！

这是北平校园中一句痛彻心扉的呐喊。东北同胞亡国奴的命运，难道也要降临到北平人民头上吗？在亡国灭种的危急关头，北平学府的青年们不畏牺牲，走上街头，发动了震撼中国的一二·九运动，奏响了时代最强音。

一、华北事变：黑云压城城欲摧

日本加快吞并华北地区的步伐。继通过“何梅协定”和“秦土协定”夺取包括北平、天津在内的河北、察哈尔两省的大部分主权后，日本积极策动华北五省（河北、察哈尔、绥远、山西、山东）的“防共自治运动”，收买拉拢华北地方实力派和亲日汉奸势力，策划成立脱离国民党中央系统并由其直接控制的傀儡政权。

汉奸殷汝耕1935年11月25日公开宣布冀东22县“自治”，成立“冀东防共自治委员会”；12月25日，改称“冀东防共自治政府”，成为伪满洲国之后第二个由日本扶植成立的伪政权。同时，日本还想极力拉拢驻守平津和冀察的第29军军长宋哲元，以此来打击国民党当局。由于国民党嫡系势力被迫撤出，当局不得不于1935年8月29日任命宋哲元为平津卫戍司令，并准备于12月初成立冀察政务委员会，由宋哲元任委员长兼绥靖主任，辖区为河北、察哈尔两省和北平、天津两市。

处于“黑云压城城欲摧”境地的北平，荷枪实弹的日军在街上横行无忌，日本浪人胡作非为，铁路沿线经常发现被杀害的中国工人的尸体，爱国教职员工和学生不断受到迫害，人民生命财产毫无保障。“我国家我民族已处在千钧一发的生死关头。抗日则生，不抗日则死，抗日救国，已成为每个同胞的神圣天职”的思想，在青年学生中引起强烈响应。[①]清华大学学生蒋南翔写的“华北之大，已经安放不得一张平静的书桌了！”这句话，传遍北平。不愿做亡国奴的人们，无法遏制心中的抗日怒火。[②]

这时，平津各大学校长和教授2600余人，集体发表反对卖国阴谋的宣言：

> 近有人假借民意，策动所谓华北自治运动，实行卖国阴谋。天津、北平国立学校全体教职员二千六百余人，坚决反对。同时并深信华北全体民众参与一致反对此种运动。中华民国为吾祖先数千年来披荆斩棘艰难创造之遗产，中华民族为四万万共同血统，共同历史，共同语言文化之同胞组成，绝对不容分裂，大义所在，责无旁贷。[③]

国际政治方面开始发生巨大变化。日本入侵中国东北，把苏联拖入随时可能与日本开战的危机之中，苏联政府与共产国际的策略随之调整。共产国际总书记季米特洛夫明确指出：“在中国的任务，现在不是扩大苏区和发展红军，而是寻找机会，寻找途径和寻找适当的口号、适当的方法，使绝大多数中国民众联合起来抗日。”[④]

国内方面，1935年6月，以宪兵三团为代表的国民党军警宪特势力不得不撤离北平，宋哲元29军取而代之进驻北平。1935年10月，红军长征的胜利进一步鼓舞了全国人民的抗日热情，北平的政治形势发生了有利于共产党人的变化。

---

① 中共北京市委党史研究室编：《北京革命史回忆录》（第二辑），北京出版社1991年版，第355—356页。

② 中共北京市委党史研究室：《中国共产党北京历史》（第一卷），北京出版社2011年版，第238页。

③ 包遵彭：《中国青年运动史》，台北正中书局1970年版，第160—161页。

④ 沈志华：《中苏关系史纲》，社会科学文献出版社2016年版，第81页。

中共河北省委在北平恢复党组织，重新建立中共北平市工作委员会，着重发展中华民族武装自卫会北平分会，团结爱国进步学生，并在其中发展党员。①

1935年夏秋，河北、山东发生黄河大水灾，农民流离失所、背井离乡，北平街头也出现大量灾民。根据中共河北省委指示，9月29日，北平大中学校学生黄河水灾赈济联合会在北平市第一女子中学（简称女一中）成立，并在北平社会局立案，取得公开合法的地位。

北平大中学校学生黄河水灾赈济联合会在清华大学、北平师范大学、女一中、汇文中学、崇实中学、东北大学等大中学校成立分会，并重新恢复或建立二三十个学校的学生组织。②各分会会员积极响应总会号召，通过组织义演等方式，为灾民募款、募实物，进一步促进了各校抗日救亡运动的开展。

中共北平市临委不失时机地把黄河水灾赈济联合会转变为北平学生联合会，直接领导北平青年抗日救亡运动。11月18日，北平市大、中学生联合会在女一中召开成立大会。大会选举北平学联的领导机构：主席是女一中的郭明秋，秘书长是清华大学的姚克广（姚依林），总交通是镜湖中学的孙敬文，总纠察是东北大学的邹鲁风，交际是燕京大学的王汝梅。北平学联机关设在女一中，学联党团负责人为彭涛。③

与此同时，党的“八一宣言”通过各种渠道传到北平，为开展斗争指明了方向。11月下旬，彭涛、周小舟、郭明秋、姚克广等人，多次在北平西城辟才胡同附近的一个洋车厂里秘密开会，一致认为在民族危亡的紧急关头，北平青年要有所行动，决定发动一次抗日救国运动。这一提议得到上级党组织的支持。

---

① 共青团北京市委青年运动史研究室：《北京青年运动史（1919—1949）》，北京出版社1989年版，第214—215页。

② 同上，第216页。

③ 同上，第217页。

二、一二·九运动爆发：掀起抗日救亡新高潮

1935年12月初，一个消息不胫而走——12月9日将在北平成立冀察政务委员会。消息传来，北平震动。

12月7日，北平学联召开各学校代表会议，确定12月9日上午10时前，各校在天安门广场集合，然后去新华门向国民党当局代表何应钦请愿，陈述人民坚决抗日、反对投降的要求。会议还就请愿的时间、路线、口号等做了具体部署。会后，大家分头发动群众，带领爱国同学写标语、印传单、做旗帜。当天晚上，许多积极分子通宵未眠，为游行做准备工作。

12月9日，阴云密布，朔风凛冽，滴水成冰。清晨，当这座文化古城还在沉睡的时候，东北大学已经沸腾了！突然有同学报告："学校被军警包围了！"大家不顾军警的威胁和学校当局的种种阻挠，在大礼堂召开全体学生大会，当向全校学生传达和平请愿的决定后，群情振奋，同学们当场选举宋黎为东北大学请愿队伍的总指挥，准备出发。

有些教职员工、学校图书馆职员和军训处教官等也参加了进来。大家4个人一排，手挽着手，潮水般地涌向街头，冲破封锁线，向新华门进发。

东北中山中学等学校遭到军警的阻截。被军警包围的同学，克服重重困难，三五成群地赶到集合地点。汇集到新华门前的请愿队伍有2000多人。

各校推举代表到居仁堂请愿，当时何应钦已避走别处，学生们在广场上等了一两个小时，何应钦的秘书才出来，告诉代表们可以由他转达要求。为了表达人民的抗日愿望，东北大学与其他学校代表研究，当即决定将请愿改为游行示威。由于东北大学参加的人数最多，整个游行队伍的总指挥便由东北大学的宋黎担任。

考虑到许多学校被围、学生队伍没有出来，为了壮大队伍，发动宣传，扩大影响，游行队伍由新华门出发，沿着西长安街经西单、西四牌楼、沙滩、王府井大街，然后到天安门集会。一路上不时有冲出

军警包围的同学加入游行行列，他们主要来自中国大学、北平大学法商学院、北平师范大学、弘达学院、北平大学医学院、中法大学、女一中、女二中、志成中学、成城中学、镜湖中学、汇文中学、艺文中学、河北高中、市立十七中、孔德中学、竞存中学、精业中学等。有的学校人员少，没有校旗，就临时到商店买布，做成旗帜，以便集合在本校的旗帜下参加游行。每经过一个学校都有同学加入，整个队伍逐渐扩大到五六千人。

宣传队伍不断向沿街的群众宣传抗日救国的道理。沿途的工人、教师、家庭主妇和商人不断鼓掌喝彩表示支持，很多人争着阅读游行队伍散发的传单。前来阻挠学生游行的警察和保安队员中，有一些人也被学生的爱国精神所感动。学生给他们塞传单，宣传抗日救亡的道理，他们常常窘迫地苦笑。

西北郊的清华大学、燕京大学等校的1000多名学生，由于城门紧闭，被阻在城外。其中一部分人沿着城墙奔走，向城上的军警挥泪讲演，一部分守候在西直门外，向周围的市民悲愤地控诉。这支请愿游行队伍，从黎明一直坚持到傍晚时分。

北京大学许德珩、中国大学吴承仕等教授也参加了游行示威。燕京大学教师雷洁琼与美籍教授夏仁德一起，为在西直门外坚持斗争的学生送来食品。《世界日报》《北平晨报》的记者，以及驻京的外国通讯社、报社的记者，也跟随游行队伍进行采访。在燕京大学任教的斯诺夫妇，不仅亲身参加了请愿游行，还拍下了不少珍贵的历史照片，并于当晚给纽约《太阳报》发了电讯，称这次行动是北平学生的又一次五四运动。①

当游行队伍走到王府井大街南口时，军警突然用水龙头对着人群喷射起来。一阵混乱之后，学生队伍从中间被打散，不少人被逮捕，许多同学受伤。

---

① 共青团北京市委青年运动史研究室：《北京青年运动史（1919—1949）》，北京出版社1989年版，第220—222页。

游行队伍被冲散后，宋黎等人决定通知大家到北京大学三院集合，并在那里与各校代表商讨下一步的行动。大家决定，从10日起全城总罢课，要求严惩破坏学生运动的肇事者等。①

10日，全市学生在北平学联领导下，开始总罢课。在罢课中，许多学校建立健全学生组织，公开成立学生自治会、救国会等，引导学生讨论华北局势及青年人的任务等问题。有些学校还组织文艺社、国内外宣传队、翻译组、纠察队等组织，出版刊物，团结同学，扩大了一二·九的宣传。②

三、一二·一六大游行：不惧高压的抗争

一二·九爱国游行使广大学生的抗日热情空前高涨，全国许多城市和农村的大中小学及工会等组织，纷纷给北平学生发来函电，热情鼓励他们再接再厉。许多人迫切要求参加行动。一名东北中山中学的学生，找到了北平学联主席郭明秋，痛哭流涕地说："国家兴亡，匹夫有责呀！昨天，这么大的事，我们不知道，没参加上，我们没有别的意思，就是要求学联再来一次！"③

在这种有利形势下，北平学联在中共北平市临委的领导下，决定进一步发动全市大中学校学生和教师，再进行一次大规模的抗日救亡示威游行。由于"冀察政务委员会"要在12月16日成立，所以扩大示威游行，就安排在这一天。④

北平学联吸取一二·九游行的经验教训，将城内、城外学生分成4路，进行了浩浩荡荡的游行示威。

---

① 中共北京市委党史研究室编：《北京革命史回忆录》（第二辑），北京出版社1991年版，第357—363页。

② 共青团北京市委青年运动史研究室：《北京青年运动史（1919—1949）》，北京出版社1989年版，第222页。

③ 中共北京市委党史研究室编：《北京革命史回忆录》（第二辑），北京出版社1991年版，第413页。

④ 同上。

黄敬扶着电车向与会群众演讲

这次游行示威，队伍声势极为浩大。清华大学和燕京大学的人数最多。各路队伍齐集天桥，召开大会，当时由于宋黎讲话声音小，就由黄敬来演讲。黄敬站在一辆破旧电车上，声音洪亮，慷慨激昂，坚决反对成立“冀察政务委员会”，要求停止内战，一致对外，收复东北失地，争取抗日和爱国自由……

队伍原计划在天桥集合后，经前门、天安门、东长安街、东单，游行到“冀察政务委员会”成立的地方——外交部街示威，然后由北城转到西城再解散。但是，游行队伍刚到前门，就遭到军警开枪警告阻击，于是绕道和平门、宣武门，均未能进入。当天，宣武门城墙上有不少进步的外国记者，他们用英语传递消息，告诉大家被阻于城内的同学们也正在游行示威，这个消息鼓舞了城外的学生们。大家在宣武门外展开大规模的宣传活动，从拂晓奔走到黄昏，滴水未进，仍然坚持斗争。市民们纷纷赶来慰问，送茶送饼。有一家豆腐坊把豆浆送来给同学们喝，支持大家的斗争。①

天渐渐黑下来，清华大学、燕京大学等校同学准备返校。他们离开宣武门不久，路灯突然熄灭。准备到彰义门东北大学工学院去吃饭、就宿的东北大学等队伍，刚走到骡马市大街北口，突然遭到埋伏在宣武门外的武装军警袭击。由前门入城的学生想到宣武门接应，当走到西单绒线胡同西口时，被武装军警挡住去路，开始扑打。整个一二·一六大示威中，全市学生共有22人被捕，300余人受伤。

① 中共北京市委党史研究室编：《北京革命史回忆录》（第二辑），北京出版社1991年版，第363—369页。

12月18日，北京大学、北平大学、清华大学、北平师范大学、中法大学、燕京大学6所大学的校长，联名要求释放被捕学生。宋庆龄、鲁迅、马相伯、沈钧儒、王造时、邹韬奋、陶行知、章乃器、李公朴、史良等知名爱国人士纷纷表示支持。宋庆龄从上海寄给北平学联100多元钱，作为开展抗日救国工作的费用。鲁迅奋笔写下一文，热情赞扬爱国学生的英勇斗争精神，并寄予"石在，火种是不会绝的"的殷切希望。

这次示威，震撼全城，家喻户晓，北平学生的爱国行动吹响了民族解放战争的号角，掀起了全民族抗日救国的风暴。斯诺在《我在旧中国十三年》一书里这样记述这场运动："这是我们第一次看到中国知识青年所表现出来的政治勇气。情景振奋人心，无论是对参加者还是旁观者来说，都是如此。"①毛泽东回顾这个运动时谈道："青年学生好比是一二九运动的柴火，一切都准备好了，只差用火一点。点火的人是谁呢？就是共产党。"这个运动使得中国共产党提出的"停止内战，一致抗日"的主张，成为全国人民的共同呼声，掀起了抗日救亡运动新高潮，"一二九运动是动员全民族抗战的运动，它准备了抗战的思想，准备了抗战的人心，准备了抗战的干部"。它具有同五四运动一样伟大的意义。②

北平学府的爱国进步师生在一二·九运动中创造了属于这个时代的伟大精神。这就是：在中华民族生死存亡的危急关头，心系国家民族命运，高扬爱国主义旗帜，为国家民族利益而英勇奋斗的爱国主义精神；始终挺立时代潮头，勇当民族解放先锋，为拯救民族危亡而率先发声、率先行动的先锋意识；为实现爱国民主运动目标而不畏强暴、不怕挫折、不怕流血牺牲的战斗精神；积极投身社会实践，坚持与工农相结合的精神。

---

① 中共北京市委党史研究室编：《北京革命史回忆录》（第二辑），北京出版社1991年版，第357—363页。

② 《毛泽东文集》（第二卷），人民出版社1993年版，第256、253页。

第四节　一二·九运动向纵深发展

一二·九运动在北平青年中引起的震动是空前的，受这场爱国民主运动影响建立起来的南下扩大宣传团、民族解放先锋队等组织，实现了北平学府有志青年的跨学校的深度联合，促进了红色力量快速增长。青年进步力量与29军积极联合，为建立抗日民族统一战线贡献力量。

一、南下扩大宣传团：播撒抗日救亡的火种

国民党北平当局看到暴力镇压扑不灭北平学生的抗日怒火，转而采取软硬兼施的手段，企图控制学生运动。一二·一六游行后，北平师范大学教授杨立奎[①]以北平国立院校教职员联合会的名义，提出要宴请北平学联代表，企图拉拢。

北平学联决定派俞启威（黄敬）、姚克广等三人赴宴，与其谈判。宴会地点设在西长安街一家馆子里。杨立奎在宴会上说，蒋介石是“有决心抗日的”，黄河南岸筑有地下长城，准备抗日。他表示愿意调解北平学联和政府的对立，向政府转达学生们的要求，但希望北平学联能接受南京政府的领导，政府可以出钱“援助”。俞启威当场揭露黄河抗日工事的谎言，重申学生抗日救国的要求，并申明学生抗日爱国运动是自愿的，不需要政府的金钱援助。会谈无果而散。

北平各大学校长在一二·一六游行以后的20多天里，几乎天天开会，商讨对策。他们一方面劝学生复课，走读书救国的道路；一方面威胁学生“如有不听劝诫，鼓动罢课者，一经查明，即予开除学籍”。1935年12月23日，蒋介石下令全国专科以上学校校长和学生

① 杨立奎是北平师范大学国民党势力的代表，是CC系和复兴社的骨干分子。他不仅是学校的学生生活指导委员会的头子，专门对付进步学生，而且掌握了大学教师联合会，并以此与其他院校势力串联，影响较大。

代表，于1936年1月15日到南京“聆悉政府方针，贡献维护国家意见，俾政府与青年之意见贯通，以达共同救国之目的”。

与此同时，南京政府教育部宣布全国各校提前放假，强行规定学生12月25日前一律离校。北平学校当局随即给学生家长发出“督促子女早日回家”的通知，希望学生们分散离校之后，这场运动也能随之消弭。[①]

面对这些情况，如何将游行示威中涌现出的学生骨干队伍保存下来？如何将抗日救亡运动坚持下去？在众说纷纭的主张中，中共中央北方局给北平党组织发出指示，指出北平党的主要任务是有力团结一切学生群众，反对提前放假，反对绑架式的强迫离校，反对摧残华北教育、解散华北学校，并要求积极扩大平津学生群众运动。中共北平市委根据党的指示和形势变化，及时召集北平学联领导成员中的共产党员俞启威、姚克广、郭明秋和宋黎等人开会，决定利用这段时间组织一个规模较大的宣传团，沿平汉铁路南下，到农村扩大抗日宣传。

12月下旬，北平学联在燕京大学体育馆召开会议。参加这次会议的有清华大学、燕京大学、北京大学、东北大学等各校代表。郭明秋担任执行主席，会议就南下宣传还是赴南京“聆训”的问题展开激烈争论。结果，赞成去南京“聆训”者竟意外地占了多数。

针对这种局面，大会执行主席郭明秋宣布临时休会。党团骨干利用休会期间，在代表中做了很多工作。复会后，北大一位代表做了长篇发言，揭露南京政府不抗日、打内战的事实，说明学生应该和民众团结起来，扩大抗日战线。他的演讲效果很好，接着有人提出，学联是团体会员制，一个学校应当只有一票表决权，大家同意，重新进行表决。最终，赞成到农村扩大宣传者占多数，否决了赴南京“聆训”。

1935年底，平津学联共同组织平津学生南下扩大宣传团，团员500人左右。宣传团下分4个团，第一团由北京大学等东城地区大中

① 共青团北京市委青年运动史研究室：《北京青年运动史（1919—1949）》，北京出版社1989年版，第224—225页。

学校组成，以北大为团长；第二团由东北大学、北平师范大学、中国大学、法商学院等西城地区大中学校组成，以法商学院为团长；第三团由清华大学、燕京大学、辅仁大学等西郊和北城地区大中学校组成，团长由清华大学担任；第四团由天津北洋工学院、河北法商学院等组成，团长由北洋工学院担任。

平津学生南下扩大宣传团设总指挥部，由董毓华担任总指挥，姜文彬（江明）、宋黎任副总指挥，宣传团党团书记由彭涛担任。他们4人组成宣传团党团。总指挥部及所属团队，各设宣传、组织、交通、事务、纠察、救护和调查等专职人员。出发前，总指挥部制订行动计划、工作方式，规定了各团的出发时间、地点、路线。

平津学生南下扩大宣传团先遣队

第一、二团由北平出发，经南苑、黄村到固安；第三团由平西沿平汉路南下，经卢沟桥、良乡、琉璃河，再东折固安；第四团由天津北上，经北仓、杨村、安次、永清，向固安集中。全团在固安会合后，再分头至保定集中。各团均有先遣队打前站，了解情况。每到一处，各团要举行讲演，组织市民大会、抗日救国会等，宣传抗日救国的道理，唤醒民众，团结民众。[①]

1936年1月初，正是北平最冷的日子。学生们为了分散军警的注意力，三三两两地来到城外，以散兵线的行军方式，巧妙地避开军警的阻拦，按计划分头前进。第一、二团于3日傍晚从西郊罗道庄北平大学农学院集合出发，经过黄村，于次日傍晚到了北宁线上的青云店。5日晨，队员们开始宣传活动，召开群众大会。6日，经过安定村和火车站、河北头，下午抵达礼贤镇。7日，在礼贤镇进行宣传、讲演，而后赴固安。

第三团于4日分别从各校出发到蓝靛厂集中，经卢沟桥、长辛店、良乡、琉璃河，6日中午到达涿州的码头镇。所到之处，宣传团都向群众宣传救亡道理，演唱救亡歌曲，贴标语、发传单、召集群众大会，帮助乡镇学校组织救亡团体。7日、8日，4个团分别到达固安。

学生们一离开学校，生活上就完全变了样。他们冒着严寒，在冰天雪地里奔走，吃的是大饼咸菜，睡的是冰冷的土炕，用的是冰凉的水。

这些学生遇到的真正困惑难解的问题，就是如何认识和理解农民。虽然早在出发前同学们就决议入乡随俗，不穿皮鞋，一律穿蓝布大褂，但他们的装束仍然引起农民的惊异。农民们望着这些足蹬胶鞋、头戴航空帽、一路走一路唱的长袍先生和烫发的小姐，竟有人说："大冷天，吃教的还下乡来宣传，嘴里还唱着赞美诗呢！"学生们的讲演、口号和歌曲，老乡们也听不大懂。由于摸不清学生们的来历，有的见他们到来就把大门关了，悄悄地从门缝里往外看。宣传团成员们对此深感苦恼和担忧。

学生们走进农家阴暗、狭小的土坯房进行调查访问时，则被眼前

---

① 共青团北京市委青年运动史研究室：《北京青年运动史（1919—1949）》，北京出版社1989年版，第228—229页。

的情景惊呆了！那些农家小孩只围了一块单布片，一家只有一床破棉被。不少农家吃的是很稀的糠菜粥，有的竟连这个也吃不上。一户人家已经一天没有吃饭了。户主每天要走70多里路去集市卖柿子，一天只能卖得几十枚铜板换饭吃。户主没有回来，全家老小只好挨饿，“要等他回来才有饭吃啊！”[①]这些来自平津的大学生，多数是城市知识分子的子女，有些是资产阶级、地主官僚的子女，他们在优裕的生活环境中长大，从未见过这样的惨景。

此情此景，刺痛了每一位爱国学生的心。这些下乡来宣传抗日救国、组织民众的学生，受到了一次深刻的教育。大家耳闻目睹了广大贫苦农民过着被剥削被压迫的悲惨生活，产生了变革社会的强烈愿望。在固安会师时，北大的肖敏颂在会上朗诵了英国诗人雪莱的动人诗句：“冬天到了，春天还会远吗？”大家很受鼓舞。[②]

学生们也感受到了农民们的抗日热情。第三团在码头镇宣传，当他们讲到沦亡后的东北同胞过着牛马不如的生活时，许多农民愤怒地喊道：“干掉这些日本鬼子！”街头剧《打回老家去》的演出，更激起了群众的民族仇恨，台上台下一齐高呼：“打倒日本帝国主义！”一位50多岁的老大娘，怒不可遏地走上台，大声喊道：“我们不能当亡国奴，日本人来一个杀一个，来十个杀十个！”农民们开始把学生看成自己人了。[③]

二、民族解放先锋队：党领导先进青年的纽带

1936年1月8日，按原定计划，北平3个团和天津的第四团在固

① 共青团北京市委青年运动史研究室：《北京青年运动史（1919—1949）》，北京出版社1989年版，第229—230页。

② 中共北京市委党史研究室编：《北京革命史回忆录》（第二辑），北京出版社1991年版，第369—374页。

③ 共青团北京市委青年运动史研究室：《北京青年运动史（1919—1949）》，北京出版社1989年版，第230页。

安县城会合。大家走到固安城北的永定河滩，天就黑下来了。那天寒风夹着沙粒迎面扑打过来，在沙滩上行走十分吃力。这时，固安师范的进步校长王雨珊领着学生前来迎接宣传团，这个消息使大家十分振奋，立刻驱走了一路的疲劳。

但是固安县县长听说宣传团要来，下令紧闭城门，还派全副武装的士兵守在城墙上，如临大敌。同学们组织了一批得力的宣传骨干，展开政治攻势。东北同学以家乡亲友、同胞骨肉受到的痛苦迫害，声泪俱下地控诉日本帝国主义在东北的残暴罪行，城墙上的士兵和城墙下的农民被感动得泪流满面，场面悲壮感人。

由于进不去县城，大家分散住在城外，召开群众大会，深入农民家里宣传、访问。宣传队演出话剧《打回老家去》时，大家高唱：

工农兵学商，
一齐来救亡，
拿起我们的武器刀枪，
到前线去，
走向民族解放的战场！

高粱叶子青又青，
九月十八来了日本兵，
……
杀人放火真是凶，
中国军队几十万，
恭恭敬敬让出了沈阳城。
我们不做亡国奴，我们要做中国的主人。
……齐心奋斗，全力抵抗，中国不会亡！

老乡们听了深受感动，拉同学们到家里去坐，为大家烧开水，孩子们则兴高采烈地学唱抗日救亡歌曲。城内的师生们发动募捐，把募来的钱、粮、菜和借来的被褥，用绳子从城墙上系下来。①

指挥部在固安召开全团大会，重新制订行动计划，调整组织，决定以团为单位分几路前进。由于第四团人少，指挥部决定将第四团并入第一团，去雄县、高阳，第二团去新城、容县，第三团经涿州沿平汉线南下，约定10天后3个团在保定会师。

平津学生的南下扩大宣传震动了北平当局。最初，他们责令学校当局派人劝说学生回校，并下令沿途各县随时进行封锁和破坏，但均未奏效，于是派出大批军警、特务，对宣传团前后堵截，武装强迫学生返平。

第二团由固安出发，先到达新城县辛立庄，住在小学里。利用辛立庄大集，召开群众大会，但遭到围堵。不久，特务们开来几辆大卡车，把学生绑架到车上，押送回平。第二团的小部分同学当日深夜逃出学校后门，追上第一团，继续前进。

第三团10日从固安出发，14日到高碑店，住在小学校里，各小分队分别到各村进行宣传。下午4时左右，学校里突然冲进便衣特务和军警20多人。晚8时，斗争无果的学生们被押往火车站，15日清晨乘车回北平。16日，第三团在北平正式成立“中国青年救亡先锋团”，决定凡是参加过高碑店战斗的宣传团员，就是该团的基本成员。②

第一团及第二团的一部分同学于21日到达保定。这时，他们已得到第三团被押解回平以及成立团体的消息，中共北平市委要求停止南进、立即回平的指示，也传到宣传团。第一、二团被围堵在保定并住下后，通宵开会讨论宣传团回去后怎么办。大家一致认为要成立组织，继续宣传抗日救亡。随后就你一言我一语地讨论组织名称，最后师大女生曹国智提议叫“民族解放先锋队”时，全场一致支持。

次日，第一、二团被军警锁进铁皮闷罐车，从铁路武装押送回北

① 中共北京市委党史研究室编：《北京革命史回忆录》（第二辑），北京出版社1991年版，第369—374页。

② 共青团北京市委青年运动史研究室：《北京青年运动史（1919—1949）》，北京出版社1989年版，第231—232页。

平。回到北平后，3个团联合开会，决定采纳第一、二团所取的名称，将中国青年救亡先锋团、民族解放先锋队合并，定名为民族解放先锋队（简称民先队或民先）。

1936年2月1日，在北平石驸马大街北平师范大学文学院，召开民先队成立大会。会上通过民先队的《斗争纲领》《工作纲要》《组织系统》《规约》，产生民先领导机关——总队部。敖白枫任总队长，黄敬任党团书记。民先队的组织分为4级：总队、区队、分队和小队。小队是基本单位，每队3至5人，小队长由选举产生。分队以学校为单位设立，即每校为一个分队。区队由几个地域相近的分队组成，全市设4个区队部，每个区队选举正副队长各1人。这时队员约有300人，下设26个分队。2月16日，民族解放先锋队发表成立宣言，提出8项具体纲领。

民族解放先锋队是中国共产党领导的先进青年组织，它以公开或半公开的合法群众组织形式，在青年中更广泛地开展工作。它的建立，使学联的各次行动有了组织保证，将学生运动推向一个新的阶

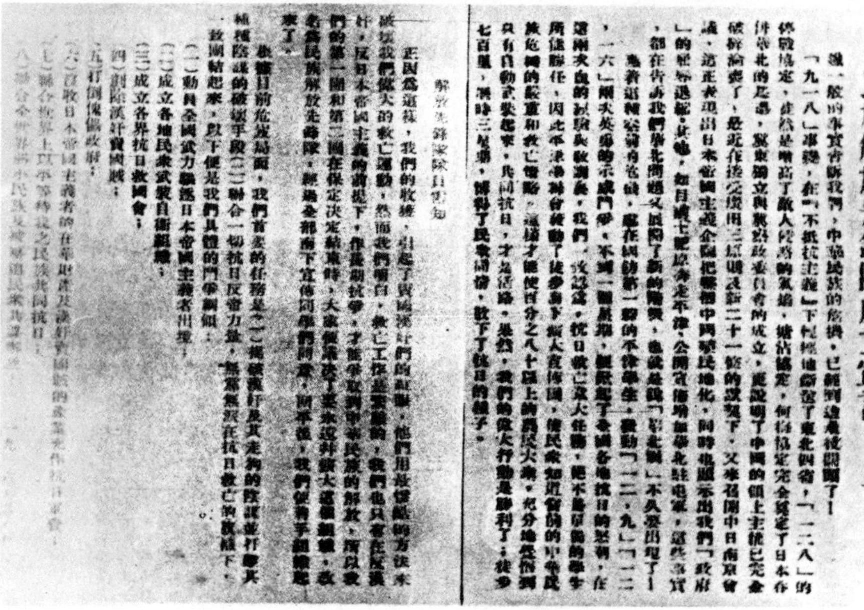
民族解放先鋒隊成立宣言

(一)動員全國武力驅逐日本帝國主義者出境；
(二)成立各地民衆武裝自衛組織；
(三)成立各界抗日救國會；
(四)剷除漢奸賣國賊；
(五)打倒傀儡政府；

《民族解放先锋队成立宣言》

段。民族解放先锋队后来改名为中华民族解放先锋队，向全国和海外发展。①

三、北平学联：春风细雨聚人心

日本对华侵略日甚一日。以日本对于华北的经济掠夺为例，自1935年8月1日至1936年4月30日，因华北走私，海关税收损失共计25506946元，仅1936年4月就损失800万元，几乎占全部税收的1/3。②

时局如此不堪，更要努力救国、努力读书。1936年2月，各校相继开学，学生群体中出现新的矛盾。如清华大学开学后，拟补考1935年底因学生运动而耽误的期末考试，一些参加一二·九运动的学生以准备不及为由，要求延期，有的学生在教授楼下高呼免考口号。这导致一些教授愤而辞职，并激怒了另外一批支持校方的学生，形成了学生间的对立。别的学校也发生了中学、大学学生间的内讧事件，甚至有的学校里进步学生与保守学生大打出手。

3月中下旬，又发生了三·三一抬棺游行事件。3月31日上午9时左右，北平学联组织各大中学校学生代表1300多人，在北京大学三院大礼堂，为在狱中被折磨致死的河北省第十七中学（校址在地安门外）学生郭清举行烈士追悼大会。学生们不顾北大校长蒋梦麟等人的阻挡，扒墙绕道从孔德学校大门冲到东华门大街，开始抬棺游行，造成多名学生被捕。③

这些行为在社会上反响不一，有的产生了负面影响，这引起党的重视。1936年3月，刘少奇奉中央委派主持北方局。他批评北平学联

---

① 共青团北京市委青年运动史研究室：《北京青年运动史（1919—1949）》，北京出版社1989年版，第233—234页。

② 张宪文：《中国抗日战争史》（第一卷），化学工业出版社2017年版，第165页。

③ 中共北京市委党史研究室编：《北京革命史回忆录》（第二辑），北京出版社1991年版，第458—463页。

的“关门主义”和“冒险主义”，纠正了一二·九运动爆发以来的一系列“左”倾错误。

1936年4月，北平成立各界抗日救国会，北平学生联合会也改名为北平学生救国联合会，办公地点设在中国大学。北平学联和民先队在北平党组织的领导下，一改过去只注重组织大规模游行示威而忽略深入的思想发动的倾向，加强对民先队和进步学生的形势教育及党的抗日民族统一战线政策教育。5月间，北平学联召集各校代表，要求暂不开展大规模的游行示威活动，把力量转向学生内部，细致地做好学生的思想工作和基层组织工作。

5月17日，民先队总队部召开北平各校民先队代表大会，集中讨论“联合阵线”问题。参加大会的200多名民先队员，进行了长达6个小时的热烈讨论，认识到争取千百万群众参加抗日民族统一战线，是当时的中心任务。①

在这一时期，党组织还特别向民先队员和进步学生提出积极开展各项活动，以广交朋友、团结群众、共同救亡的要求。5月，在北平党组织的推动下，北平大中学生的学术团体——北平求知学会成立，并发展到千人左右，在20多个大中学校中设有分会。杨秀峰、施存统等著名进步教授应邀做学术和政治报告。学会还出版《求知月刊》，受到大中学生的欢迎。

北平左联按照党中央的指示解散，左联成员加入其他公开团体，宣传和组织群众。各大学相继成立了文艺团体，创办刊物。如燕大的“十二·九”文艺社、清华大学的清华文学会、中国大学的文艺茶会等。文学刊物有《浪花》《泡沫》《联合文学》《新地》《动向》等。以《泡沫》《浪花》为例。1935年前后，泡沫社出版《泡沫》文艺月刊，不久《泡沫》被查禁，旋即出版《浪花》文艺月刊，泡沫社也改名为浪花社。参加浪花社的人数更多，大部分是清华大学、北京大

① 共青团北京市委青年运动史研究室：《北京青年运动史（1919—1949）》，北京出版社1989年版，第241页。

学、北平大学、北平师范大学、中国大学等校爱好文艺的大学生和一小部分爱好文艺的中学生，有一二百人。浪花社差不多每两个星期聚会一次，有时候在北京大学红楼里讨论，有时召开作品讨论会，大家彼此传阅作品，互相提出修改意见，有些作品经过讨论加工后，更好地影响了青年。[①]

歌咏活动更为普及，各大中学校都成立了歌咏团、歌咏队，学生们用歌声表达抗日救亡的决心。在这些歌曲中，《义勇军进行曲》《毕业歌》《打麦歌》《国际歌》《马赛曲》《伏尔加船夫曲》《保卫马德里》等雄壮的抗日歌曲和外国革命歌曲，深受同学们的喜爱。

在众多的文艺活动中，戏剧活动很突出，各校的戏剧队伍异常活跃。当时，著名的街头剧《放下你的鞭子》、东北大学学生自编自演的话剧《流亡曲》、北平师范大学学生演出的街头活报剧《察东之夜》《打回老家去》等，都深受喜爱。每次演出，台上台下情感交融，气氛非常热烈，全场响起一阵阵“打倒日本帝国主义”的雄壮呼声。[②]

社团及学术团体的相继成立，在广大学生中逐渐形成了抗日救亡运动的新局面，那些平日不大关心政治的学生，也在这些活动中受到教育。[③]这一时期各校学生自治会和救国会还特别关心学生生活，举办一些生活福利事业，赢得了广大学生的拥护与信任。

清华大学的学生食堂原来被招商承包，伙食费较贵，贫困学生吃不起，只好到校外的小饭铺里去吃8分钱1斤的炒饼。学生会为了帮助大家解决这个困难，就自己办了一个清寒食堂，杨学诚等为食堂管理员。他们在工作中任劳任怨，踏踏实实地为学生服务。同学们吃自办食堂，每月只交4元伙食费，一天三顿，花钱少，吃得好。其他学

---

① 中共北京市委党史研究室编：《北京革命史回忆录》（第二辑），北京出版社1991年版，第324、325页。

② 共青团北京市委青年运动史研究室：《北京青年运动史（1919—1949）》，北京出版社1989年版，第243页。

③ 同上，第242页。

校也办起类似性质的食堂，都受到同学们的欢迎。①

北平学联和民先队及各校学生救国会还通过自己办的刊物开展宣传教育活动。学联把不定期刊物《学联情报》改版为《学联日报》，民先队也出版不定期的机关报。另外，《清华周刊》《燕大周刊》《师大学生》《北大旬刊》《东大周刊》等刊物，也成为宣传党的抗日民族统一战线、开展抗日救亡运动和揭露国民党当局阴谋的重要阵地。

北平学联为进一步扩大影响，纠正过去关门主义的错误，在五四运动17周年纪念日，在《自由评论》上发表《告五四运动诸先生书》。学联检讨了过去处理师生关系、学生及当局关系中的不妥之处，表示愿意改正错误。同一天，北大、清华等校都举行了五四纪念会，北大教授周炳琳、马叙伦、郑天挺、曾昭抡、许德珩，清华教授罗隆基等出席大会，并做了慷慨激昂的演讲。②

这一时期，党还引导学生走出校门，到工农群众中去宣传，受教育。清华、燕大等校学生救国会在附近的农村办民众夜校，成立民众教育研究会，紧密结合形势编写新课本，教识字，讲抗日道理。城内一些学生，则经常与工人、人力车夫谈论抗日时事。③

四、推动29军抗战："恢复您在喜峰口的雄姿"

29军曾有长城抗战的光荣历史，宋哲元主持冀察政务委员会后，虽然也打压北平学生抗日救亡运动，但他对日本的态度，既有妥协退让的一面，又有不完全愿意被国人唾骂为汉奸的一面。1936年初，中共中央北方局因势利导，引导爱国学生和民众把"打倒卖国贼宋哲元"的口号，改为"拥护宋委员长抗日""拥护29军抗日"等口号，

① 共青团北京市委青年运动史研究室：《北京青年运动史（1919—1949）》，北京出版社1989年版，第244页。

② 同上。

③ 同上，第245页。

争取宋哲元及29军积极抗日，建立抗日统一战线。[①]

1936年5月，北平学联发表致宋哲元的公开信，在肯定他领导29军长城抗战的光荣历史后指出："我们深信您和我们之间的距离是可以消失的，只要您能恢复您在喜峰口的雄姿。"[②]公开呼吁宋哲元回到抗日的阵线。民先队、北平学联等学生团体，也利用一切可以利用的时机，对29军展开抗日救亡宣传工作。[③]

7月15日，宋哲元在北海公园举行追悼长城抗战阵亡将士的活动。北平学联得知消息后派代表5人参加，敬献花圈和挽联，并上台宣读祭文。这使到会的29军官兵很受感动，北平学联的合法地位实际上得到当局承认。[④]

9月18日，驻丰台的29军一连士兵，在连长率领下出外操练，与日本士兵发生武装冲突。20日，冀察当局在日军的压力下将驻军撤离丰台。北平学联抓住时机，派代表到丰台慰问，召开各界谈话会谴责日军暴行，发动各校学生到西苑29军驻地慰问，29军的很多官兵深受感动。

10月下旬起，日军更为猖狂，在平津连续进行武装演习。骑兵和重炮所到之处，庄稼被践踏，房屋被拆毁，农民被逐出。到了11月3日，竟然有全副武装、携带重炮的日军，开着坦克横行北平城，在朝阳门轧死一位年仅11岁的小女孩。北平青年学生愤怒地要求有力回击日军的演习和野蛮暴行，许多学校的师生举行集会。[⑤]

---

① 共青团北京市委青年运动史研究室：《北京青年运动史（1919—1949）》，北京出版社1989年版，第267—268页。

② 中共北京市委党史研究室：《中国共产党北京历史》（第一卷），北京出版社2011年版，第271页。

③ 中共北京市委党史研究室编：《北京地区抗日运动史料汇编》（第三辑），中国文史出版社1995年版，第229页。

④ 中共北京市委党史研究室：《中国共产党北京历史》（第一卷），北京出版社2011年版，第272页。

⑤ 共青团北京市委青年运动史研究室：《北京青年运动史（1919—1949）》，北京出版社1989年版，第263页。

北平学联动员所有学校停课1小时，以示愤怒。同时，他们和北平民众一起，向29军建议开展针锋相对的军事演习。宋哲元决定11月7日，29军37师在红山口举行小规模演习；11日，在固安举行29军秋季大演习。[①]

在固安演习现场，清华、燕大两校同学长途奔波，赶往参加，约600名同学和万余军队会合一场。同学们看到士兵们认真拼刺、军容整齐、士气高昂，很受感动，并高呼“拥护29军抗日”“拥护29军英勇杀敌”。宋哲元在演习结束时，也向学生们表示绝对维护领土完整，“只要是以国家、社会及民族利益来相谈者，本人极愿虚心接受。本人本此主张，绝不怕任何艰难与压迫”。对于宋哲元的这番话，同学们报以热烈的掌声。随后，北平学生代表以北平学联的名义向29军赠送了一面黄缎旗，上写“拥护29军保卫华北”。清华大学学生特别赠送锦旗，上写“国家干城”，官兵们受到很大鼓舞。[②]

12月9日，北平学联举行纪念一二·九运动一周年大会，为了使抗日救国运动向更高阶段发展，表明北平学生不愿做亡国奴的决心，会上决定12月12日举行抗日大示威。示威当天早晨，学生们避开军警，分散出校到预定地点集合，以北平师范大学、东北大学、北京大学为先导，分三路游行示威。许多分散在各处的学生不断向队伍会集，浩浩荡荡的示威队伍规模越来越大。

同日，西安事变爆发，张学良、杨虎城扣留蒋介石，通电全国。

西安事变有没有传到29军官兵这里，不好确定，但是这次示威中，军警的态度明显好转。西城的游行队伍从绒线胡同出来，经过西单牌楼、西四牌楼，一直到太平仓，一路上非常顺利。当学生散发传单，把《告警士书》送给站岗的警察时，警察还细细读起来。在端王府夹道，30多个全副武装的警察堵住了游行队伍的去路。经过交涉，

---

① 清华大学校史研究室编：《清华大学史料选编（国立清华大学时期：1928—1937）》（第二卷），清华大学出版社1991年版，第969页。

② 共青团北京市委青年运动史研究室：《北京青年运动史（1919—1949）》，北京出版社1989年版，第264页。

警察同意队伍绕行。当队伍掉头时，双方还互相鼓掌。在西单东槐里胡同，游行队伍遇到了宋哲元的汽车。学生们围着汽车，高呼“拥护29军保卫冀察”“拥护宋将军领导抗日”。宋哲元听到口号后，与平时不同，竟开车门向学生要了一张传单，含笑乘车而去。①

下午1时，参与游行的学生们得到通知，说宋哲元要在景山召集学生训话。下午2时，1万余学生在景山前集合，耐心等待宋哲元的到来。宋哲元最终没有出现，由北平市长秦德纯代表宋哲元发表讲话，并给学生们送了馒头和开水。②这次对于北平学联来说，受到了一二·九运动以来从未有过的对待，它表明中国共产党的抗日民族统一战线政策取得了重大胜利。③

后来，中共党员、民先队员和进步学生，以教体育、教唱歌等方式，继续对29军官兵进行抗日宣传。1937年6月，国民党当局要求组织学生集中军训，北平学生的军训由29军主持。党员、民先队员趁机积极报名参加军训。北平学联在军训中，组织学生认真学习军事技术，同时通过多种方式向29军官兵宣传党的抗日主张和统一战线政策，加强了同29军官兵的联系。

---

① 中共北京市委党史研究室：《中国共产党北京历史》（第一卷），北京出版社2011年版，第277—278页。

② 陈大东：《中法大学同学参加“一二·九”运动的片断回忆》，《北京党史》1998年第3期。

③ 中共北京市委党史研究室：《中国共产党北京历史》（第一卷），北京出版社2011年版，第273页。

第四章

投笔从戎赴疆场　野火春风斗古城

——全民族抗战时期北平学府的红色文化

卢沟桥抗战是中国全民族抗战的开端，由此开辟了世界反法西斯战争的东方主战场。中国共产党积极倡导并推动建立以国共合作为基础的抗日民族统一战线，中国人民掀起了全民族抗战的高潮。

沦陷时期的北平，学校急剧缩减，文化教育受到严重摧残。日伪当局推行奴化教育，妄图泯灭北平人民的民族精神和反抗意志。在中共北平地下党组织的领导下，广大师生坚守民族气节，采取各种方式抵制日伪当局的奴化教育，支援全民族抗战。在平郊抗日根据地，依靠群众办学，开展全民教育，教育事业蓬勃发展。

古城抗争，壮士威武不能屈；投笔从戎，书生终遂报国志。北平学府爱国师生不屈不挠的抗日斗争和为民族尊严而战的精神，正是伟大抗战精神的生动写照，为北平学府红色文化增添了抗战御侮的浓重一笔。

第一节　到抗战前线去

1937年7月7日，日本侵略者蓄意制造卢沟桥事变，发动了全面侵华战争。中国守军29军奋起抵抗，拉开了全民族抗日战争序幕。北平军民同心，共御外辱。教育界更是身先士卒，积极投入抗日救亡运动，支援慰问29军将士，并在极其困难的环境中，开展教学和抗日活动。在中国共产党的领导下，北平学府大量革命知识分子投身敌后抗战，为取得抗战最后胜利发挥了重要作用。

一、慰问29军将士：军民同心御外辱

卢沟桥事变爆发后，29军司令部命令宛平守军："保卫领土是军人天职，对外战争是我军人的荣誉，吾即晓谕全团官兵，牺牲奋斗，坚守阵地，即以宛平城与卢沟桥为吾军坟墓，一尺一寸国土，不可轻易让人。"①

事变爆发第二天，中国共产党中央委员会发表《为日军进攻卢沟桥通电》(简称《通电》)，指出："日本帝国主义武力侵占平津与华北的危险，已经放在每一个中国人的面前。""平津危急！华北危急！中华民族危急！只有全民族实行抗战，才是我们的出路！我们要求立刻给进攻的日军以坚决的反攻，并立刻准备应付新的大事变。全国上下应立刻放弃任何与日寇和平苟安的希望与估计。"

《通电》希望宋哲元将军立刻动员全部29军，开赴前线应战；要求南京中央政府立刻切实援助29军，并立即开放全国民众爱国运动，发扬抗战的民气。《通电》还提出"筑成民族统一战线的坚固长城"

① 秦德纯：《七七卢沟桥事变经过》，中国人民政治协商会议全国委员会文史资料研究委员会《七七事变》编审组编：《七七事变——原国民党将领抗日战争亲历记》，中国文史出版社1986年版，第14页。

和“国共两党亲密合作抵抗日寇的新进攻”的口号。[①]

同日，中共中央就卢沟桥事变后华北工作方针指示北方局：“坚决保卫平津保卫华北，提出‘不让日本帝国主义侵占中国寸土’‘为保卫国土流最后一滴血’等口号，动员全体爱国军队、全体爱国国民，抵抗日本帝国的进攻，在各地用宣言、传单、标语及群众会议，进行宣传与组织的动员。”“迅速组成坚固的统一战线，对付当前的重大事变。”“立即在平绥平津以东地区，开始着手组织抗日义勇军，准备进行艰苦的游击战争，在平汉线、津浦线亦应准备组织义勇军，注意与各界爱国分子合作。”“进行坚决的反汉奸斗争。”[②]

中共北平地下组织遵照中共中央指示精神，一方面做好应急准备，一方面组织北平各界抗敌后援会，发动群众团体开展救亡工作，支援29军抗战。

7月8日，中华民族解放先锋队、华北各界救国联合会、北平各界救国联合会、北平市学生救国联合会等抗日救亡团体派代表到卢沟桥前线慰劳抗日将士。当代表们带着慰问品到达宛平时，城门已经封闭，日军不断地向宛平城射击。守城官兵听说民众冒着炮火前来慰问，群情激昂。一位军官站在城头，向代表们说：“诸位能够不怕敌人的炮火和枪弹，冒着这样的危险来看我们，此种不怕死的勇敢精神真正可佩。”守城官兵将慰问品、旗帜等用绳子吊上城墙，对代表们说：“现在谈判破裂了，诸位快走吧，不然要遭到危险的！”城上城下，军民的爱国主义热情交融在一起。[③]

7月9日，北平市学生救国联合会慰问守卫北平各城门的29军官兵。至北平沦陷，在抗敌后援会领导下，以北平民族解放先锋队和北平市学生救国联合会为骨干，各学校先后成立战地服务团，下设救护、宣传、劳军等专门工作机构，开展大量的救护、宣传、劳军工

① 中央档案馆编：《中共中央文件选集》第11册，中共中央党校出版社1991年版，第274—275页。

② 同上，第276—277页。

③ 中共北京市委党史研究室编：《北平抗战简史》，北京出版社2015年版，第43页。

中华民族解放先锋队的代表前往医院慰问受伤官兵

作。他们携带大批慰劳品，分赴前线和医院慰问、救护伤员；还组织后方服务团，分为募捐队、纠察队、看护队、宣传队，开展支援抗战的各方面工作。平津国立院校教职员联合会提出每人捐出一日工薪；学生团体动员各校发起捐献万条麻袋运动。还有些民先队员和爱国学生投笔从戎，参加抗日武装。各校的宣传队活跃在大街小巷，到处可以听到慷慨激昂的演讲和激越高亢的《义勇军进行曲》《松花江上》《打回老家去》等救亡歌曲。

二、被迫内迁：保存抗日救国力量

1937年7月28日，29军决定离开北平。29日，北平沦陷。8月8日，日军驻北平司令官河边正三率领2000多人进驻北平城，全面接管北平防务。北平教育事业遭到空前浩劫。一批高校和部分中学为保存抗日救国力量，被迫内迁，历尽磨难。

1937年全民族抗战爆发前夕，北平共有专科以上院校23所。其中，国立大学4所，即北京大学、清华大学、北平师范大学、北平大学；教会和私立大学3所，即中法大学、燕京大学、辅仁大学；国立学院1所，即北平铁道管理学院；教会和私立学院7所，即中国大学、朝阳学院、华北学院、北平协和医学院、北平铁路学院、北平民国学院、平民学院；专科学校8所，其中国立6所，即北平艺术专科学校、北平蒙藏学校、北平盐务学校、北平税务学校、北平警官高等学校、北平体育专科学校，私立2所，即北平美术专科学校和北平戏曲专科学校。[①]它们在抗战期间都遭到不同程度的破坏。

全民族抗战爆发后，北平原有23所专科以上高校中，因校舍被占领、毁坏而被迫先后停办或查封的有9所。北平盐务学校、北平税务学校、北平警官高等学校、北平铁路学院、平民学院5所院校于卢沟桥事变后不久即被迫停办。华北学院由于原校址被占，被迫迁到湖广会馆。留在北平的北平美术专科学校和北平戏曲专科学校被迫先后停办。北平体育专科学校，被日伪北平当局接管，1943年被查封，校舍改为日本国民小学。

1937年8月底，战局恶化，南京政府决定把一批高等学校迁到内地办学。9月起，北京大学、清华大学、北平师范大学等一批高校先后迁往内地办学，教职工携家眷和学生一起随校内迁。随着战区的扩大，许多学校被迫一迁再迁，直到抗日战争结束后才得以陆续返回。北京大学、清华大学和天津南开大学迁湖南长沙，合组为国立长沙临时大学（简称长沙临大）。9月28日，长沙临大开始启用。10月18日，学生开始报到。11月1日，正式上课。

北平师范大学、北平大学和天津的北洋工学院内迁陕西西安，合组为国立西安临时大学（简称西安临大）。1937年11月15日，西安临

① 汤世雄主编：《北京教育史》，学苑出版社2011年版，第554页。

大正式上课。北平艺术专科学校迁至江西牯岭，南京沦陷后，沿江上移，经汉口迁湖南沅陵，后又迁四川重庆；北平铁道管理学院，抗战后一度停顿，后经校友大力协助，于1938年春迁湖南湘潭，与唐山工程学院合并复课，当年冬又迁贵州平城（今福泉），1944年冬再迁四川璧山丁家坳；朝阳学院南迁湖北沙市，再迁简阳，又迁四川成都，后迁至四川重庆兴隆场；北平民国学院，先迁河南开封，又迁湖南长沙、益阳、溆浦，最后定校在湖南宁乡。

有西方背景的燕京大学、辅仁大学、北平协和医学院和中法大学暂留北平，大都坚持独立办学的精神，对日伪当局的种种干预威逼进行不同程度的抵制。例如日伪政府要学校开“修身课”，借此奴化学生，燕京大学则以本校从不开政治课为由予以拒绝。其他学校被迫参加“庆祝皇军胜利”的游行，燕京大学则以路远不便为辞拒不参加。在日伪的残暴统治下，“孤岛”的生存是很困难的。1939年和1940年中法大学文学院和理学院先后迁到云南昆明，医学院则停止招生。1941年12月，太平洋战争爆发，日伪当局对有英美背景的学校开刀，封闭燕京大学，占领北平协和医学院，逮捕燕京大学校长司徒雷登和师生多人，迫使燕京大学部分师生陆续内迁，于1942年秋在四川成都复校。北平协和医学院则被迫停办达5年之久，附属高级护校则于1943年迁到成都办学。

全民族抗战爆发后，北平10所高校被迫内迁。在当时交通极其困难的条件下，要完成数万师生家属以及图书、仪器设备的大搬迁，异常艰难，损失巨大。

三、扬威敌后战场：能文能武“书生”八路

北平沦陷使在北平的中共中央北方局机关无法立足，以林枫为首的一批留守干部撤离北平。此时，刘少奇从延安抵达太原，按照中共中央指示，重新组织中共中央北方局，刘少奇任书记、杨尚昆任副书记。为适应形势发展需要，北方局决定将中共河北省委一分为二：一

是中共河北省委，留在天津，领导平津及冀东一带沦陷区的工作，李运昌任书记；一是中共平汉线省委，驻石家庄，领导平汉铁路沿线工作，李菁玉任书记。

撤离北平的共产党员、民先队员和进步青年主要分两部分。一部分转移到北平郊区发动群众，组织群众，武装保卫家乡，抗日救国。大部分或直接撤往太原，或经保定、济南转向太原，由北方局重新分配工作。

为了保证撤离人员的安全，北平市委研究决定，改由天津乘轮船南下，大批学生骨干经由济南转赴太原，而后分赴华北各地参加抗战。大量南方籍学生自行南下后，或在本地开展救亡运动，或复校复学。一部分北平学联骨干、民先队员集中在南京。

1937年10月，刘少奇在《抗日游击战争中的若干基本问题》中明确指出："在卢沟桥事变以前，中国人民反对日本帝国主义侵略的方式，主要是非武装的斗争方式（如游行、示威、抵制日货等），当时敏感的学生与知识界常是站在反日斗争的前线。在卢沟桥事变以后，中国人民抗日的主要斗争方式，已经提到武装斗争的阶段了。"①北平市委坚决执行北方局指示精神，及时灵活地改变工作重点和斗争策略，组织大批党员和进步群众撤离北平，既保存了革命力量，又为开展抗日游击战争输送了大批骨干，取得了很大成效。

据不完全统计，从1937年9月到1938年3月，北平地下党组织仅通过民先队介绍到各地区参加抗日游击战争的进步青年就达7000余人。②撤退到山西的北平党员、民先队员和进步学生，很多人参加中共山西省委领导的"牺牲救国同盟会""青年抗敌决死队"，以及由八路军领导的工作团、游击队。黄敬撤到太原后，转到晋察冀根据地任区党委书记。刘杰参加了平西抗日游击队。清华大学党员杨学诚率部分学生进入鄂中开展游击战争。中国大学学生党员董毓华到冀东

① 《刘少奇选集》上卷，人民出版社1981年版，第80页。

② 中共北京市委党史研究室：《中国共产党北京历史》（第一卷），北京出版社2011年版，第298页。

开展工作。北平师范大学教授杨秀峰率领一批党员、民先队员和进步学生到冀西建立抗日游击队，并很快发展到700余人。

中国大学毕业生白乙化[①]，1939年担任八路军晋察冀军区第10团团长，指挥著名的沿河城战斗，大败日军，击溃一个中队，击毙中队长奥村，缴获大量物资、装备。至1940年，他带领的第10团开辟了丰（宁）滦（平）密（云）抗日根据地，协助地方组建丰滦密联合县。1941年，在指挥密云马营战斗中不幸牺牲，年仅30岁。

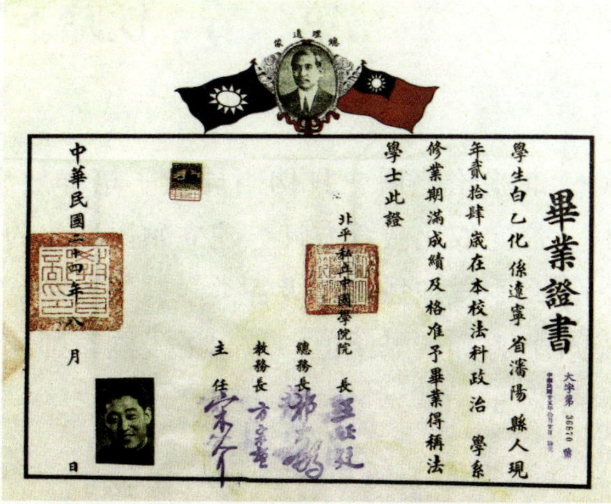
畢業證書

學生白乙化係遼寧省瀋陽縣人現年貳拾肆歲在本校法科政治學系修業期滿成績及格准予畢業得稱法學士此證

北平私立中國學院院長

總務長

教務長

主任

中華民國二十四年八月　日

白乙化中国大学（时称北平私立中国学院）毕业证书

① 白乙化（1911—1941），1930年加入中国共产党，九一八事变后，被党派到辽热地区组织抗日义勇军，进行武装斗争。1933年被派到北平领导大学生运动。在一二·九运动中被誉为“虎将”。

第二节 铁蹄下的抗争

北平沦陷后，日伪当局为了培养效忠于日本侵略者的奴才和顺民，制定奴化教育方针，建立殖民地化的教育行政管理机构，并采取一系列手段加强对各级各类学校的控制，全面开展奴化教育。日伪的奴化教育和残酷压迫，激起了爱国教师和学生强烈的民族仇恨和反抗斗争。

一、奴化教育：妄图“以华制华”“以战养战”

日伪当局为控制北平各校教员和学生的思想，制定奴化教育方针，建立起系统的奴化教育体制，妄图达到“以华制华”“以战养战”的罪恶目的。

（一）制定奴化教育方针

为培养忠诚于日本侵略者的奴才，1938年，伪临时政府教育部确定了如下教育方针：根绝党化及排外容共思想，依据东亚民族集团精神和中国传统美德以完成“新中国”之使命。1939年8月30日，日伪政权又制定了更为细化的教育方针：保持并发扬民族固有之文化及道德，同时尽量吸收适于国情之外国文化；铲除狭隘之排外思想，贯彻睦邻政策之精神；强行纪律训练及科学研究，以养成健全公民及建国人才；修订教育制度，“重编教材以适应新中国之建设”。1941年10月，伪华北地区政务委员会总署举办教育行政人员实习班，督办周作人说：“现在所施行的教育方针，是以亲仁善邻为主。”“藉着教育行政的力量，以圆满达到善邻友好、共同防共、经济提携的三种目的。”①

太平洋战争爆发后，伪北京特别市公署教育局在1942年中等教

① 汤世雄主编：《北京教育史》，学苑出版社2011年版，第532页。

育行政计划中增加4点奴化教育内容：“根本铲除依存欧美之错误思想；彻底认识时局正值改造世界之一大转机，是建设东亚共荣圈之良机；彻底认识华北于中华民国及东亚共荣圈地位之重大，及北京立于华北指导之立场；认识东亚共荣圈因以日本为中心的中日满三国为其共荣圈之核体，故三国亟宜提携亲和，以加强东亚全般亲善之倾向。”①

日伪办学的目的，是为了将“日中亲善”“反共防共”“共谋东亚和平，抗日是害国”“亲日才是爱国”等彻头彻尾的奴化思想灌输给青少年，使其丧失国家信念，进而磨灭其反抗心理。其实质是封建主义与投降主义相结合，实施“反共”、媚日、卖国的汉奸教育。

（二）建立奴化教育体制

成立奴化教育管理机构和组织。日本侵略者占领北平后，扶植建立伪临时政府，并建立殖民地化的教育行政管理机构。1938年元旦，伪政府成立教育部，汤尔和为总长，下设教育局。4月17日，改北平为北京特别市。1938年，成立伪北京特别市公署教育局。

在建立伪政府教育机构的同时，日军成立傀儡组织新民会，妄图达到“以华制华”“以战养战”的目的，并狂妄叫嚣剿灭联合抗战的国共两党。新民会成立后，向各个阶层渗透，开展奴化思想的传播和教育活动。为使殖民统治深入社会基层，新民会建立了庞杂的组织系统。实行“政会合一”的体制，规定各级行政首脑是该级新民会的会长，均由日本人担任“顾问”或“参议”等职。下设总务、组织、宣传、训练4科，城郊各区县均设分会或办事处。还通过“整顿全市民众团体”，相继组建农民分会、报夫分会、啤酒分会、粪夫分会、国剧分会、国医分会、印刷分会、纸香业分会、理发分会、教育分会等行业、职业分会，建立妇女会、青年团、少年团等群众团体，并将其伸展到基层的各个角落，城区的坊巷组织、四郊的保甲、联庄会都有新民会的基层组织。

① 汤世雄主编：《北京教育史》，学苑出版社2011年版，第532—533页。

日伪时期设立的伪北京特别市公署教育局，接管了全市公立学校。1941年，责令所有私立学校由伪教育局代管，从而严密掌控了各级各类学校。伪政府加强对中小学校长的控制，培养奴化教员，同时大量设立日本人学校，妄图长期进行殖民统治。

向各校派驻日籍教员。1938年6月，派日本人吉川岩、菅正一兼充教育局督学，并开始向各中小学派入日籍教师。10月，派吉见昌敏、赤尾健一、高木国男分别充任市立一中、五中和师范学校教员；11月，派得永季文、助本三一、池田教子分别充任市立高级工业职业学校、师范学校和分司厅小学教员。12月，派小林晋助充任私立平民中学教员。到1940年，全市所有公私立中小学均被派入日籍教师（英美系教会学校除外）。这类日籍教师派入各校名为讲授日语，实际上是监督学校行政人员和控制师生思想，其中不乏日本特工人员。太平洋战争爆发后，在北平的英美籍教师均受迫害，不少教师被关进日军监狱受审。1942年1月，日伪当局接收英美系教会中小学校，这类学校也被派入日籍教师。

日本文部省为了建立“华北之日华提携之文教体制”，陆续派人来华，如文部省图书局编修课长藤本万治和督学官横山俊平等，目的是要“协力”伪政权，“以确立亲日教育之牢固基础”。

办奴化学校，培养奴化教员。北平沦陷时，一批高校内迁后方，日伪当局在内迁学校原址办学，并沿用其校名，扶持一些汉奸学者管理学校，推行奴化教育。例如在原北京大学校址内建立“国立北京大学”，分文、理、法、医、农、工6个学院（实际上文、法二学院并未开课）。在原北平师范大学校址分建两个学院，一为“北京师范学院”（简称北师），一为“北京女子师范学院”（简称北女师）。“北师”分文、理、体育、音乐4科及工艺专修补习科，1941年10月，两师院始又合并改组为“北京师范大学”，设文、理、教育三学院。原国立北平艺专“复校”，改称“北京艺专”，设绘画、图画、雕塑、图案等5科。以上各校均于1938年5月开课，但报考的学生很少，“国立北京大学”开课时，每个学院学生至多不超过七八十人。

不愿去日伪学校读书的学生纷纷报考私立大学，以至私立大学学生人数激增。据1940年统计，燕京大学有学生1962人，辅仁大学有1821人，中国大学有1237人，而日伪控制的“北大”只有学生1055人，“北师”只有480人，“北女师”只有584人。[①]日伪当局在北平还新建新民学院和外国语学院，都是为推行奴化教育和为侵略政策服务的干部学校，并非真正意义上的高等学校。

为使奴化教育在学校顺利进行，日伪还专门培养适合他们要求的教员。1938年4月1日，新民会在北平成立了一所师资讲肄馆，所培训的人员多是大学生，每期招收100人左右。培训期初为3个月，学生一律住宿，并有严格的规章制度。该馆还设置“奖学金”，修业期满后，挑选近2/3的学员去日本“参观”“考察”，然后再从这些人员中挑出“优秀”者数人，官费保送去日本东京高等师范学校学习2至3年。

编审奴化教材。从1938年起，伪政府设立编审委员会，专门修订编辑和审查中小学教科书及其他教育书籍，删除一切爱国主义内容，充斥“中日共存共荣”“建立东亚新秩序”的奴化教育思想。1942年，伪政府开展“扫除英美文字运动”，规定日语为必修课，令各学校一律废止英语课程，加强日语课程。

1938年2月，伪政府教育部命令一律使用新编教科书。3月，公布《教育部直辖编审会组织规程》，伪编审会“办理关于中小学教科书及各种教育刊物之编辑审查事宜”。5月，又公布《教科图书审查规程》，并令各校彻底检查，封存抗日书籍，等候新民会派员取走。

1940年后，北京市学校改用伪教育部编的课本。其编辑要旨主要是：第一，曲解三民主义中的民族主义。胡说三民主义中的民族主义，是以大亚洲主义为其重要内容，中国的独立自由与东亚永远和平不可分离，而世界之永久和平，以此为基础。第二，贩卖和平“反共”建国主义。把和平“反共”建国主义，作为当时“救国救民”的唯一指南针。第三，鼓吹东亚联盟四大纲领。把东亚联盟四大纲

① 汤世雄主编:《北京教育史》，学苑出版社2011年版，第539页。

领——政治独立、军事同盟、经济合作、文化沟通，作为东亚民族共同生存、共同发达的基本原则。上述种种谬论融于教科书，进一步毒害了青年。

二、抵制奴化教育："吾养吾浩然之气"

日伪的奴化教育，使北平的教育备受摧残，激起了爱国教师和学生强烈的民族反抗精神。

（一）敌伪摧残北平教育

日军占据北大、清华、师大、北平大学等院校。北大、清华的校舍被日军用作马厩、兵营和伤兵医院，北大红楼一度成为日军的宪兵队队部。北平师范大学的数理学院被日军警备司令部占领，文学院被日军空军司令部占据，华北学院、北平大学等校址也被日军强行占用。北大、清华、师大三校的图书仪器设备大部分遭到严重焚毁破坏，其余北平大学同样遭受不同程度的损失。各校损失的珍贵资料，如清华大学关于中国近代史档案的资料，北京大学关于中国地质的资料等，均属无价之宝。有些已无重新搜集的可能。

北平大批高校被迫内迁，留下的普通教育惨不忍睹。1938年6月，伪市公署调查市各级学校，公私立中等学校139所，教员1005人，职员678人，学生16700人；公私立初等学校（包括简易小学）433所，教员1771人，职员597人，学生57705人。与北平沦陷前相比，中等学校减少7所，教职员减少579人，学生减少12612人，经费减少967282元。[①]

就私立学校来说，1938年春，私立中学校减为45所、教学班315个、7907名学生。同年6月至12月，私立中法大学附属高级中学、附属温泉初级中学、附属温泉女子初级中学、私立立达中学相继停办。1939年秋，复有私立成城中学、私立两吉女子中学停办。1940年8月

① 汤世雄主编：《北京教育史》，学苑出版社2011年版，第558—559页。

3日，伪教育局强行接收私立华北中学，改称市立第六中学。1941年3月28日，强行接收私立镜湖中学，改称市立第七中学。1942年，私立中学仅剩23所。[①]

北平沦陷后，大批私立小学校停办。1937年9月6日，伪北平地方维持会宣布私立小学仅30所开学。此后，有的私立小学复办。一般私立小学从1937年6月的110所减为1942年的74所，到1944年4月，为78所。[②]

在日军高压管控下，教育办公经费不敷开支，教员生活无法维持，各小学纷纷向学生劝募补助金。1944年，中学教员月薪仅为140至180元，小学、幼稚园教员月薪50元起。5月7日，《华北新报》载文“最贫苦的小学教员——清高神圣的职业变成高等乞丐”，文中称（当时）“一个小学教员月薪不到百元，而一个四口之家，每月至少需要787元才能活命”。尽管如此，日伪当局仍然多次强迫中小学教职员和学生义务“献金”，支援战争。[③]

（二）爱国学生奋起抗争

北平各校师生在日伪的高压之下，一刻也没有忘记祖国，没有忘记自己的民族文化身份。他们不愿穿市政府规定的制服以示反抗；有些学生就打电话将伪校长、教导主任大骂一顿；有时就打电话给棺材店，叫了一口棺材送到伪校长、教导主任家。日伪后期，北平各大学学生风行“涮课”，教授到教室上课，往往发现空无一人。

锄奸英雄皆少年。1939年，北平出现了一支学生爱国秘密组织——北平抗日杀奸团（简称抗团）。主要成员是大学生和中学生，如燕京大学、贝满女中、育英中学、大同中学等校学生。1939年1月1日，李如鹏、范旭、赵尔仁3人在苦雨斋二道院东屋客厅，开枪刺杀周作人。1940年3月29日，在北平西四牌楼西边辟才胡同29号，刺杀北平伪工务局长舒壮怀。1940年7月3日，北平“抗团”成员刘

① 汤世雄主编：《北京教育史》，学苑出版社2011年版，第559页。

② 同上。

③ 同上，第561—562页。

永康等人，刺杀伪华北政务委员会教育总署长方宗鳌。1940年7月7日，北平“抗团”成员冯运修，成功刺杀伪《新民报》编辑局长吴菊痴。1940年下半年，该组织遭到日本宪兵队严重破坏，但始终坚持抗日活动。

沉沉暗夜寻光明。1943年夏天，市立三中的冷林、王纪刚，师大女附中的许植和河北高中的沈毅等人，联络一些青年学生自发成立海燕社。为了不引起日伪当局的注意，他们确定社团的宗旨为“联络感情，增长知识”。中共地下党员甘英向许植了解有关情况，并向王若君做了汇报。地下党组织决定将海燕社作为党争取和培养青年的一个阵地，由甘英领导海燕社。10月，海燕社发展到近70人，出版《海燕》月刊。《海燕》刊登的文章，主要表达年轻人对自由与光明的渴望，对真理与理想的探索，对人生与社会问题的探讨，对内心郁闷的抒发等。

海燕社成员开展学习马克思主义和进步文学作品的活动。一些人读了《共产党宣言》《反杜林论》《路德维希·费尔巴哈与德国古典哲学的终结》《资本论（第一卷）》《帝国主义论》等马列主义著作，不少人读了艾思奇的《大众哲学》，以及鲁迅、瞿秋白、茅盾、巴金、高尔基、托尔斯泰等人的书。参加读书与研讨较多的海燕社成员，思想大都取得飞跃进步，有些人开始奔赴革命根据地。河北高中学生李孟北原来是虔诚的基督教徒，接触马列主义书籍后，思想逐步发生变化，放弃了宗教信仰，把英文版《圣经》换成英文版的《资本论》。海燕社人数最多时达120余人，分布在23所中学和1所大学。

抗战时期，海燕社部分成员合影

1944年5月，甘英到晋察冀分局城工部，向刘仁汇报海燕社的情况。后来刘仁又通过王若君了解有关情况。由于海燕社的活动渐渐引起日伪军警的注意，主要成员又积极要求到根据地，刘仁决定将海燕社骨干分批接到根据地，进入华北联合大学政治班学习。同年底，又有一批海燕社成员到达根据地，参加晋察冀分局城工部举办的政治班。学习结束前，大部分人加入中国共产党，以后陆续被派回北平开展地下工作。

（三）爱国教师坚守民族气节

留困北平的爱国教师，保持爱国主义立场和民族气节，通过各种方式反抗日伪反动统治。

中国大学教授蓝公武①，因日军进城时发泄不满遭到日兵毒打而大病一场。病愈后，他与中共地下组织的关系更加密切，他的家成为地下党的活动场所，许多青年在那里与共产党组织取得联系，奔赴抗日根据地。蓝公武在课堂上公开宣传抗日，大讲世界形势，大讲中国必胜的道理。他曾7次被抓进日本宪兵队，受尽折磨，每次被释放后照样宣传日本必败。

四存中学是日伪控制比较严的学校，但进步教师不甘附逆。教师张孟泉指导学生熟读文天祥的《正气歌》和岳飞的《满江红》，进行民族气节教育。

辅仁大学秘书长英千里在校内组织“炎社”（取顾炎武不与敌人妥协之意），向师生宣传抗日救国。英千里等还冒着危险，帮助爱国学生逃离敌占区参加抗日武装，仅燕京大学参加八路军的就有700多人。1942年底和1944年2月，英千里两次被日军逮捕，在狱中他坚贞不屈，被判刑共15年。

---

① 蓝公武（1887—1957），广东大埔人，教育家、民主人士。中华人民共和国成立后，他先后担任最高人民检察院副检察长、全国人民代表大会常务委员会委员等职务，1957年病逝于北京。

辅仁大学校长陈垣

时任辅仁大学校长的陈垣[①]，坚持在不受敌伪津贴的学校任职，表现了傲骨铮铮的民族气节。日伪多次用高官厚禄诱使他出任伪职，他都严词拒绝。有一次日伪当局成立“东亚文化协议会”，请他做副会长，说这是“大东亚最高的文化机构”，每月薪资几千元。他义正词严地说：“不用说几千元，就是几万元我也不干！”当他听到南京当局拟改请他的一位老朋友出任时，便连夜去找这位朋友，希望其不要答应此事。到了朋友家里，才知道对方已经答应，他闻后拂袖而去，从此再也不和这位朋友来往。[②]

1938年5月，日军侵占徐州，日伪政府命令“北京市”各机关、学校悬挂日伪国旗、游行“庆祝”。辅仁大学和附属中学拒绝挂旗和参加游行，日伪当局迫令停课3天，并多次“质问”陈垣校长，但得到的回答都是“自己国土丧失，只感到悲痛，要我们庆祝，办不到”。最后日伪派一位“学者”劝他说：“你不依命令办事，难道不怕死吗？”他引用《孟子》中的话回答说：“生，亦我所欲也，义，亦我所欲也，二者不可得兼，舍生而取义者也。生亦我所欲，所欲有甚于生者，故不为苟得也；死亦我所恶，所恶有甚于死者，故患有所不避也。”日伪当局多次威胁，甚至想派宪兵逮捕陈垣。他的态度始终是不屈服、不示弱。[③]

---

① 陈垣（1880—1971），广东新会人，字援庵，又字圆庵，历史学家、宗教史学家、教育家。曾任辅仁大学校长、北平师范大学等校教授。中华人民共和国成立后，历任第一至三届全国人民代表大会常务委员会委员。

② 汤世雄主编：《北京教育史》，学苑出版社2011年版，第563页。

③ 同上。

有一次，辅仁大学放映一部体育新闻电影，影片上出现了中国国旗。在场师生在沦陷区看见自己祖国的国旗，不禁热烈鼓起掌来。事后，日本宪兵队找陈垣校长，强迫学校交出鼓掌的同学。陈垣说："中国人看见自己国家的国旗鼓掌有什么罪过？是我鼓掌了，要逮捕就把我逮去！"[①]日本宪兵队为此纠缠多日，后来不了了之。

陈垣在北平沦陷的8年里真正做到了富贵不淫、贫贱不移、威武不屈，保持了民族气节。在课堂教学和著作中，他大力宣传爱国思想，用历史题材教育学生要爱国家、讲气节；不给敌人做事，不贪财爱利；要锻炼身体；不能离开沦陷区的青年，应认真读书，增长才智，积蓄力量，报效国家。还教育青年不要只顾眼前，要有远大理想和抱负。他常说："'得道者多助，失道者寡助。'中国的抗战是正义的，是得到全国人民和全世界人民支持的，最后胜利一定属于中国。"[②]

全民族抗战期间，何其巩执掌中国大学，对学生进行民族气节教育，增强学生的民族意识。同时，拒绝敌人资助，虽然全校教职员待遇微薄，忍饥挨冻，仍坚持"我们是中国人的中国大学""为教育而教育"的办学方针，同时聘任一批留居平津坚持民族气节、不与日伪合作的教师。

太平洋战争爆发后，日军解散燕京大学，多名教职员遭日本士兵扣押入狱，代理校长陆志韦保持民族气节，历尽苦难，坚贞不屈，被折磨成病后才保外就医，靠典卖家产度日。他在敌人送来的悔过书上写道"无过可悔"。

新文化运动主将钱玄同[③]由于日本的入侵，常满腔孤愤，抑郁难

---

① 汤世雄主编：《北京教育史》，学苑出版社2011年版，第563—564页。

② 同上，第563页。

③ 钱玄同（1887—1939），浙江吴兴（今浙江湖州）人，原名师黄，一名夏，字德潜，又号疑古、逸谷，常效古法将号缀于名字之前，称为疑古玄同。五四运动前夕改名玄同。中国现代思想家、文学家、新文化运动的倡导者，文字改革先驱。曾任北京大学、北京师范大学教授。

语。“魂忽忽若有失，出不知其所往。”他因病未能随师大西迁，遂恢复旧名“钱夏”，表示自己是“夏”而非“夷”，绝不做敌伪的顺民，绝不“污伪命”，尽管生活极度困难，但是始终拒绝日伪聘请。1939年1月17日，在贫病交加中患脑出血病逝，终年52岁。进步刊物《文献》曾发表《悼钱玄同先生》的文章，称他“在中国学术思想史上是现代转变期的代表人物”，“壮年以斗士领导青年，中年以学者努力学术，晚年以义士保持名节，钱先生总算是对得起自己、对得起国家民族的一位完人了。”[①]

三、建立北平城委：领导学府地下斗争的中枢

1937年冬，在中共北平市委领导成员陆续撤走、城市党的工作处于完全秘密状态的形势下，中共北平市委改为中共北平城市工作委员会（简称城委），取消区委，由城委委员直接领导基层支部或党员。城委的组织形式一直延续到1941年底。城委先由中共河北省委领导，1938年9月中共平津唐点线工作委员会成立后，改由该委员会领导。随着抗日游击战争的发展和抗日根据地的扩大，郊区先后建立一批党的县级组织，分别隶属各根据地党委。

城委实行“异地领导，单线多头”联系方式，通过各种形式同日伪进行斗争。同时继续向抗日根据地输送党员、民先队员和大批青年知识分子。在输送进步青年去根据地的过程中，城委做了严密的组织工作，联系交通，筹措路费，安排住宿，直到把他们安全送到根据地。许多青年表现出色，有些青年在去根据地前还利用大学实验室和医院秘密学习制造炸药和医疗救护技术，到根据地后发挥了很大作用。有些在抗日前线壮烈牺牲。女一中的卢懋祖、育英中学的赵元铮、山东中学的高鸿志以及赵元秀等在平西抗日游击战争中献出了年轻的生命。

① 汤世雄主编：《北京教育史》，学苑出版社2011年版，第564页。

在地下党领导下，进步学生秘密借阅保存下来的进步书刊，传阅最广的有鲁迅的杂文、邹韬奋的《萍踪寄语》、艾思奇的《大众哲学》、范长江的《中国的西北角》、斯诺的《西行漫记》，以及《铁流》《毁灭》《从一个人看到一个新世界》等。有些进步青年还组织学习《资本论》《反杜林论》以及河上肇的《政治经济学大纲》等。

地下党利用日伪没有完全控制的美国教会学校，组织社团，讨论时事，教唱抗日歌曲，上演进步话剧。由地下党员组织发起的燕京大学“三一读书会”，经常举行文艺讨论会、学术报告会、时事讨论会，团结了一批进步同学。燕京剧社演出《雷雨》《日出》《茶花女》等话剧，鼓舞和团结了许多进步群众。育英中学的“细流社”出版铅印刊物《细流》，利用基督教“团契”，组织阅读进步报刊，召开小型时事讨论会。辅仁女中的读书会，组织阅读进步书刊、编印或抄录读书周刊、演出田汉的《获虎之夜》等活动，团结和动员进步学生参加抗日斗争。

地下党还积极开展宣传攻势，在公共场所秘密张贴抗日传单，宣传党的抗日主张，打击日伪的嚣张气焰，鼓舞人民抗日斗争精神。城委开展统战工作，争取一些教授和国际友人同情、支持或参加抗日战争，燕京大学教授董鲁安（于力），英籍教授林迈可、班威廉，中国大学教授蓝公武等人通过地下党的安排进入根据地。

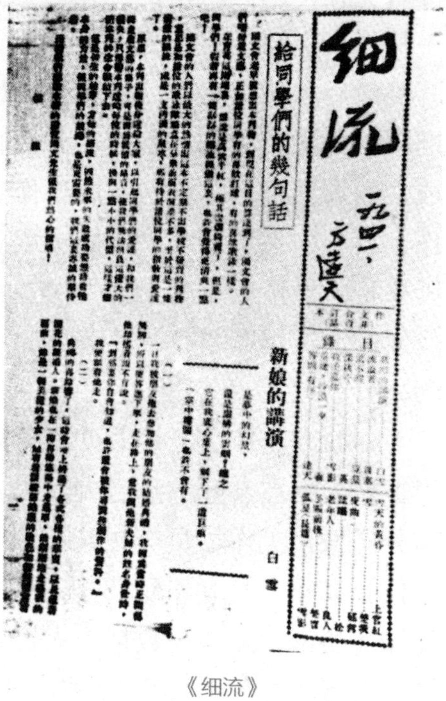
细流

給同學們的幾句話

新娘的講演

白雪

《细流》

第三节　地下斗争的新阶段

为了反抗日伪当局的残暴统治和疯狂压迫，中共北平地下党贯彻中共中央的指示精神，变换领导形式，从根据地调入大量干部充实抗日斗争队伍，为迎接最后的大反攻做好全面准备。

一、变换领导形式：异地领导与多头单线

1940年9月18日，中共中央书记处发出《中央关于开展敌后大城市工作的通知》，详细阐述了开展敌后大城市工作的重要性，具体部署党在沦陷区城市的工作。通知指出："伟大的抗日力量广泛的统一战线的基础，同样是潜伏在敌后各大城市之中。""全党同志应把开展敌后大城市工作，视为党的最重要的任务，认识抗日战争没有长期艰苦的城市工作的配合，最后的胜利是不可能的。"中共中央决定成立由周恩来负总责的敌后工作委员会，领导和推动各个敌后城市工作，要求中央局、中央分局也成立城市工作委员会，确定平西作为全国进行大城市工作的14个据点之一。[①]对于沦陷区城市的工作，中央反复强调要继续贯彻"荫蔽精干，长期埋伏，积蓄力量，以待时机"的方针。

1941年1月，中共中央北方局召开常委会议。会议根据中央以各根据地为据点，开辟敌后大城市工作的指示，决定设立中共中央晋察冀分局城市工作委员会，聂荣臻为书记，刘慎之为副书记，刘仁（当时任分局秘书长和组织部副部长）为委员；城工委设在组织部内，对外保守秘密，配备少数精干人员，专门从事城市工作。会后不久，分局书记离开晋察冀去延安，临行时指定刘仁代表分局主持城市工作。

① 中央档案馆编：《中共中央文件选集》（第12册），中共中央党校出版社1991年版，第491—492页。

晋察冀分局城工委成立后，接收了平津唐点线工作委员会领导下的敌占区地下党组织关系。1941年4月，北平地下党组织只有5个支部32名党员，大多是1937年以前留下的，横向组织关系很多，而且在领导干部的能力、秘密工作水平、党员的坚定性方面存在一定问题。为此，城工委决定一方面传达贯彻中央的城市工作方针，进行组织整顿；一方面抓干部训练、派遣干部和建立交通线等项工作。

不料，平津唐点线工作委员会遭到破坏，城工委负责人被捕，北平地下党组织受到威胁。分局城工委立即采取紧急措施，把一些有被捕危险的党员撤到根据地，留下来的暂时断绝联系。1941年12月8日，北平日军包围燕京大学，大肆搜捕抗日群众。燕大支部书记姚克荫被捕，北平党组织将党员和外围组织“三一读书会”中的进步青年送到根据地，避免了更大的损失。

分局城工委在城市地下党组织接连遭到破坏后，认真分析研究日伪对付地下党组织的手段，制定了应对措施，包括提高党员的政治觉悟和政治警觉性，严格执行党在城市的埋伏隐蔽政策，组织必须精干，保守平行组织的绝对秘密，党员和干部的联系必须减到最简单的程度，对泄露党的秘密与违反秘密工作有关规定的给予纪律制裁，等等。

同时，对城内遭受破坏的组织进行严格整顿。改变了城内党的组织形式和工作方式，确定在城内不再建立统一的党的领导机关，而把领导机关设在根据地，对城市党的工作实行“异地领导”；城内地下党组织则采取“多头单线”的组织形式，各条线平行，一律不发生横的关系，直接由分局城工委领导掌握；各条线所属基层组织、党员、干部间一律不发生横的关系；党的情报工作与敌工等工作严格分开。

经过整顿，北平城内党组织的人数大大减少，除一部分撤回根据地外，只留下少数党员坚持工作。留在城内的党员，除个别单线联系之外，分编成两个支部。北大党支部由宋汝棼任书记，混合党支部由薛成业任书记。晋察冀分局城工委派张大中联系这些党员。

正是由于采取了这些措施，1942年后，尽管日伪统治越来越残酷，但北平城内城工委系统的地下组织没有再受到大的损失。

二、加强城内斗争领导：根据地来的干部

为了加强北平地下党的力量，从1942年到1943年初，晋察冀分局城工委从根据地抽调干部派入北平。多数是根据地区一级干部，少数是县级干部。派入之前，都经过严格审查和短期训练，学习党的城市工作方针政策，学习秘密工作包括应付敌人的有关知识，特别着重气节教育。王若君、崔月犁、项子明等都在此间被派入北平，直接向晋察冀分局城工委汇报工作。1943年，北方局也派人秘密进入北平。各系统派入北平的地下工作者，相互之间没有横的组织关系，由各系统领导独立开展工作。

王若君由刘仁派入北平后，利用家族关系，逐步扩大接触面。她在师大、北大医学院、铁路学院、师大男女附中、女三中、女二中、光华中学、山东中学、孔德中学、艺文中学等大中学校的学生中，以及在燕京造纸厂、北平市电话局、前门布店、伪市政府和景山织袜厂的工人、职员中，团结教育进步青年，将其中的11人发展入党，并陆续向根据地输送60多名大中学校学生。

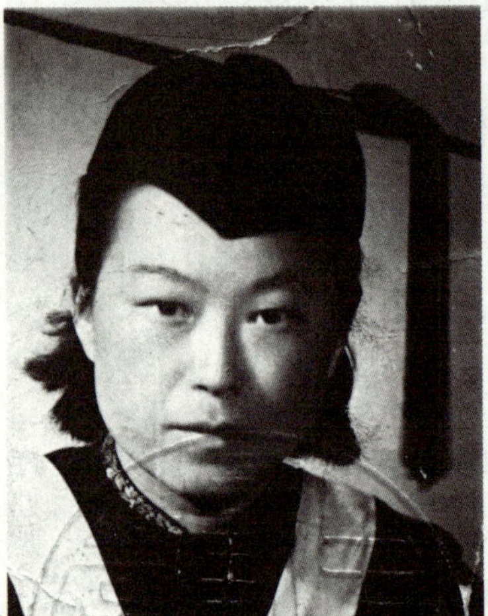
1944年2月，在北平新闻学院时的王若君

1943年秋，晋察冀分局在华北联合大学成立专门为城市工作培养干部的“政治班”，对准备派回城市工作的青年进行较长时间的培训，从中发展党员，选拔合适人员派往北平等地。学员总计有100多人。1944年晋察冀分局城工部成立后派回北平的有四五十人，这些人除指定的组织关系外，彼此不发生横的关系。北平地下党组织不断发展，在全部大专院校和20多所中学有了地下党

员，并扩展到工厂、铁路等单位，以至打入日伪军政机关。

八路军总部派入北平开展地下工作的党员，由总部保卫部长杨奇清直接领导。杨奇清在北平建立8个地下党支部，分布在北大工学院、法学院、理学院，中国大学及部分中学。

三、组建城工部：迎接全面大反攻

1944年9月4日，中共中央发出《中央关于建立城市工作部门的指示》，要求："地委以上各级党部须立即建立城市工作部，在党委与上级城市工作部领导下专门负责管理城市及交通要道工作，不兼其它任务。"[①]同月，晋察冀分局决定以原城工委为基础组建分局城市工作部，刘仁为部长。10月初，分局召开边区扩大的高级干部会议，传达中央关于加强城市工作的指示，并对加强城市工作做了具体部署，明确根据地内各级党委是根据地的党与敌占区党的总的领导机关，城工部是党委的执行部门之一，和党委的关系与组织部、宣传部相同，城工部与敌工部工作上分开，城市中一切群众工作和城市中警察、路警工作一般由城工部管理。10月10日，分局城工部起草下发《关于城市工作的计划、组织与工作方法的补充指示》，对派出人员的工作分工、党的组织形式和工作方法等问题做了具体规定。

为适应城市工作迅速开展的要求，分局城工部不断扩大机构，设立组织派遣、教育训练和调查研究3个组。先后调徐永春协助佘涤清负责学生方面的组织派遣工作。教育训练组的人员除原负责教育训练工作的杨伯箴外，增调欧阳飞等人。城工部内部机构分工比较明确，工作规定有序，对城市工作的领导更加有力。

城工部通过各种社会、职业关系或商业往来，在北平广泛开展工作，加强对北平地下抗日斗争的领导，大力宣传抗战形势和共产

① 中央档案馆编：《中共中央文件选集》（第14册），中共中央党校出版社1991年版，第319页。

党领导的抗日斗争，团结积极分子，发展党的组织，进一步扩大地下工作领域。地下党继续在广大青年学生中发展党员，壮大抗日力量。

坚持在城内工作的北大法学院地下党员李树群，利用在伪教育总署举办的大学生军事训练中任队长的机会，和军训教官接触较多，发现这些教官从前线调来，对八路军的战略有所了解。李树群就策略地让这些教官讲他们在战场上见到的八路军作战情况，利用他们的见闻感想，宣传八路军灵活机动的战略战术和政治攻势的威力，使学生们从中了解八路军的军事力量是强大的，政治工作是成功的，取得了出人意料的宣传效果。

伪新民会筹备组织大学生联谊会，打出“和平、奋斗、救中国”的招牌拉拢青年。地下党员徐伟等教育同学拒绝参加，使伪新民会拉拢腐蚀青年的阴谋受挫。徐伟等还利用日伪报纸和农村学生带来的消息，宣传共产党领导的敌后抗日根据地不断发展壮大的情况。通过各种形式的宣传教育和个别思想工作，北大法学院地下党支部团结了一批积极分子和中间分子。

原由晋察冀分局城工委派到北平工作的曾平，于1944年秋发展贝满女中夏立平入党，并在这所学校团结了一批进步学生，组成读书会，联系了一些进步教师和校外进步青年。曾平还通过夏立平的父亲团结了一批高级知识分子，如桥梁专家陈武仲、黎锦炯，著名律师陈瑾昆教授，著名小儿科专家林葆骆等。这些专家学者经常在陈瑾昆家聚会，曾平向他们介绍国际国内形势、共产党的方针政策和解放区情况，并把一些进步青年和专家输送到解放区。

1945年1月，晋察冀分局城工部派孙逊进入北平，求实中学训育主任、地下党员张天泳安排他在求实中学任史地教员作为职业掩护。孙逊发展求实中学教务主任高光斗入党，建立学校地下党组织。他利用父亲当过几十年邮差的关系，做邮局进步群众的工作，争取他们加入地下抗日斗争行列，分发秘密文件和宣传品。他还积极联络与组织失去联系的地下党员，设法营救被捕的地下党员出狱。

1944年底至1945年初，晋察冀分局城工部在阜平县举办了海燕社部分成员训练班，并将大部分人吸收入党。学习结束后，除许植回华北联合大学外，其余人陆续被派回北平做地下工作。

1947年在城工部工作时的刘仁

1945年初，刘仁派王甦、孟宪功、魏焉先后进城做伪军工作。王甦回北平后，先同宣导所同班同学、时任伪治安军清河军官学校少校中队长的袁沐三建立联系，又通过袁沐三同清河军官学校区队长高真建立联系。1945年夏，王甦带高真到阜平城工部见刘仁，由王甦介绍，高真被批准入党。刘仁对清河军官学校的工作，做了具体指示。要求继续团结群众和各级军官，并向伪治安军各部队扩散。实行要单线领导，不要建立组织，由王甦负责与他们联系，制定保密纪律。王甦和高真回到北平，发展了少校中队长金大鹏、袁沐三和区队长鲁有章、彭博入党，团结了一些军官和学员，并在伪治安军中发展积极分子，建立工作关系。北平地下党在清河军官学校就具有了一定力量。

这一时期，党在北平的上层统战工作与其他工作分开，由专人负责。地下党积极开展上层知识分子的统战工作，收到很大成效。从1942年起，先后送燕京大学国文系主任董鲁安、辅仁大学教授王西徵、燕京大学教师崔毓麟、北平师范大学教授李鉴波、中国大学教授蓝公武到晋察冀抗日根据地。董鲁安到根据地后改名于力，作为敌占城市人民代表参加边区参议会，当选为副议长。燕京大学教授聂崇岐，中国大学校长何其巩、教授孟昭威，北大教授苏子衡、方亮（朝鲜籍）、黎锦炯、周子健，医学界的吴继文、余贻倜、郑剑庵等，都与中共地下工作人员建立联系，直接参加地下抗日工作或给予支持、帮助。铁路学院的共产党员张力还团结了日本进步教授吉田力雄。

北平地下党按照晋察冀分局城工委的指示，加强对群众的宣传工作，要求每个工作人员，以可能采取的方式广泛地、耐心地进行宣传教育，以口头宣传和秘密传阅进步书刊的办法，宣传八路军的抗日事迹，宣传抗日根据地不断壮大的事实，教育人民同心同德，坚持抗战。随着党的工作不断深入，投身抗日斗争的群众越来越多，地下党先后从北平城内输送数百人到根据地参加抗日工作。

全民族抗日战争期间，中共北平党组织虽然遭受日伪3次破坏，认真总结经验教训，在斗争中不断发展壮大。1944年底，北平的中共地下党员已有近百人，加上北宁铁路系统北平支部的党员以及东便门车站支部、丰台支部、门头沟支部的党员，共有120余人。城内党组织联系的进步群众达200余人。党的活动深入到社会的许多方面。抗日战争胜利时，晋察冀城工部系统的北平地下党员有200多名，积极分子七八百名。其中，燕京大学、中国大学、北京大学、辅仁大学、北平师范大学等12所学校有党员110多名，多数学校建立党支部。这支在对敌斗争中锻炼出来的队伍，为解放战争时期开展反对国民党统治的斗争，打下了思想和组织基础。

第四节　平郊抗日根据地教育红红火火

在北平城内各界民众反抗日伪统治的同时，平郊抗日根据地的各项工作也如火如荼地开展起来。中国共产党面对极其困难的战争环境，在根据地积极办教育，为战争服务，为民众服务，为边区的新民主主义建设服务。根据地的教育事业显示了旺盛的生命力。其中，平西抗日根据地是较为突出的代表。

一、抗日根据地教育：为抗战服务

1938年3月，八路军邓华支队挺进平西，攻克门头沟等地，解放10余万人口，开辟房山、良乡、宛平、昌平等根据地，建立房良、宛平、昌平3个联合县政府。平西抗日根据地是晋察冀边区抗日根据地的一部分，行政上属北岳专区管辖。

1939年春，中共平西地委和专署成立。随着抗战形势的变化，昌（平）宛（平）联合县成立，其下设若干区。当时的一区大体包括现在的门头沟青白口、军响、斋堂、清水和齐家庄乡所辖的清水河以北、永定河以西的村庄；二区大致包括从青白口至火村段的清水河以南的村庄及现在房山区的金鸡台、大安山、宝地洼一带；三区大体包括从斋堂至张家庄段的清水河以南的村庄及现在的黄塔乡全部；四区大体包括庙庵梁以南现在房山区的秋林铺、史家营、柳林水、西岳台一带；五区大体包括除向阳口以外的现沿河城乡范围及怀来县的水峪口、横岭、瓦窑、旧庄户一带。平西抗日根据地人民在中国共产党领导下，与日伪政府进行了艰苦卓绝、不屈不挠的斗争。教育事业也得到蓬勃发展。

平西抗日根据地教育是为战争服务、为边区建设服务的新民主主义战时教育。1938年1月，《晋察冀边区军政民代表大会决议案》规定：“文化教育的基本原则：①发挥高度的民族精神，加强抗战力量。

②培养健全的军事、政治干部，领导抗战。③造就专门技术人才，建立抗战时期各种事业。④培养热烈的新青年，扩大民族革命的基础势力。⑤提高一般民众的文化水准，并增进他们的健康。”[①]

1940年6月16日，《晋察冀边区文化教育决议案》规定边区教育方针及教育政策：“以民族的、民主的、大众的、科学的精神教育人民，以粉碎敌伪的奴化教育政策及一切落后的迷信的复古的与买办性的反动教育。树立全国新教育的模范，使教育为抗战建国服务。”[②]同年8月，晋察冀边区施政纲领中规定：在提高国民文化水准及民族觉悟的目标下，实行普及的免费教育，每行政村设小学；开展民众识字运动和文化娱乐工作，定期扫除文盲；分配一切抗日知识分子以适当工作，提高小学教员的业务水平和生活待遇，等等。[③]平西抗日根据地的党组织和政府，坚决贯彻分局要求，建立教育行政系统。县、区、村都有负责教育的机构和人员。

根据当时革命战争和根据地建设的实际需要，平西抗日根据地教育思想是：教育为政治服务；教育与生产劳动相结合；用共产主义思想教育人民群众，提高民族素质；依靠人民群众办学；开展全民教育；团结教育知识分子为人民服务等[④]。

二、建立抗日高等小学：“红色”的摇篮

平西抗日根据地除部分村庄有私塾外，没有一所正规学校，95%以上的人是文盲。房良县人民政府成立后，在宣传群众抗日、建立人民政权、肃清土匪等基础上，采用“民办公助”办法，帮助各村建立初级小学校。继而，建立了抗日高等小学。据统计，1939年，房良等

① 汤世雄主编：《北京教育史》，学苑出版社2011年版，第567页。

② 同上。

③ 中共北京市委党史研究室：《中国共产党北京历史》（第一卷），北京出版社2011年版，第349页。

④ 汤世雄主编：《北京教育史》，学苑出版社2011年版，第567页。

4县共有学校26所，其中高小3所，初小23所。高小男生163人，女生12人；初小男生5624人，女生1683人。由于实行免费入学，学龄儿童入学率达到85%以上。[1]

昌宛县政府成立教育科，首先恢复停办的学校，并提倡招收女生，实行男女同校制度，很快实现了村村办小学，学生入学率达到80%以上。为提高质量，县政府还举办教师培训班。密云县河西地区1940年开展扫盲运动，办了大批识字班。

根据地小学教育完全打破抗战前那种把学生关在教室里死读书的教育方法，从当时抗战的实际出发，把爱国主义教育的内容渗透到各门课程之中。抗日小学的课程设置有国语、算术（包括珠算）、常识、唱歌等。不论什么课，都有抗日内容。如第一册语文第一课“人”，第二课“我是中国人”，第三课“中国人打日本”，第四课“打日本救中国”。高年级语文则是“怎样开通行证、写慰问信”等。算术课是计算战利品、减租减息、征收公粮、农业累进税，调查敌伪烧杀的房屋和人数等。

自然常识方面，着重选编自力更生克服物质条件困难的课文，如“简单包扎法”“简单防毒法”“火药制作法”等。高年级的史地课，重点讲解历史上民族英雄的事迹、民族革命战争的教训及祖国的地势、物产等。音乐课方面，有《义勇军进行曲》、《救亡进行曲》和各地自编的抗日小调，如揭露日军火烧王家山暴行的《王家山惨案小调》等。每个小学生都唱得烂熟，不但自己会唱，而且教会了自己的哥哥、姐姐、爸爸、妈妈。

《王家山惨案小调》歌词节选

冷风呀，吹来呀，阵阵寒哪嗨，姐在房中做针线，两眼泪不干哪。哎哎哎嗨哟，一阵子好心酸哪！

兄弟呀，姐妹呀，听我言哪嗨，12月12日那一天，鬼

① 汤世雄主编：《北京教育史》，学苑出版社2011年版，第568页。

子来到王家山哪，哎哎哎嗨，百姓们遭了难哪。

天没亮，鬼子兵，偷偷摸上山哪嗨，还有那宋福增狗汉奸，带领着指导班哪，哎哎哎嗨哟，把村子包围严哪。

假装着，开大会把人骗哪嗨，手无寸铁的女和男，圈在了一个院内哪唉，哎哎哎嗨哟，冻得得得颤哪。

鬼子兵端刺刀把人赶哪，四十多人装一间，如同装上了炭哪，哎哎哎嗨哟，机枪支在门前哪。

鬼子兵似豺狼，真是凶残哪嗨，大捆柴草往屋里搬，塞得满又满哪。哎哎哎嗨哟，然后把门关哪。

赖野呀，小队长，下令把火点哪嗨，熊熊烈火冒黑烟，屋里叫喊连天哪，哎哎哎嗨哟，跑也难上难哪。

妇女们和儿童，烧死了多一半哪嗨，白发老人烧死若干，还有几个青壮年哪，哎哎哎嗨哟，烧成了煳焦炭哪。

兄弟呀，姐妹呀，莫悲伤哪嗨，团结起来齐抗战，消灭鬼子和汉奸哪，哎哎哎嗨哟，为死者报仇怨哪。

上美术课时，就学画当前需要的壁画、宣传画，学写标语等。做游戏就玩“捉汉奸”“打游击战”“捉俘虏”等。上劳作课，就设法制造迫切需要而又无法买到的文具，如用锅烟子做墨，用杏核做算盘珠等。平西根据地的不少小学的儿童做泥工时，捏汪精卫的跪像，涂了颜色，摆在大街上的十字路口，教育了学生，也教育了群众。

学校没有正式课本，大多是边区政府油印的小册子，还有部分教材由教师根据中心工作编写，内容有顺口溜、快板、小歌剧等，既是课本，又是宣传材料。采取集中授课方式，各科均有专任教师。

平西抗日民主政府把师资培养列入抗日救国工作的重要议程。专区和县政府定期组织教师集训，举办训练班、讲习会、座谈会等，每年少则1次，多则两三次，集训时间短则3个星期，长则1个月，以提高教师的思想觉悟及业务水平。如1939年春，房涞涿联合办事处举办“青壮年知识分子训练班”，集训3个星期，县长亲自讲抗日民族统一战线、毛泽东《论持久战》等，指导理论学习，部队首长讲军事课，文化教员讲业务课等。

通过各种形式的培训，根据地教师更加坚定了抗战必胜的信心；师资水平普遍提高，推动了文化普及和抗日工作的开展。

根据地小学在极端困难的条件下，坚持办学，体现了边区教育强大的生命力。昌宛房模范教师高明远所在的村，曾遭到敌人20多次“扫荡”，校舍被烧了3次，他们在困难面前不低头，每次校舍被烧以后，教师便率领学生上山捡几根木材做梁，架起来后再割些草铺上，抹上层泥，再用荆条编几个窗子，糊上麻纸，只几天时间房子就建成了。

房良抗日高级小学。1939年秋，房良联合县政府由霞云岭堂上村迁到十渡西庄，在西庄建起一所抗日高级小学。由附近各村推荐，招收第一期学员50余人（其中女生10余人是随军家属）。县长刘介愚兼任校长和政治教员，为学生讲解毛泽东的《论持久战》等文章，县委书记讲解抗日民族统一战线、“八一宣言”等政治课内容。教师有常健、侯国刚、王玉忠、常子何、常守礼等。学生实行供给制，发军装，一半时间学文化，一半时间学政治课，学习一年后，一部分分配到部队，一部分分配到地方政府。

1940年，招收第二期学员60余人。由于形势变化和日伪军进山“扫荡”等原因，学校先后迁至西关上、马安、富合、东村、蓬头等村，历时3个多月，在庄户村解散。学生一部分随部队西进，一部分回家。

田寺抗日高小。1939年9月，昌宛联合县抗日民主政府为发展平西根据地的教育事业，分别组办马栏教师培训班和清水教师培训班，之后成立宛平县抗日高级小学（简称宛平抗高，因校址设在田寺村，故亦称田寺抗日高小）。田寺高小的招收对象是全县高小肄业生、初小毕业生和初小肄业的优等生，学校管吃，学生分组住在老乡家。

田寺高小学制一年，开设的课程有语文、数学、政治、地理、历史、体育、音乐、军训等。为了快出人才，两年功课一年讲完，学习生活相当紧张。学生除学习文化课外，还配合各项政治运动组成宣传队，深入各村开展解放妇女、减租减息、民主宪政、抗日等活动。

1940年秋，日伪政府对平西抗日根据地进行大“扫荡”，法西斯“三光”政策给平西人民制造了前所未有的劫难，平西抗日战争极其艰苦。根据形势，田寺高小从黄安、黄安坨转移到百花山。百花山海拔两千米左右，时值深秋，又逢风雨，师生所携衣物、粮食有限，处境十分困难。师生们在山上坚持了20多天，一边在山上建点坚持，一边积极寻找县政府和党组织。

经商讨，学校暂时将学生分散到老乡家里假装子女，由当地村政权帮助筹粮。为了避免目标过大，动员少数年龄较大的学生回家。留下的学生分为两部分，一部分转入分区联合抗日中学学习，一部分就地分配工作。田寺高小成立一年多就在日伪政府的“扫荡”中被迫停办。

三、开展冬学：让“小先生”做“大当家”

平西抗日根据地文盲、半文盲比例较大，广大群众处于愚昧落后的状态。加上战争造成社会动荡，广大农民处于无组织状态。根据地的党和政府，本着“一切为着战争”的原则，始终把广泛发展社会教育、提高农民的文化水平，当作教育战线的中心任务之一。

社会教育采取的主要方式是利用农民比较闲的冬季，开展冬学运动。1939年4月，根据地政府举行识字运动周活动，开展识字竞赛，使群众的求知欲普遍提高。平西区的昌宛等县入冬学人数达9722人。1941年11月至1942年2月共有冬学52处，学员4022人。1943年，开展冬学的有92个村，共组建324个学习组，入学人数5940人（男3853人，女2087人），占应入学6977人的85.14%。1944年4月7日，《晋察冀日报》报道昌宛房联合县经过一冬春的学习，各村识字人数普遍增加，1943年冬学前，应入学的6977人中，识字不足50个的文盲有5817人，至1944年2月，文盲减至1777人。[①]

冬学运动中，小学生成为小先生，在任何场所实施群众教育。他们本着“即知即传”的理念，把自己学到的知识传给群众，用各种方式，参与冬学运动。在根据地，一般每个村口都挂着一块牌子或黑板，每天上下午换上不同的字，人们换岗或路过此地，都必须念牌子上的字。如果不认识，由站岗的儿童马上教，认识以后才能过去。“小先生制”为根据地普及教育立下了功劳。

在战斗激烈的游击区，冬学运动也得到了发展，几乎每村都设了“学习站”，教员们化装成拾粪的、卖货的、串亲戚的，从这一站到下一站巡回进行教学和辅导。冬学的主管部门为县政府民政科。基层的村级冬学委员会由村长、民教委员、抗联文教组长、中队长及小学教师、冬学教师组成。学员按抗联小组或青年游击小组编成学习小组，并订有值日、会议、点名、请假、奖惩、检查制度，根据生产和敌情安排早晚学习。1941年，受训民师达219人。冬学的政治教材是晋察冀边区教育委员会编写的《反法西斯课本》10讲、《拥军课本》3讲、《减租减息课本》6讲；生产教材是《生产课本》；识字教材为《识字课本》第一册至第四册。[②]

---

① 汤世雄主编：《北京教育史》，学苑出版社2011年版，第572页。

② 同上，第573页。

第五章

爱国民主发先声　埋葬黑暗迎黎明

——解放战争时期北平学府的红色文化

解放战争时期是以中国共产党为代表的人民民主力量同以国民党蒋介石集团为代表的独裁势力之间，事关中国两个前途、两种命运殊死较量的决胜期。北平学府进步师生在中国共产党的领导下，击水弄潮，前赴后继，掀起疾风暴雨般的爱国民主运动，成为第二条战线的急先锋和主力军，谱写了中国青年运动史上最为辉煌壮丽的篇章。

随着学府师生同国民党当局矛盾的不断激化、斗争的不断扩大和深入，北平学府红色文化呈现出新特点：一是中国共产党对北平学府爱国民主运动的领导力、组织力和影响力空前加强，运动的频次更高、规模更大、影响更广泛；二是斗争方式和策略更加灵活多样，对敌斗争艺术逐步臻至炉火纯青；三是北平学府红色文化的表现形式和活动方式更加丰富多彩；四是在价值和情感选择上，呈现出逐渐疏远、抛弃以至反对国民党，逐渐接近、拥护以至追随共产党的渐进式演进特征，在发展趋向上带有革命文化（埋葬黑暗）向建设文化（迎接黎明）过渡的特质。

解放战争时期，北平学府进步师生奏响了一曲爱国民主的先锋赞歌，书写了一部壮怀激烈的英雄史诗，是新民主主义革命时期北平学府红色文化发展的顶峰。

第一节　争取和平民主的斗争

抗战胜利后，中共晋察冀中央局和中共北平市委及时调整城市工作思路，提出北平工作方针的重点是“放在学生与知识青年中，以求发动与领导学生群众的经济斗争与民主运动”①。中共北平市委学生工作委员会（简称学委）根据这一指示，领导北平部分大专院校和部分中学师生，相继开展反甄审、反伪选等民主运动。同时，各学府日常的组织建设、政治宣传和文化活动，也围绕争取和平民主主题渐次展开。这些进步活动揭露了国民党当局反共反人民的本质，教育了广大师生，团结了民主力量，锻炼和壮大了学府中共地下党组织及进步力量，为第二条战线的初步形成奠定了基础。

一、反甄审斗争：尊严本无价

抗日战争胜利后，国民党当局在教育领域对曾在沦陷区各级公立学校任职、就学的教职员和学生发动甄审运动。当局视广大师生为“伪学生”“伪教师”，肆意侮辱其人格尊严，引起他们强烈反感。学委因势利导，讲求策略，领导广大师生开展了历时8个月的反甄审运动，最终取得胜利。

（一）学生无伪，尊严无价

1945年9月，国民党当局公布《收复区中等以上学校学生甄审办法》，规定专科以上在校生要经过甄审考试，然后由教育部“按其甄审成绩编定相当年级，发给转学证明书，分发相当学校肄业”；毕业生一律“集中受训”，“以二个月至三个月补习后，发给证明书，该项证明书由部予验明，可认为相当于专科以上学校毕业证书”；历

---

① 中共晋察冀中央局：《对北平工作方针的意见》（1946年2月1日），中共北京市委党史研究室编：《解放战争时期第二条战线·学生运动卷》（上册），中共党史出版社1997年版，第9页。

届毕业生每人必须送交《三民主义》研读报告与学术论文各两万字以上，而且必须标点批注《国父遗教》与蒋介石的《中国之命运》；“收复区敌伪专科以上学校肄业生、毕业生，须经登记合格后，始得予以分发、任用”。

11月15日，国民党当局教育部长朱家骅正式宣布对收复区师生进行甄审，并赴北平视察教育复员工作。11月21日，国民党甄审委员会委员兼秘书陈雪屏到北平接收“北大”和“师大”，将日伪时期办的“北大”“师大”等大专院校统一编为“北平临时大学补习班”①（简称北平临大）。1946年5月10日，国民党当局教育部平津区甄审委员会发出通告：自5月16日起至8月31日止，办理北平及河北等10省市敌伪专科以上学校毕业生登记。

国民党当局一手炮制的教育甄审严重践踏了被甄审者的人格尊严。特别是当局官方公文随意使用“伪校”“附逆”“丧失气节”等侮辱性、歧视性话语，使在沦陷区苦撑8年的师生们最难认同和接受。青年学生尤感委屈、不平和愤慨，大声喊出：学生无伪，尊严无价。学委抓住时机，因势利导，开展了一场争取民主自由、基本人权和人格尊严，反对国民党独裁统治的反甄审群众运动。

在领导反甄审运动中，学委谋定而后动，认真分析学生的思想认识状况，决定采取灵活的斗争策略，逐步改造学生头脑中的“正统思想”，在学生中建立政治威信、组织力量，将反甄审运动从波澜不惊引至风生水起，使星星之火燃成燎原之势。

（二）毕业生反甄审：建党团、校友会，争尊严求平等

北平各大专院校数千名毕业生是甄审的直接受害者，也是反甄审运动的重要力量。学委把毕业生的反甄审运动视为主战场之一，成立党团、校友会，力求掌握领导权，打响反甄审运动的第一枪。

---

① 1945年10月17日，国民党当局教育部颁布《设立临时大学补习班办法》，决定在北平、上海、南京等地成立临时大学补习班，以收容管理收复区专科以上失学学生。北平临时大学共有8个分班，1到6分班分别是当时北京大学的理、文、法、农、工、医6个学院，师大为7个分班，北平艺专为8个分班。1946年7月北平临时大学解散。

一是进入学生内部，抓住矛盾主要方面，做好宣传工作，赢得学生信赖，激活反抗情绪。

学委确定“人民无伪、学生无伪”和“我们要读书”为主要口号，利用各种舆论工具展开宣传攻势，揭露矛盾，团结大多数。北大地下党以张贴标语和散发传单的方式，指责当局“把‘敌伪’二字从真正的敌人和卖国屠民的汉奸、特务头上摘下，罩在我们的青年身上，用不合理的甄审把戏来斫丧青年，用解散的手段来摧残教育”[①]。这种宣传鼓动准确抓住学生对当局的不满心理，加之当局言而无信，使学生对当局的不信任感增加，离心力加大，对立情绪开始增强。

与此同时，党的骨干分子开始进入学生内部，以联络感情的方式和强烈的榜样效应赢得学生的理解和信任。他们首先以集体登记的方式进入北平临大和先修班，在“代表青年利益，关心青年切身利益”的导向下，从日常生活到课业辅导、社团活动等，帮助学生提高政治觉悟[②]，增进彼此间的理解和感情。按照“勤学、勤业、勤交友”的原则，发挥共产党员的模范带头作用，时时处处做学生的榜样，这样就“提高了党员的社会地位和威信，使众多的学生党员成为人们心目中的优秀生，同学的知音、良友和楷模”[③]。在取得学生信赖的基础上，他们开始在北平临大和先修班设立党组织，吸收新党员，团结先进学生，为掌握运动领导权迈出坚实一步。

二是建立党领导的外围群众组织，掌握反甄审领导权。

学委依靠进步学生，以社团、联合会的名义建立外围群众组织，作为开展反甄审的公开机构，把大批中间学生组织起来参加斗争。

1945年10月，学委成立党团，由宋汝棼任书记，张豫苓（沈

---

① 北大学生自救会：《为反对不合理措施告青年书》，北京市档案馆编：《解放战争时期北平学生运动》，光明日报出版社1991年版，第23页。

② 郑洸：《解放战争时期国统区学运史研究的几个问题》，共青团中央青运史研究室等编：《解放战争时期学生运动论文集》，同济大学出版社1988年版，第115—127页。

③ 中共上海市委党史资料征集委员会主编：《解放战争时期上海学生运动史》，上海翻译出版公司1991年版，第247页。

勃）、徐伟任委员，决定利用校友会这个合法公开的组织发动群众。随后成立由张豫苓任会长的北平临大校友联合会，继而成立北平临大师大校友联合会，会员达2500人，张豫苓任会长。1946年3月，又联合艺术专科学校、铁道管理学院等各院校，成立北平专科以上学校校友联合会，将被甄审的5000名毕业生全部组织起来。

北平专科以上学校校友联合会由各校选出两名代表联合组成，主席是张豫苓。他们通过个别串联的方式，广泛联络校友，通过读书会、同乡会的方式加强联系，沟通感情。外围群众组织的建立和发展，“保证了我们团结最广泛的群众”，“也使我们党的组织更加容易隐蔽”①。这样，学委顺利掌握了反甄审运动的领导权。

三是以学生自治会或校友联合会为斗争阵地，以进步刊物进行宣传鼓动，制造声势，讲究策略，将反甄审运动逐步引向反内战专制、争和平民主的轨道。

学委在领导反甄审运动中十分注重通过报刊宣传工作制造舆论声势，引导运动方向，向当局施压。北平专科以上学校校友联合会创办会刊，由宋硕、黄士琦任主编，每期印刷2000份，寄发北平各校和天津、南京、上海等大城市有关组织和校友。地下党还在平津一带发行《民主同盟》《民主青年》《五四》等报刊，“呼喊学生之苦闷，提倡民主，鼓动学生斗争，使学生于不自觉中而形成［随其］行”②。

1945年底，昆明发生一二·一惨案；1946年初，南京临时大学发生围殴补习班负责人事件③。经此风波，学生自发呼吁式、声讨式

① 佘涤清、杨伯箴：《第二条战线上的先锋——回忆北平地下党学委领导的学生运动》，北京市文史资料研究委员会编：《北平地下党斗争史料》，北京出版社1988年版，第32页。

② 《教育部抄发“平津教育当局颁布甄审条例后之反映”情报代电》，北京市档案馆编：《解放战争时期北平学生运动》，光明日报出版社1991年版，第26页。

③ 1946年初，南京中央大学的一二·一同学会利用学生对教育部的不满情绪，以前途缺乏保障为由，借分级考试围殴南京临大补习班负责人，捣毁医学实验室标本。当局先是开除了14个主要参与者，并将8名学生关进监狱，后迫于平沪等地学生大规模抗议游行和社会各界声讨的压力又将8名同学无罪释放。

抗议行动开始转化为有组织地自觉争取平等权利的游行请愿活动，并公开挑战政府权威，反甄审运动进入反专制、争民主阶段。

这种演变趋势在北平地下党领导召开的4次反甄审大会过程中有明显呈现。第一、二次反甄审大会，学生主要表达对甄审政策的不满，以口头辩论、驳斥和舆论上的呼吁、抗议为主，目的只是要求政府取消不合理的甄审。

在1946年3月12日的第三次反甄审大会上，历届毕业生代表公开质问当局：称我们是“伪学生”，是根据惩奸条例哪一条的规定？难道华北沦陷的责任是我们学生吗?！有的校友一针见血地指出，甄审办法与雇员试用办法是有意分化同学，剥夺他们参加国家建设的权利，[①]进而提出“反对一切违反民主的独断专制”[②]。大会通过拒绝甄审

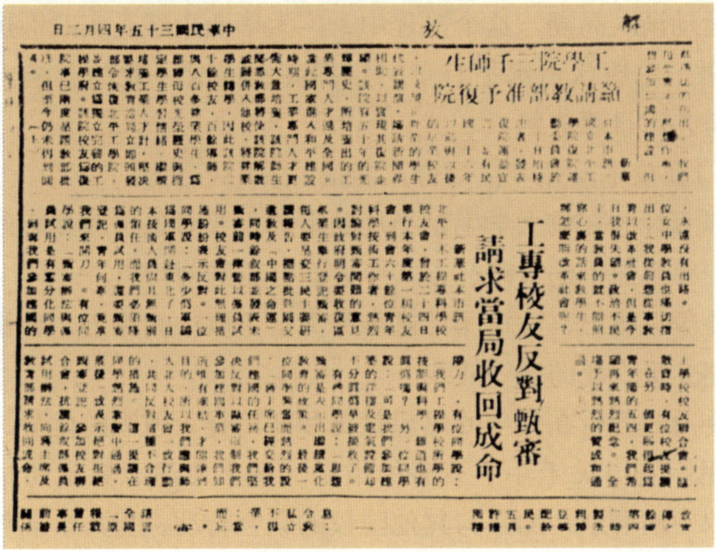
中華民國三十五年四月二日

解放

工學院三千師生 請教部准予復院

工專校友反對甄審 請求當局收回成命

1946年4月2日，《解放》报反甄审运动报道

① 宋汝棼、沈勃、徐伟：《第一次打击——回忆北平地下党领导的反甄审运动（节录）》，中共北京市委党史研究室编：《解放战争时期第二条战线·学生运动卷》（上册），中共党史出版社1997年版，第388—389页。

② 左荧：《收复区学生反甄审斗争》，北京市档案馆编：《解放战争时期北平学生运动》，光明日报出版社1991年版，第15页。

登记、继续向教育部与北平当局请愿等4项提案。3月13日，校友联合会举行记者招待会，公开宣布拒绝甄审，宣布联络北平专科以上学校采取一致行动；发表《反对甄审登记公开信》，呼吁青年学生、毕业生为争取民主自由平等而奋斗。这表明反甄审已与反专制、争人权、争自由平等的政治主题联系在一起，有了主动与当局交涉的实际行动。

5月26日召开的第四次反甄审大会后，反甄审运动变成小规模的游行示威行动。27日，各校代表按约定来到行辕，拦住正要外出的李宗仁，抗议当局对学生们的歧视和剥夺其平等参加工作的权利，要求立即取消甄审。

从自发到自觉，从单纯舆论抗议声讨到与直接行动相结合，从单纯要求取消甄审到与争取民主自由平等的政治目标相联系，毕业生的反甄审运动渐入高潮。这个过程中，广大毕业生经受实践锻炼，政治斗争觉悟、思想认识水平有了一定提高；同时，党的影响力日益壮大，斗争艺术日臻成熟。

（三）在校生反甄审：聚合正能量，采用巧手段

数以万计的在校大学生是当局甄审的重要对象，对甄审的反应最为强烈，在反甄审的策略、方式等方面有着鲜明特点。

在斗争策略上，注重团结进步势力，争取中间势力，警惕国民党势力，建立最广泛的统一战线。

学委及时分析在校生的思想状况和高校得天独厚的优势，向北平临大党组织发出关于斗争策略的指示，指出要注意紧密团结积极分子，争取中间群众，加强与其他院校的联合行动；努力争取教师的援助与社会舆论的支持；监视特务分子的破坏，警惕国民党当局的镇压，做好保护群众的准备，引导运动健康发展。

在斗争目标上，将反甄审的政治要求与改善生活的经济要求结合起来。

国民党当局为强制推行甄审，抛出“补习班办法”，企图采用校外集中补习的办法，瓦解进步组织，涣散学生斗志，破坏学生团结，

从而分而治之，各个击破。北大各学院党组织确定了两条斗争方针：一是坚持在原校补习，以不打乱原补习单位和不耽误功课为原则；二是要求国民党当局立即救济粮食，以解决学生的生活困难。两条方针将政治目标和经济要求紧密结合，同“补习班办法”针锋相对，学生热烈拥护并付诸行动，挫败了北平当局的新阴谋。

在斗争方式上，将罢课、反接收、谈判交涉、发公开信、新闻发布会等多种形式的斗争结合起来形成合力。

1945年10月，北大各学院先后召集学生大会或学生代表大会，反对甄审，并全体罢课进行抗议。他们还利用自己的专业优势开展反甄审活动。如，法学院号召每个同学写一篇文章，叙述抗战的情况，揭露国民党的投降活动，同时开展学生学业成绩的实地调查，驳斥和声讨甄审政策。工学院学生及时揭露国民党特务散布的“我们是学工的，国家一定重用”“不受法学院利用”等谬论，粉碎了国民党、三青团分子妄图制造混乱、分裂学生队伍的阴谋。各学院选出代表组成统一机构，同北平行辕、教育部接管人员交涉，请当局收回成命，取消甄审。还以北大全体学生名义发出公开信，指出当局“不能指其为伪”，“我们需要的是抚慰、是鼓励、是督促、是指导，而不是惩罚，不是歧视，不是摈弃！”①

师大反甄审运动还与反接收、要求配给粮食等斗争紧密结合。进步学生夺取学生会的领导权，通过反甄审决议，要求停止甄审，继续上课，学年考试及格照常升级、毕业，学习期间伙食费照发，从而在斗争中赢得主动。教育部特派员沈兼士和陈雪屏接收师大时，遭到学生的包围和严厉驳斥，沈兼士狼狈逃走，陈雪屏被迫在要求书上签字。学生们先后组织了7个代表小组，分别同北平当局各部门进行交涉，并举行记者招待会，公布交涉经过，揭露当局的“反动”措施，得到社会各界广泛同情和支持。

---

①《我们的呼声——北平收复区北京大学全体学生》，中共北京市委党史研究室编：《解放战争时期第二条战线·学生运动卷》（上册），中共党史出版社1997年版，第174页。

在学委正确领导下，经过8个月的激烈交锋，广大师生迫使国民党当局步步退却，穷于应付，最后不了了之，实际上取消了所谓的甄审。

反甄审运动是抗战胜利后中共北平地下党领导的群众性革命运动的新起点，是解放战争时期以中国共产党为代表的民主进步力量同国民党当局较量的第一个回合，它以广大师生的胜利和国民党当局的失败而结束。反甄审运动使北平广大师生开始认清国民党当局假和平民主的面目，打破了一部分人对国民党抱有的幻想，中国共产党更加赢得了北平广大师生和民众的信赖。

二、反伪选斗争：民主不可欺

随着1946年1月政治协商会议的召开与《和平建国纲领》的通过，北平人民似乎看到了和平民主的一线曙光。然而，乍暖还寒的北平，却涌动着一股反民主和平的逆流。北平当局按照国民党的旨意，公然违背这些决议，包办选举的行径，遭到各阶层人民的反对。

（一）揭穿伪选闹剧——撕下国民党假民主的画皮

北平当局为确保新增“国大”代表①名额不落入进步力量手中，在候选人方面，公然规定由社会局出面召集16个区的区长（均为官方指定的“优秀党员”）联席推荐提出内定的初选候选人，再提交北平当局圈定为正式候选人。在选民方面，北平当局只发了5000个国民身份证，仅占全市人口的3‰，且规定必须向当局宣过誓。这显然是赤裸裸阻挠和剥夺人民行使民主权利的卑劣行径。

为争夺“国大”代表席位，北平官僚政客大搞收买贿选的闹剧。他们强征或高价购买“公民证”，竟使黑市上每张法币价格高达1万

① 1946年1月召开的政治协商会议在讨论国民大会代表问题时，议决在1936年“选举”出的1200名代表基础上新增150名台湾、东北等地区的代表以及700名各党派、社会贤达代表。

元；前门外煤市街泰丰楼因候选人摆酒请客拉票而爆满。北平当局还派员持户籍名册挨户迫使市民宣誓效忠，闹得乌烟瘴气。

为揭穿国民党公然违背政协决议、大搞伪选政治的阴谋，捍卫人民政治权利，1946年3月，北平地下党领导组织各界群众开展反伪选斗争，北平几所高校的进步教授和学生发挥了先锋作用。

反伪选斗争仍然采取舆论鼓动和组织发动齐头并进、交相为用的斗争策略。通过报刊、小册子进行宣传，组织各界座谈会，使更多北平民众了解由国民党一手包办的伪选活动及其本质，造成舆论声势。同时，建立反伪选的组织机构来领导和动员群众，逐步扩大斗争规模，并转入实际行动。4月7日，北平临大师大校友联合会召开北平"国大"代表选举问题座谈会，北平主要媒体和各界知名人士共80余人出席，通过"彻底取消非法选举，实现民主、直接、普遍、自由、平等选举"的决议。

4月12日，地下党领导和影响下的进步学生社团北平学生壁报联合会（简称壁联）、北平临大师大校友联合会、星海合唱团等联合北平市教育、文化、新闻、出版各界共51个团体，共同成立"北平市国大代表选举协进会"（简称协进会），正式聘请何其巩、王之相、陈瑾昆、江绍原、曾昭抡、张东荪等10人为顾问。北平的进步学生社团以巨大热情投入到这场民主斗争。4月18日，"协进会"决定4月21日下午在中山公园音乐堂举行"国大代表选举问题演讲会"，并派人办理了合法手续。

为了使这次集会达到揭露伪选、宣传民主的目的，进步学生做了大量宣传鼓动工作。各进步社团出专刊揭露"国大"代表伪选的实质，有的还请陈瑾昆、王之相等教授到校演讲，从法律角度批驳国民党的谬论。时任北大文学院学生会干事长的史会（史唠春）回忆，大会还安排了星海合唱团演唱由仁荪作词、孙慎作曲的《民主是哪样》这支歌，他们准备把"歌词用工整的美术字抄写在全张白纸贴在主席台总理遗像左下方，准备由汪骏指挥到场团员们来唱"。其歌词大致是："民主是哪样？民主是一杆枪，争到手来幸福和平才会有保障，……做官的不敢贪赃；坏蛋们不敢乱搞；生意人不能投机取巧；有钱有势的莫再想作威作福逞霸强。”①

4月21日，以大中学生为主的北平各界群众5000余人在中山公园音乐堂集会，听取著名教授陈瑾昆、江绍原等主讲“国大”代表选举问题。

下午2时，大会主席张豫苓刚宣布开会，混入场内的暴徒就开始捣乱。陈瑾昆教授怒斥暴徒，被飞石击中左眼。特务们趁乱捣毁主席台，还绑走3名学生和职员。中山公园音乐堂事件震动中外，时论称之为重庆“较场口事件”的重演，各界人士和群众纷纷加以谴责。中共北平地下党利用各方民主力量，揭露国民党当局反民主反人民的丑恶行径。

一是利用专刊、报刊和壁报等各种形式报道事件真相。“协进会”编辑出版《“四二一”音乐堂血案专刊》，广为散发，并以40个人民团体的名义发表《告全市同胞书》，还在北平临大等校举行两次大型座谈会，向市民报告事件真相。《解放》报详细报道事件经过，表明共产党的严正立场，号召民众迅速起来为争取真正的民主自由而努力奋斗。北平临大各分班的壁报社也通过壁报宣传及时将事实真相告知广大同学。各学校学生团体纷纷召开会议，撰写文章，决心为争取民主奋斗到底。

二是请社会名流出面仗义执言，请受伤者报告事件经过，举行记者招待会，揭露特务暴行。民盟华北总支部负责人发表谈话，抨击当局破坏政协决议的罪行，表示不承认以蛮横手段制造出来的所谓平津国民大会代表。在重庆，郭沫若、沈钧儒等66位著名人士发出要求保障人权、严惩凶手、解散特务组织的紧急呼吁。陈瑾昆在病床上写了《关于中山公园开会时的真相》《莫要硬来，莫要硬赖》等文章。他在万字长文《从法律上研究“四二一”事件责任》中列出当局20余条罪行，呼吁“以惩奸邪，而维民主”，并在《解放》报上发

① 史会：《北平星海合唱团和那个时代》，中共北京市委宣传部等编：《解放战争时期北平第二条战线的文化斗争》，北京出版社1998年版，第323页。

表《我的希望》，呼吁：“目前时局，不能再听国民党把持，特务军警，不能再让它横行，人民之自由，不能再让它蹂躏！”4月22日，“协进会”举行记者招待会，报告协会成立经过和中山音乐堂事件的始末，揭露当局纵容特务有计划有组织地破坏群众集会的暴行。

三是以“协进会”名义向国民党当局提出7项要求。主要包括：严惩凶手，追究主使责任，赔偿损失，彻底取消特务，保障集会安全，执行政协决议，实现民主政治。

国民党当局不但不予理睬，反而颠倒黑白，指使中央社和御用报刊大肆诬蔑群众正义斗争，宣布“协进会”是“不合法”组织。当局的这种阴险手法，连当时在场的美国新闻处的福斯特都难以接受，对此事甚为诧异。一位青年在慰问信中说：“当我亲历了‘四·二一’特务暴行后，我对中央社的消息实在不敢再相信了。”[①]

（二）一个年届花甲的法学教授的政治抉择——陈瑾昆赴延安

中山音乐堂事件用活生生的事实教育了人民，特别是对国民党抱有幻想的部分群众。陈瑾昆教授在1946年8月毅然奔赴延安，加入革命队伍，并成为中国共产党的一分子。促使一个年届花甲的老教授做出如此重大的政治抉择，最根本的原因就是他透过几十年从政从教的经历，经过深刻体察、缜密思索、理性比较，真正弄清了谁才是中国社会进步潮流的引领者，谁才是中国人民根本利益的代言人，谁才是国家富强、民族振兴的新希望。

陈瑾昆（1887—1959），毕业于日本东京帝国大学，曾任北京政府大理院推事、庭长、司法部参事等职，后受聘于北京大学、朝阳大学、中国大学，教授法律达20年。作为著名的法学家，陈瑾昆几十年来对国民党治下的政治独裁和司法腐败深有感受，战后国民党实行的一系列反民主反人民的政策更让他失望至极。战后共产党倡导和平民主反对内战独裁的立场、政策以及统战工作对他的转变起了关键作用。

---

① 《“四二一血案”》，中共北京市委党史研究室编：《解放战争时期第二条战线·学生运动卷》（上册），中共党史出版社1997年版，第226页。

中共晋察冀中央局、中共驻北平军调处的人员一直关注着陈瑾昆。他受伤后，地下党多次指示“协进会”代表前往慰问，使他深受感动。叶剑英亲自登门与他长谈时局，介绍延安励精图治的新气象，介绍共产党人的政治主张和救国方案。在那段日子里，陈瑾昆专门买了一台收音机，一到半夜便收听延安电台的广播。共产党人坦诚博大的政治胸怀与和平民主的政治主张，深深打动了他。

6月，陈瑾昆获邀赴延安参观考察，“看到延安这里的乡村，觉得工作人员、工作效率、人民生活、军队、文化、党务、经济等方面同蒋管区比较是有天壤之别”[①]，被军民团结、上下一心、励精图治的景象所感染。百忙中的毛泽东专门抽出时间与他见面，商议筹办一所新型的“法律大学”。返平不久，陈瑾昆发表了《延安与张家口旅行记》，在平津法学界、知识界产生极大震动，但也因此受到当局进一步打压。与中共领导人的会面，加上他对延安政治、社会的亲历观察，再对比北平的恶劣政治环境，他深受触动。他的立场开始发生质变，由一个同情中共的民主进步人士变为拥护中共并愿意为之奋斗的战士。

8月，在地下党帮助下，陈瑾昆偕家人前往张家口解放区。他有感于半年以来的见闻，撰写长文《余为何参加中共工作》，全面回顾了自己的心路历程，认为“中共高举和平与民主的大旗，正是中国的希望所在”。该著作在知识界反响热烈，促使更多的爱国民主人士转变立场。毛泽东对此极为赞赏，致电陈瑾昆：“今日阅悉尊著《余为何参加中共工作》，义正词严，足以壮斗士之志，夺奸邪之魂，拟付《解放日报》发表，并广播全国。蒋军正大举进攻张垣，拟请先生来延安共策工作之进行。”[②]

10月，陈瑾昆辗转抵达延安，再次与毛泽东见面。当毛泽东听说陈瑾昆由北平一路而来的种种遭遇后，风趣地说：“一砖头把你打

---

① 陈瑾昆：《延安与张家口旅行记》，转引自韩伟：《陈瑾昆与新民主主义法制》，《人民法院报》2016年12月16日。

② 转引自韩伟：《陈瑾昆与新民主主义法制》，《人民法院报》2016年12月16日。

到延安来了，还有国民党特务为你送行，真得感谢他们啊！”陈瑾昆感慨地说：“是您和共产党救了我们全家，我的这条命已经不属于我自己了。”[①]12月，经边区政府主席林伯渠介绍，中共中央批准接受陈瑾昆为中国共产党员。

三、“到张家口去”：心灵再洗礼

1946年春夏间，北平城不时走出来一些衣着普通但表情兴奋的青年男女。他们三三两两，骑驴坐车，结伴而行，秘密奔向一个神往已久的地方——张家口，开始了一段“难忘的塞外之行”。

（一）心向张家口

自抗战胜利以来，北平知识阶层通过甄审等事件对国民党的“反动”本质有了一定认识，但仍有部分人执着于“正统”观念；不少人对共产党和解放区的了解非常有限，存在种种疑虑甚至误解、偏见。受《解放》等进步报刊的报道，以及周扬、钱俊瑞、于光远等人讲演的影响，部分进步学生产生了实地考察解放区、亲身接触共产党的渴望，“到张家口去”一时成为青年学生津津乐道的热门话题。

进步学生沈时全说：那时“对国民党还存在着‘正统’的思想。没想到来北平接管的国民党大员好话说尽，坏事做绝……我不得不想中国往何处去。我对国民党已失去信心，我希望更多地了解共产党”。进步学生刘祥麟也有同感：“国民党是不行了，共产党究竟怎么样？……我一心渴望着探求真理，要亲自了解一下共产党、八路军的实际行动究竟怎么样？”[②]可见，在对国民党失望之余，想近距离了解共产党，为中国的光明前途寻找新向导，为中华民族振兴寻找新希望，是一部分爱国学子的共同心声。

---

① 韩伟：《“一砖头把你打到延安来了”——1946年法学家陈瑾昆两访延安》，《北京日报》2018年3月19日。

② 徐康编：《青春永在——1946—1948北平学生运动风云录》，北京出版社2004年版，第15—16页。

1946 年 4 月，刘仁（后排右一）与到张家口参观的北平师范大学生合影

时任中共北平市委书记的刘仁研究这些情况后，决定通过学委发动和组织青年学生秘密去张家口参观解放区，以事实来教育中间学生和激励进步学生。

在地下党的精心组织下，从1945年冬天至1946年春夏间，北平临大、辅仁大学、中国大学等大专院校和贝满女中、师大女附中、四中等中学的学生以及其他职业青年共计400人，络绎不绝地前去张家口参观访问。除少数是地下党员外，大部分是倾向进步的同学，也有一部分中间同学。为了应对国民党军队岗哨的检查，大多数同学化了装，男同学身着蓝大褂，乔装成店员和小商贩，女同学则扮作回娘家探亲的农村妇女，既兴奋又惴惴不安地踏上了塞外“探险”之途。他们有的骑毛驴，有的坐火车，混过青龙桥国民党部队的岗哨，到达城工部康庄交通站，由交通员集中安排他们乘火车到张家口。“同学们汇合后，看看各人的打扮，都不禁联想起抗战初期进步青年突破国民党封锁线奔赴圣地延安的情景。”①

① 宋柏：《为寻真理塞外行》，中共北京市委党史研究室编：《北京革命史话（1919—1949）》，北京出版社1991年版，第219页。

（二）塞外求真理

塞外边城张家口，城池破落，风沙蔽日。当北平青年学生风尘仆仆抵达这片陌生的新天地时，却眼前一亮，分明感受到一阵阵清新之风、融融暖意扑面而来，令人神清气爽，耳目一新，“天变了，地变了，好像气温也变了，空气清新了，呼吸自由了”[①]，与乌烟瘴气、群魔乱舞的北平简直判若天壤。在短短半个月的时间里，他们在这里看到见所未见的新风尚，听到闻所未闻的新观念，懂得思所未思的新道理。

晋察冀中央局和边区政府以最热烈、最隆重的方式欢迎和接待了这批来自北平的年轻客人，党政军各部门、参议会和各群众团体以各种形式向他们展示解放区的新面貌、新气象。同学们在这里的活动主要有两方面：

一是聆听解放区党政军各部门的报告和工作情况介绍。晋察冀中央局秘书长姚依林、宣传部副部长邓拓、党校校长杨献珍系统阐述共产党的方针政策和对当时形势的分析；边区行政委员会主任宋劭文等介绍边区政府施政纲领、民政教育工作情况，表达了政府各级干部是人民勤务员的思想；聂荣臻司令员分析军事形势，解释了“人不犯我，我不犯人；人若犯我，我必犯人”的原则，阐述了人民军队的性质和军民鱼水关系，等等。同学们提出了许多问题，各部门领导和接待人员极有耐心地解答。

二是参观、访问和座谈。同学们目睹张家口市参议会的选举活动，旁听市参议会的开幕式。参观八路军的一个基层连队，看到官兵同穿土布灰军服，同吃小米饭，互称“同志”，为老百姓挑水、打扫，亲如一家。在平绥铁路局，同工人们座谈，观看他们演出的描述工人解放后生活的话剧；在街头，听淘粪工人讲述过去的苦难和解放后当家做主的情况。在救济院和福利工厂，听孤苦老人讲述解放后的幸福

---

① 徐康编：《青春永在——1946—1948北平学生运动风云录》，北京出版社2004年版，第16页。

生活。在军医大学和工业专科学校，看到党和政府怎样为解放区培养建设人才。在大众合作社，看到经济工作干部为城乡物资交流日夜操劳。在监狱，看到工作人员对犯人不打不骂，犯人在劳动生产中改造自己。他们还参观了附近的农村，看到翻身农民安居乐业的情景。

令他们最振奋、最难忘的还是参观华北联合大学（简称华北联大）和同文化界人士联欢。尽管很多同学对北平高等学府的情况很熟悉，但仍然被这所新型大学理论联系实际的教学方式、纯朴融洽的师生关系以及团结、紧张、严肃、活泼的作风所深深吸引和感染。同学们参加华北联大的教学活动，看到何干之、沙可夫在讲课，吴晓邦教舞蹈系的学生做形体训练，还在操场上跟着华北联大师生一起扭秧歌。成仿吾校长组织召开盛大的欢迎会，华北联大教职员和文艺界名人丁玲、萧军、艾青、沙可夫等人参加，同学们毫无拘束地同他们交谈，讲述了国统区的黑暗和对解放区的新鲜观感。

对同学们心灵造成巨大震撼的是晋察冀军区、华北联大举办的文艺晚会。他们观看了抗敌剧社的话剧《子弟兵和百姓》、华北联大文工团的歌剧《白毛女》，听了《黄河大合唱》。进步学生张慕增回忆说："观看《黄河大合唱》，是我有生以来在音乐上受到的激励，朗诵者感情浓重，音乐一响震得我目瞪口呆，我从未想过会有这种效果。听到《黄水谣》时，联想到在东北当亡国奴的滋味，民族的深仇大恨，使我控制不住，潸然泪下。"[①]同学们普遍反映：从来没有看过这样感人肺腑的戏剧，没有听过这样震撼人心的歌声。"旧社会把人变成鬼，新社会把鬼变成人"，这句歌词最恰当地诠释了同学们在解放区所见所闻事物的本质。

在参观的空隙，同学们还与陪同参观访问的城工部干部和华北联大同学座谈，阅读毛泽东著作和党的报刊，学唱解放区歌曲，生活充

① 徐康编：《青春永在——1946—1948北平学生运动风云录》，北京出版社2004年版，第16页。

实愉快。中共晋察冀中央局城工部[①]长刘仁很关心同学，问寒问暖，了解每个同学的思想动向，给大家留下了深刻印象。

（三）心灵的浴火新生

半月塞外行，胜读十年书，这是返平后同学们总结这一段令人难忘的塞外之旅时的共同感受。

心灵的全新洗礼，人生的重大转折。灰色的北平与红色的张家口之间在政治生态、文化氛围和人的精神面貌等方面的强烈反差，如冰与火，每天都在冲击洗刷着这群忧国忧民、渴望精神自由的青年学生的心。这是一个重新选择理想、信仰和奋斗目标的过程，是重新规划人生道路的过程，是旧的价值观崩塌、新的价值观拔地而起的过程。这个灵魂新生的巨变过程并不漫长，只有短短的半个月左右，其原因应该是一颗颗干渴的心灵恰好遇上了一场来自解放区的及时雨。

许多老同志后来以回忆文章的形式记录下了这一段令人难忘的心路历程和深沉思考。王连平（宋柏）写道："张家口之行给了我深刻的教育，我在北平参加了此后的历次学运，参加了中国共产党，把自己的一生献给了革命事业。"张慕增写道：张家口之行"树立了革命的人生观，坚定了跟共产党走的信念，奠定了我一生走革命道路的基石"。刘祥麟写道："自己也就下定了决心：要跟共产党闹革命。"[②]

思想转化为行动，精神迸发出力量。参观期间，就有同学表示要来这里上学，或毕业后到这里工作，有的还递交了入党申请书。回到北平后，同学们积极参加进步社团，召开各种小型座谈会，利用进步报刊和学校壁报，广泛介绍解放区的情况，成为学生运动的先锋和骨干。北平临大几个分班主办的壁报刊登《塞外行》《康庄大道》《张家口半月记》等文章，引起很大反响。在张家口学唱的《八路军进行曲》《延安颂》《华北联大校歌》等歌曲在各校园广为传唱，成为校

---

① 1946年10月，中共北平市委撤销，中共北平地下党的工作由中共晋察冀中央局城工部领导，刘仁任城工部长。

② 徐康编：《青春永在——1946—1948北平学生运动风云录》，北京出版社2004年版，第15—16页。

园文艺的“主旋律”。

一时间，张家口成为北平学生和各界青年向往的“民主圣地”。连国民党北平11战区长官司令部在关于侦察赴张家口学生的密令中也不得不承认，“青年学生潜入共区影响颇大”[①]。

四、建学生社团：迎接新斗争

北平地下党在斗争实践中特别重视在各学府建立、发展和巩固社团组织，使之在爱国民主运动中发挥其应有的凝聚人心、鼓舞斗志、打击敌人的作用。

（一）春荷初绽：壁报社等崭露头角

在抗战胜利后相对宽松的政治氛围下，广大进步同学基于维护自身权益，迫切需要对时局发声，于是壁报应运而生。

这些壁报大多由地下党员和进步学生主办，多数是综合性的，内容包罗万象，如各种新闻、专题报道、评论文章、诗歌杂文、漫画小品、心得体会等。影响较大的壁报分别是北平临大1至7分班的《景邻》《汉园》《新法》《拓荒》《野草》《萤火》《海燕》，他们还联合成立了“临大壁报社联合会”，举办报告会和交换壁报活动。比较突出的是北平临大2、3分班，他们在这一时期办的壁报，多达上百份，蔚为壮观地遍布于红楼的1至4层，成为一道壮丽的文化景观和独特的文化标志。燕京大学地下党办的《自由论坛》也影响较大。

这些壁报内容丰富，编排新颖，文章短小精悍；在政治倾向上，大力传播新思想，抨击黑暗现实，表达广大学生追求和平民主自由的心声，因而大受欢迎，成为国共两党争夺的一块重要舆论宣传阵地。每出一期，观者云集，品头论足，或专注凝重，或捧腹大笑，或击节叫好，或义愤填膺。

---

① 中共北京市委党史研究室：《中国共产党北京历史》（第一卷），北京出版社2011年版，第411页。

为了团结进步壁报社对抗破坏活动，扩大进步力量的影响，地下党领导成立北平学生壁报联合会（“壁联”），蓝玉崧（北大农学院地下党支部书记）任主席。“壁联”主要是在各大学、中学之间交流壁报，使内容充实、水平较高的进步壁报扩大影响；举办讲演会，请进步民主人士讲演；推广壁报社的工作经验等。“由于国民党反动派不准成立学生会，北平学生壁报联合会实际上担负起了北平学联的任务。中共地下党组织的一些意图由‘壁联’通过进步壁报贯彻到各校去”①。

除了壁报社外，地下党员和进步同学还组织了其他性质的社团，如北平临大的“女同学读书会”“野草文艺社”“萤火读书社”“鲁迅研究会”等。1946年3月，在张光年支持下，由汪骏负责，跨行业、跨学校的星海合唱团成立，进步歌曲开始在各校园内回荡起来。

北平各中学也成立了一些学生自治组织和社团。1946年3月，由汇文、育英两校学生自治会发起成立北平市基督教会学校8校②学生自治联合会。联合会开展了一些有益的活动，如交流办好伙食的经验、请民盟代表做报告、放映进步电影等，还组织同学到北大、清华等高校参观学习，“了解这些学校的科系设置、教师和教学情况，为升学同学选择学校和专业提供方便，更重要的是学习各大学的民主传统和斗争经验”③。社团方面主要是成立读书会和壁报社，如汇文中学的自由读书会和《自由周刊》壁报。

1946年5月，抗战胜利后第一个“红色的五月”到来，各学校社团的纪念活动达到高潮，堪称一场久违的“文化盛宴”。各壁报社都出了专刊。北平临大2分班自治会举办纪念五四演讲会，请周扬、钱俊瑞做报告，介绍解放区情况和文艺运动。2、7分班举办纪念诗人节

---

① 杨鲁、田嘉年：《〈北平学生报〉从创刊到被封》，中共北京市委党史研究室编：《解放战争时期北平地下党斗争史料》（文委），1993年内部出版，第180页。

② 这8所中学是：汇文、育英、贝满、慕贞、崇德、崇实、崇慈、笃志。

③ 张大中、宋柏、马句主编：《解放战争时期北平学生运动史》，北京出版社1995年版，第19页。

晚会，张光年、金山、张瑞芳、张蓝光等应邀参加。张瑞芳朗诵屈原的《哀郢》，张蓝光朗诵艾青的《火把》。晚会气氛热烈，掌声不断。张光年创作的《民主在欧洲旅行》《市侩颂》在这一时期的社团集会上也大受欢迎。

与此同时，北平各校党组织也得到恢复发展，根据时局变化，不断调整斗争方式。1946年春，学委秘密迁入城内，将在抗战时期团结在党周围的一批积极分子吸收入党，使党员增至500人，并在各大学和中学建立党支部。通过党支部和分散在新闻、医院、文化等单位的党员，组织各种社团，引导师生开展争取和平民主的斗争。军调部在北平设立后，师生们可以公开阅读《新民主主义论》《论联合政府》等文章和《解放》《晋察冀日报》《群众》等报刊，以及北平地下党创办的《国光日报》《人民世纪》《民主周刊》《民主青年》《人言周刊》等报刊，这对他们认清形势、明辨是非、提高觉悟极有帮助。

6月前后，形势发生逆转，国民党、三青团势力积极抢夺高校进步自治会的领导权。如在中国大学，国民党北平市党部策动反动学生强行解散学生自治会，反动势力直接进驻学校，进步力量受到长期打压。学委鉴于形势剧变，及时调整各校党组织，变换斗争方式，准备长期秘密斗争。组织方面，已经建立支部的不再改变，分散的党员和新发展的党员均另建立平行支部或单线联系；已经暴露的党员则撤回解放区。思想建设和工作方式方面，加强对党员的形势教育和革命气节教育，要求工作方式上注意隐蔽，善于用合法形式开展工作，所有地下工作人员都要有公开的职业掩护，不设立脱产的秘密工作机关。这标志着北平地下党和广大进步师生与国民党当局的斗争进入新阶段。

(二)铁流汇聚：南北同学大会师

1946年秋，抗日战争期间迁往大后方的北京大学、清华大学、中法大学、燕京大学、北平师范学院等7所院校相继迁回北平复校，2000多名学生辗转回到北平复学，与原在北平的各校学生会合。南北两支学生大军胜利会师，爱国民主力量空前壮大，为解放战争时期的北平学生运动奠定了雄厚的群众基础。与此同时，包括原西南联大在内的各院校的地下党、外围组织“民主青年同盟”（简称民青）等组织[①]的成员也来到北平，与原北平地下党学委（习惯称北系学委）及其领导的各学校党组织会合，北平地下党的力量大大加强。

两支铁流会师后，南系学委领导人袁永熙与北系学委书记佘涤清很快建立工作关系，为北平学生运动的健康发展提供了坚强的组织保证。

在南系、北系学委的领导下，南北两支学生队伍实现了大联合。这些来自五湖四海的进步青年学子，虽出身不同，经历各异，但都朝气蓬勃，关心国家命运，有理想有追求。他们举办各种形式的联谊活动，主动互相结识，增进了解，互通有无，交流经验，紧密团结，在新环境下建立起新的战斗友谊。

原西南联大同学先住在国会街北京大学四院。原北平临大分发到北大、清华的地下党员赵振梅、史会等和一些进步同学主动到那里看望他们。“联大同学谈起‘一二·一’运动，临大同学谈起反甄审运动，一席交谈就把两地青年的心联结在一起了”[②]。北平临大学生会负责人、地下党员魏民出面，举行了一次营火会，欢迎西南联大同学复员，共计400余人参加。会上大家相互介绍情况，西南联大同学演唱大后方学生运动中的流行歌曲，北平临大同学深受鼓舞。

---

① 1944年中国共产党在昆明的西南联大、中法大学和在成都的燕京大学建立了地下党组织，归中共中央南方局领导。1945年12月南方局撤销后，又相继归中共中央重庆局和中共中央南京局（1946年5月—1947年3月）领导，1946年秋季随复员的各校迁回北平，当时有地下党员50余人，外围组织“民主青年同盟”盟员150余人。当时按照转地不转党的组织原则，这些学校的党组织仍统归中共中央南京局（后又归中共中央上海分局和中共中央上海局）领导，当时习惯称这一部分党组织为南系学委。南系地下党组织最初未正式建立学委机构，由袁永熙、王汉斌等负责，领导方式是层层单线联系，民青盟员由地下党员领导。1948年2月正式建立南系平津学委，书记为黎智。南北两个系统的党组织各自保持独立性，独立开展工作，基层党组织和党员不发生横的关系。1948年5月中共中央华北局成立，南系学委正式转归华北局城工部领导。1948年11月，南系、北系学委全面合并，佘涤清为书记，由华北局城工部直接领导。

② 徐康编：《青春永在——1946—1948北平学生运动风云录》，北京出版社2004年版，第19页。

在这期间，南北同学举行多次小型联欢会、时事座谈会，互相交流两地学运的情况和经验，彼此很快熟悉起来。“从一见面起，彼此进步的歌声，便把睽隔八年的南北同学的心融合到了一起”[①]。史会回忆说，“高声唱歌咏队”同学带过来的《茶馆小调》《大家唱》等一二·一运动歌曲，深深吸引了北平歌咏团(原星海合唱团)和北方的同学。特别是和联大同学们漫步街头，他们说起昆明“倒孔(祥熙)”和一二·一运动的斗争，纵情放歌，那种无拘无畏的热情，震撼了在敌人铁蹄下沉寂8年的沦陷区人。[②]

在北平最美丽的秋天里，北平歌咏团、北平演剧二队[③]与原西南联大高声唱歌咏队近百人乘车去西山八大处郊游联欢。他们共唱《义勇军进行曲》《黄水谣》《茶馆小调》等，歌声响彻了山谷，大家的心迅速拉近。史会说：“尽管南北隔绝8年，音讯不通，但彼此同样喜爱的一曲苏俄民歌《光明赞》，便一下汇成共同心声的时代最强音。”[④]北大、清华、师院[⑤]等校的地下党员、进步同学还以河南、陕西、山东等同乡会出面，邀请校内的老乡聚会，畅谈乡谊，建立联系，加深彼此的了解和团结。

一二·一运动一周年来临了。1946年12月1日，北大、清华、燕大等学校举行了隆重的纪念活动。北大在北楼布置了朴素的灵堂，钱端升教授讲话后，新诗社的同学朗诵挽歌，沙滩合唱团唱起了一二·一运动中的革命歌曲《安眠吧勇士》《歌唱得更响亮》《茶馆

---

① 史会:《北平星海合唱团和那个时代》，中共北京市委宣传部等编:《解放战争时期北平第二条战线的文化斗争》，北京出版社1998年版，第322页。

② 同上。

③ 成立于抗日战争时期，隶属国民党当局国防部，但受中共中央直接领导。

④ 史会:《唱出一个春天来——回忆清华“大家唱”在学运中》，中共北京市委宣传部等编:《解放战争时期北平第二条战线的文化斗争》，北京出版社1998年版，第331页。

⑤ 即北平师范学院。卢沟桥事变后，国立北平师范大学辗转迁往西北地区，改名为国立西北师范学院，校址最终定于兰州。1946年3月，教育部同意西北师范学院回北平复校。7月，国立北平师范学院在北平成立，11月开始上课。师院师生为恢复“北平师范大学”之名，掀起长达两年的“复大”运动。1948年11月，教育部被迫恢复“北平师范大学”名称。

小调》等，剧艺社演出独幕话剧《凯旋》。壁报社还出了纪念专刊，系统介绍一二·一运动始末，展出了一些珍贵史料和照片。

一二·一运动周年纪念展览展出了闻一多为四烈士撰写的碑文、吴晗写的纪念专文《种子撒下去了》、惨案发生后社会各界敬献的挽联，以及文献和图片。一些同学拿出笔记本抄录着这些血泪交织的诗联。晚上，2500多人挤满了只有1000多个座位的大礼堂，观看纪念晚会。新诗社朗诵的《招魂》，大家唱歌咏队演唱的《送葬歌》，使同学们既悲愤满腔，又斗志昂扬。《茶馆小调》《我们反对这个》《告士兵》《民主是哪样》等歌曲也是曲曲震撼心扉，激发斗志。

北平各学校复员之初，在学委的卓越领导下，开展了一系列别开生面的联谊活动，共同的理想，战斗的歌声，昂扬的斗志，不屈的精神，将南北青年学子的心牢牢连接在一起，从此肝胆相照，风雨同舟，并肩战斗。

（三）百花竞放：学生社团迎春天

1946年秋季开学后，北平各大中学校的党组织以地下党员、民青盟员为骨干，基于同学的不同觉悟、不同要求和不同爱好，建立了各种形式、各具特色的社团。当北平当局大肆查封进步书报，加强文化专制，将北平文化教育界笼罩在一片肃杀的气氛中时，各学府却迎来了学生社团百花竞放、姹紫嫣红的春天。

北京大学学生社团是北平各校社团组织的旗手和重镇。到1946年底，仅在沙滩的文、理、法三学院就有30多个社团，约有1/3的同学（大约六七百人）参加，其骨干都是地下党员和民青盟员，进而成立了孙清标任主席的北大社团联合会。这些社团主要有呐喊社、风雨社、实学社、新诗社、除夕社、黄河、大众、奔流、北京人、文艺社、北星体育社、沙滩合唱团、大一合唱团（后改名大地合唱团）、剧艺社等。

其中，沙滩合唱团是1946年秋季开学前夕由原西南联大的杨文浒和原北平临大的王连平等人共同组建，是南北同学会合后成立最早、人数最多的合唱团。“唱的多是解放区的歌曲，公开演出过《黄河大合唱》《生产大合唱》等。在他们带领下，全校大多数同学都会唱革命歌曲。《团结就是力量》《光明颂》等经常响彻校园”[①]。每次学运，团员们都积极忘我地投入到各种宣传组织工作中，平时也深入棚户区搞社会调查，并相机做些宣传工作。

北大剧艺社是在1946年南北同学会合之际以原西南联大剧艺社的部分同学为基础成立。“北大剧艺社是一个团结、进步的社团……她置身在学生运动中，用戏剧艺术抨击现实的黑暗、丑恶，歌颂人民的胜利和光明的未来。她鼓舞同学们战斗，同时也教育着自己”[②]。剧艺社经常演出揭露国民党独裁、腐败的活报剧、话剧。如以反内战为主题的话剧《凯旋》，作为剧艺社的保留剧目，在校内外演出过40余场，观众达40000人次，每场演出观众都感动得热泪盈眶，“停止内战”的口号声响彻场内。

北大新诗社也颇具影响力。它继承了原西南联大新诗社的优良传统，即“诗人不应该对现实冷淡旁观，应该站在人民的前面，喊出人民所要喊的，鼓舞人民向前走”，积极投身于民主运动，面向社会，面向现实，关注民众疾苦，鼓舞人民斗志，批评时弊恶政，写了大量富有战斗性的诗篇。北京大学有些学院还结合自身特点组织一些社团并开展特色活动。如农学院的农村识字班，经常组织同学到附近农村开展扫盲活动。医学院社团如萤火、黎明、新生，号召成员经常到什坊院保健站为农民看病治病，“使一些同学在了解社会、接触劳动人民的过程中转变思想，走上了革命道路”[③]。

清华大学的学生社团同样继承了一二·一运动的光荣传统，始终走在时代前列。除了继续以原社名在校内开展活动的原西南联大的文

---

① 张大中、宋柏、马句主编:《解放战争时期北平学生运动史》，北京出版社1995年版，第36页。

② 贾鲁:《风暴里的校园戏剧——追忆“北大剧艺社”》，中共北京市委宣传部等编:《解放战争时期北平第二条战线的文化斗争》，北京出版社1998年版，第192页。

③ 张大中、宋柏、马句主编:《解放战争时期北平学生运动史》，北京出版社1995年版，第37页。

艺社、新诗社、实学社等社团外，还建立了一些新社团，如清华评论、清华人、学谊社、火把、原野、莽原、塞北、静声、耕友等。老社团民主底蕴深厚，富有斗争经验；新社团朝气蓬勃，初生牛犊不怕虎。这些带有文学性色彩的社团秉持和光大了一二·一运动精神，开展的日常性活动主要是阅读进步书报，讨论时事和出壁报。“在大饭厅前、静斋的过道上，贴满了几十种壁报，有时事评论、学生运动论坛、新诗、短文、文摘、进步书籍介绍等。各壁报社组成了壁报联，经常开会，协调行动，每次大的活动和斗争中，壁报联都出《联合版》，成为学生运动的喉舌”①。

清华大学的社团有着鲜明特点：一是文艺和体育社团多。音乐社团有大家唱、清华合唱团、新生歌咏队、清华音乐联谊会、清华管弦乐队、清华军乐队。戏剧、舞蹈和美术社团有清华剧艺社、民舞社、阳光社。剧艺社曾在国会街大礼堂公演陈白尘的《升官图》，揭露国民党腐化轰动京城，场场爆满，一票难求，引得许多市民排长队购票。体育社团有铁马、金刚、黑桃等，还出版《体育新闻》。二是建立“清华基督教学生公社”以团结信教同学。在生活上关心同学，通过北平市基督教青年会为贫困同学筹集并免费分发牛奶、衣物，为患病同学建立营养食堂，为重病住院同学发医药补助费。开展各种文教活动吸引同学，如建立“学生之家”，为同学提供进步报刊借阅；设有茶馆，组织桥牌、象棋、围棋比赛；开办英语会话班，组织旅游等，丰富同学的业余生活。在信教同学中建立4个“团契”（松明、清华、橄榄山、因真理得自由），除宗教活动外，还开展社会服务活动，以参加医疗队、识字班的形式为附近居民和农民服务。

燕京大学的社团颇具特色，享有很高声誉。燕京大学建立了一批有政治色彩的进步社团，如自由论坛、燕京生活、火炬、理论读书

---

① 张大中、宋柏、马句主编：《解放战争时期北平学生运动史》，北京出版社1995年版，第37页。

会、文摘社等；文艺社团主要有北极星、文学研究社、新诗社、高唱队、海燕剧团、燕剧社等，基本上由燕大地下党和进步同学掌握。其中比较有影响的是《燕京新闻》，作为新闻系同学的实习报纸，从总编辑、编辑主任、采访主任到经理部主任都是地下党员和外围组织成员。《燕京新闻》“每周出版一期，发行量达到3700份，发行到17个省市。而当时全国发行最多的《大公报》也只有一万份”①，成为全国学生运动的重要舆论阵地。此外，文艺社团也相当活跃。高唱队是各社团中人数最多的一个，全校800名学生中，最多时有200多人参加。在历次学生运动中，高唱队始终以战斗的歌声作为鼓舞斗志、凝聚力量的武器，经常公开演唱的歌曲有《团结就是力量》《黄河大合唱》《国际歌》等。海燕剧团和燕剧社演出的剧目以其鲜明的现实性、严谨的艺术性和严肃的演出态度而受到广大同学和社会各界的广泛赞誉，演出的话剧先后有《重庆二十四小时》《夜店》《家》《风雪夜归人》《开锣以前》《周桐教授》《升官图》《大团圆》等，还有一些短小犀利的活报剧和卡通剧，如《控诉》《放下你的鞭子》《杜甫左倾》《紧紧裤腰带》《客厅厕所一样臭》《御前会议》《阎罗宝殿》《总统竞选》等。尤其是活报剧和卡通剧，都只有七八分钟，短小有力，针砭时弊，锋芒毕露，“发挥了刺刀见红的作用”②。

利用校方提倡和承认的“团契”为掩护来开展进步活动，是地下党领导燕大社团组织建设工作的一大特色。燕园内先后出现过20多个团契，如启明、甘霖、新蕾、未名、磐石等，部分是由地下党员及外围组织成员新组建的。团契的日常性活动丰富多样，有“查经”“读圣经”等宗教活动，有音乐会、游艺会等文艺、联谊活动，也有读书、出壁报的活动。由于这些团契带有宗教色彩，而且以宗教活动的名义开展各类活动，以团结、友爱、互助、服务为宗旨，所以

① 张大中、宋柏、马句主编：《解放战争时期北平学生运动史》，北京出版社1995年版，第38页。

② 张永经：《我所知道的〈海燕剧团〉》，中共北京市委宣传部等编：《解放战争时期北平第二条战线的文化斗争》，北京出版社1998年版，第210页。

不太容易引起当局的注意，但是这恰恰有利于“把宣传、教育溶于活动之中，团结吸引大批中间以及落后同学参加到学生运动中来”①。

其他高校的社团活动也搞得风生水起，各具特色。北平师范学院前后建立36个社团，社员400余人，壁报社、诗社、合唱团、剧团一应俱全。这一时期比较活跃的有新时代壁报社、新诗社、凯旋剧团。新时代壁报推出特色专栏《时事述评》，密切关注时局，分析解放战争形势，鼓舞进步同学，教育后进同学；新诗社发挥诗歌号角、投枪的作用，歌颂民主正义、憧憬光明未来，鞭挞独裁腐朽、抨击黑暗现实。新诗社成立以来几乎参加了全部的学生运动，次次冲锋在前，充当运动的旗手和鼓手；凯旋剧团演出《白毛女》中的《年关》和《捉鬼传》，引起强烈共鸣。

此外，朝阳学院建立的学术组织经济研究会、法学研究会，曾联合举办有关土地改革、《中国土地法大纲》的报告会、座谈会，铅印土地改革参考资料，从学理上弄通了农村土地改革的必要性和共产党土地政策的正确性。辅仁大学、华北文法学院进步学生成立膳务委员会、和平膳团，自由管理食堂，接济贫苦同学。中国大学在反动力量仗势横行、气焰熏天的不利形势下，自觉建立秘密读书会，阅读革命书刊，参加进步活动。

各中学社团也是解放战争时期学生运动的重要阵地。凡是建立党支部、党员人数较多的学校，一般要建立读书会、壁报社等群众社团。除了传播进步思想、揭露黑暗政治外，大力开展社会服务工作。在教会中学，充分利用团契为掩护开展各种进步活动。

随着1946年秋教育复员工作的结束和南北同学大会师，在学委的领导下，北平各大中学校的社团组织由少到多，由弱到强，最终迎来了一个爆发期，在此后历次爱国民主运动中发挥了重要的宣传和组织作用。

---

① 张大中、宋柏、马句主编：《解放战争时期北平学生运动史》，北京出版社1995年版，第38页。

第二节　第二条战线的怒潮

全面内战爆发后，国民党当局暴露反民主、反人民的嘴脸，国统区经济日益陷入严重危机，广大人民特别是青年学生对国民党当局深感失望，逐渐认识到不推翻国民党统治，中国只能永远陷于黑暗之中。以1946年12月底爆发的抗议美军暴行运动为标志，学生群众掀起的反对国民党政府的爱国民主运动，逐步形成配合人民解放战争的第二条战线。

一、抗暴运动："美国兵从中国滚出去。"

1946年12月24日晚8点，北京大学先修班女生沈崇在去平安电影院看电影途中，被美军士兵威廉士·皮尔逊强奸。该事件旋即被民营亚光通讯社公之于众，震动了北平各界和全国人民。

（一）审时度势巧发动

沈崇事件真相一经披露，北平各高校学生反应强烈。北大、清华、燕大、中法、师院等各校学生以大字报、漫画、标语等形式，发泄悲愤的怒火。

北大沙滩广场民主墙上，白纸黑字，字字如拳："凉血的才不愤怒！奴性的才不反抗！……美军必须滚蛋！"[①]清华学生自治会的《告全国同学书》激愤地写道："这是对中国学生界最大的侮辱，这是对同学的安全最大的威胁，这也是对于一个独立国家最大的讽刺。"[②]

虽然沈崇事件事发突然，但中共北平地下党冷静沉着，南系、北

---

① 《抗暴运动的史实与结论》，中共北京市委党史研究室编：《解放战争时期第二条战线·学生运动卷》（上册），中共党史出版社1997年版，第485页。

② 《国立清华大学学生自治会为罢课抗议美军暴行告全国同学书》，中共北京市委党史研究室编：《抗议美军驻华暴行运动资料汇编》，北京大学出版社1989年版，第147页。

系学委负责人各自碰头，紧急商议对策。12月26日，佘涤清、袁永熙会面交换意见，一致认为："斗争要有理有利有节，从实际出发，根据发动群众的情况来部署行动，包括罢课和游行。"[①] 初步斗争目标是争取发动群众罢课抗议，至于是否发动群众游行示威，还需看运动的发展和群众的发动程度（群众的情绪和要求）。

此时，抗议美军暴行的壁报贴满了北大民主墙，进步同学情绪激昂，从西南联大复员来的除夕社坚决主张游行，中间同学仍然在观望。28日，佘涤清与北大文学院和清华大学地下党负责人商量，认为仅北大一校游行过于势单力薄，如清华、燕大进城支援则可以游行。先搞罢课抗议，条件成熟再组织游行。如同学坚决要求游行，要积极引导。[②]

29日午后，到各校联络的代表带来好消息：清华、燕大、师院、中法大学均响应游行，群众情绪不断高涨，形势发展出乎意料。佘涤清、袁永熙认为应当因势利导，组织群众游行。

各校学生自治会、学生代表会和社团在组织发动广大同学以及酝酿行动的过程中，注意从实际出发，灵活运用各种斗争手法，较好贯彻了学委意图。如27日晚，北大女同学会联合各系代表及剧艺社、新诗社等社团代表，在沙滩北楼礼堂集会，共议抗暴行动。在三青团分子与进步同学僵持不下的情况下，大会主席提议由女同学会主席刘俊英主持，得到一致赞同。在提案表决过程中，刘俊英机智地采用反表决的方式，"谁不赞成抗议美军暴行的，请举手！""谁不赞成严惩凶手的，请举手！"会议顺利通过三项决议，并成立"北京大学学生抗议美军暴行筹备会"，并立即派人赴北平各大学联络，派人专访教授，争取得到支持。

12月29日晚，各校学生迅速行动起来，写标语、画漫画、印

① 佘涤清：《中国革命史册上的光辉一页——回忆北平地下党领导的抗暴运动（节录）》，中共北京市委党史研究室编：《解放战争时期第二条战线·学生运动卷》（上册），中共党史出版社1997年版，第506页。

② 同上，第509页。

传单、做小旗，创作抗暴诗歌，排练抗暴歌曲，组织宣传队、纠察队……“全体工作人员几乎均彻夜未眠，对祖国崇高的热爱，使他们忘记了寒冷和疲乏”[①]。

（二）正义师长齐声援

对美军罪行，绝大多数教授予以强烈谴责；对抗暴大游行，仗义执言，积极声援，甚至直接参加游行。佘涤清认为：“抗暴运动所以获得了教授们的支持和同情，主要是这些高级知识分子怀有强烈的民族自尊心和正义感；另一方面，也因为各校的地下党员和进步同学认真贯彻了党的统一战线政策，在教授中间进行了大量的工作。”[②]

12月30日，北京大学袁翰青、周炳琳、闻家驷、许德珩等48位教授发表致美国驻华大使司徒雷登的抗议书，强烈要求将“犯罪之士兵，迅绳以法”，还中国一个公道。闻家驷教授对记者发表谈话：“同学罢课表示抗议，是替个人争人格，替国家争国格。只要是中国人被污辱了，我们都应该抗议。”

清华大学教授中99%同情同学罢课抗议，90%赞成同学游行示威[③]。吴晗、朱自清、张奚若等教授表示支持学生的抗暴斗争，主张美军立即撤出中国。校长梅贻琦、教务长吴泽霖、训导长褚士荃均表示：不能阻止学生游行，不能强迫学生上课；当局必须保障学生安全。

燕京大学校长陆志韦表示不干涉学生的罢课游行，他说：“我们应当呼吁政府，驻华美军立即退出中国。”雷洁琼教授表示，根本办法是美军撤出中国去。翁独健教授精辟分析了抗暴运动的实质：“惩

---

① 《抗暴运动的史实与结论》，中共北京市委党史研究室编：《解放战争时期第二条战线·学生运动卷》（上册），中共党史出版社1997年版，第489页。

② 佘涤清：《中国革命史册上的光辉一页——回忆北平地下党领导的抗暴运动（节录）》，中共北京市委党史研究室编：《解放战争时期第二条战线·学生运动卷》（上册），中共党史出版社1997年版，第522页。

③ 《抗暴运动的史实与结论》，中共北京市委党史研究室编：《解放战争时期第二条战线·学生运动卷》（上册），中共党史出版社1997年版，第489页。

凶是治标，治本之法是美军撤出中国。”[①]

大多数外籍教授对美军暴行也深感愤怒。燕京大学美籍教授夏仁德说，美军一天不从中国撤退，同样的事件就难避免。他捐出5万元法币给燕大抗暴会。清华大学美籍教授温德专门发表声明辟谣：“我完全同意学生的行动，要是这一天我事先知道，我也要参加学生的游行。”[②]

各校正义师长肺腑之言，支持学生抗暴的实际行动，是抗暴运动的坚强后盾，“对一些埋头读书、不问政治的同学是深刻的启示，对正在为国家奔走呼号的同学是巨大的鼓舞，对那些卖身求荣、卖国媚外的人是严正的斥责”[③]。

（三）抗暴精神耀古城

12月30日下午1时半，抗议美军暴行大游行正式开始。各大中学校学生5000多人（占北平大学生总数1/3强），从北大沙滩操场出发，一路高呼“反对美军暴行”“美军滚出中国去”等口号，直奔驻协和医院的军调部，美方代表没有一个敢出来。随后，游行队伍在东单操场举行控诉美军暴行的集会。下午5时，抗暴游行胜利结束。

抗暴运动打响了全面内战爆发后国统区大规模反美反蒋运动的第一枪，是北平学生运动由弱到强，进而走向新高潮的转折点。它揭露了美国扶蒋反共的本质，以及国民党丧权辱国的奴才嘴脸和内战独裁的真实面目，唤醒了部分群众，增强了反美反蒋的决心。同时，它创造了伟大的抗暴精神：为维护民族尊严而奋斗的爱国主义情怀；为维护公民基本人权而抗争的自由平等精神；不惧高压和迫害、敢于斗争、敢于胜利的大无畏气概，从而丰富了北京学府红色

---

① 中共北京市委党史研究室编：《抗议美军驻华暴行运动资料汇编》，北京大学出版社1989年版，第383—389页。

② 《外籍教授的声援和反应》，中共北京市委党史研究室编：《抗议美军驻华暴行运动资料汇编》，北京大学出版社1989年版，第407页。

③ 徐康编：《青春永在——1946—1948北平学生运动风云录》，北京出版社2004年版，第32页。

1946 年 12 月 30 日，北平各大中学校近万人举行抗议美军暴行的示威游行

文化的精神宝库。

抗暴运动之所以取得胜利，离不开中国共产党的领导。中共中央一系列指示为抗暴运动的健康发展指明了方向，北平地下党组织在领导抗暴斗争中创造了许多独到的经验。

一是高扬爱国主义旗帜，发挥广大青年学生的先锋和主力军作用，建立广泛的社会统一战线。二是以合法斗争为手段，以学生自治会为组织机构，将不同觉悟的同学最大限度团结起来，从而“使非法运动与合法的组织相结合；下层活动与上层掩护相配合；日常活动与政治斗争既区别又联合”①，奠定抗暴运动雄厚的群众基础。三是注

① 王佩琏：《中国共产党领导学生抗暴运动的斗争策略》，《福建党史月刊》1990年第9期。

意群众情绪和客观条件，灵活地改变斗争方式，巩固胜利[①]。四是发挥共产党员的先锋模范作用，创造性地贯彻执行党在国统区工作的“十六字”方针。

二、五二〇运动：第二条战线的形成

1947年上半年，国统区政治经济危机愈益严重。国民党当局继续顽固坚持内战独裁政策，加紧对人民进行政治压迫和经济掠夺，一场以“反饥饿、反内战、反迫害”为主题的人民民主运动爆发了。

（一）红五月、新五四

1947年五四运动纪念日，在内战硝烟中悄然来临。然而，“自由变成了独裁者的专利，科学做了屠杀人民的工具”[②]，中国人民依然笼罩在令人窒息的独裁内战阴霾之中。

为了纪念五四运动28周年，北平各校以北京大学为中心，开展了抗战胜利后第一次大规模的五四纪念周活动，科学晚会、文艺晚会、历史晚会、经济晚会、戏剧晚会，好戏连台，精彩纷呈。各校的进步社团纷纷行动起来，发宣言、出壁报、办展览、开晚会，为青春青年而歌唱，为民主科学鼓与呼。

5月1日，科学晚会在北大理学院草坪举行，汪敬熙、杨钟健等教授指出，科学与民主是不可分的，没有民主就没有科学。袁翰青教授更是幽默、尖锐地说：“科学像一把菜刀，应当交在好厨子手中，不应交在疯子手中。”[③]他指出，科学工作者不能光搞研究，还要向那些没有经过科学训练的人灌输科学思想，打破他们的迷信。

---

① 中共南京市委党史办公室编：《中共晋察冀中央局对北平学生爱国运动的指示》（1947年初），《解放战争时期第二条战线·学生运动卷》（中册），中共党史出版社1997年版，第8页。

② 《我们的呼号》（1947年5月），中共北京市委党史研究室编：《反饥饿反内战运动资料汇编》，北京大学出版社1992年版，第99页。

③ 《北大怎样纪念“五四”（摘录）》（1947年5月6日），中共北京市委党史研究室编：《反饥饿反内战运动资料汇编》，北京大学出版社1992年版，第120页。

同日，北楼礼堂，文艺晚会。朱自清教授说："五四不但是人的发现，而且是青年的发现，现代的发现。"冯至教授谈起五四时代的诗歌："最好的诗就是为人民的诗，最好的诗人就是杜甫一样的诗人。"①

5月3日，历史晚会在沙滩广场举行，许德珩向在场的五六千名大中学生疾呼："你们要向前看，不要向后看，向后看是没有希望的！"②5月4日，是北大校庆日、返校节。各个壁报社出了五四特刊，图书馆里举行五四运动史料展览，包括李大钊事迹、毛泽东故事以及周恩来、邓颖超等人的照片，吸引大批新老同学驻足观看。

沙滩广场上的盛大营火会将这次纪念周活动推向高潮。各大中学校的同学纷纷聚拢过来，大家席地而坐，围成一个大方阵。"散发着光与热的火焰和充满活力的歌舞，表达了广大青年学生对共产党和解放区的向往，对建立独立、和平、民主新中国的向往。"③

5月5日至7日，连续3天举办戏剧晚会，《凯旋》是压轴戏也是演出最成功的，它是一二·一运动的产物，在昆明平津等地已演过数十场。"当戏完了时，台上台下哭成一片，几千名观众流着泪，满怀感动走出会场。"④

除北大外，师院举行文艺晚会、文艺座谈会和五四纪念会，朗诵《海燕》等诗歌，演唱《古怪歌》《五四纪念歌》等。

五四纪念周活动既是纪念五四、继承弘扬五四精神的盛会，也是在特定环境下反独裁内战、争和平民主的斗争大会。正如北大、清华、燕大等60多个社团联合发表的《纪念五四宣言》中所指出的：

---

① 《记"五四"纪念周》(1947年10月1日)，中共北京市委党史研究室编：《反饥饿反内战运动资料汇编》，北京大学出版社1992年版，第119—120页。

② 同上，第105页。

③ 张大中、宋柏、马句主编：《解放战争时期北平学生运动史》，北京出版社1995年版，第80—81页。

④ 徐康编：《青春永在——1946—1948北平学生运动风云录》，北京出版社2004年版，第51页。

青年们！继承“五四”叛逆精神的青年们，旧时代完了，新时代正在开始，一切的生命都是在战斗中向前，我们要跨过罪恶与不义的山岭，为自由民主的新中国战斗！①

（二）怒向饥饿宣战

1947年上半年，国统区经济状况急剧恶化，北平物价较抗战胜利时上涨达1.6万倍，饥饿在北平各校像瘟疫一样迅速蔓延。

4月，北大发给每个学生的公费只有14.4万元，而一个月的伙食费就涨至17万元。北大、清华原来的馒头、米饭膳团改为丝糕膳团，素有贵族学校之称的燕大也吃起了玉米面窝头。《清华周刊》发文感叹道：“内战声高，公费日少，今日丝糕，明日啃草。”②

广大教师的生活水平呈断崖式下跌，北大80位教授向学校借支4亿元。袁翰青教授一家7口人经常吃窝头，还向学校预借300万元。清华讲师、助教280人上书梅贻琦，申诉物价飞涨，所得薪金无法维持生活，要求改善待遇。北大贴出标语：“我们的大米哪里去了？我们的白面哪里去了？”“向饥饿宣战，向制造饥饿的人宣战！”③

地下党学委根据北平实际，结合中共中央的指示及华北局城工部和上海局的部署，决定在5月中旬促成反饥饿、反内战斗争的高潮，各校地下党随即紧锣密鼓地展开宣传攻势。

---

① 中共南京市委党史办公室编：《北京大学、燕京大学等校学生纪念五四宣言》（1947年5月4日），《解放战争时期第二条战线·学生运动卷》（中册），中共党史出版社1997年版，第69页。

② 清华大学校史编写组编著：《清华大学校史稿》，中华书局1981年版，第467页。

③ 方亭：《一九四七年北平反饥饿反内战运动》，中共南京市委党史办公室编：《解放战争时期第二条战线·学生运动卷》（中册），中共党史出版社1997年版，第441—442页。

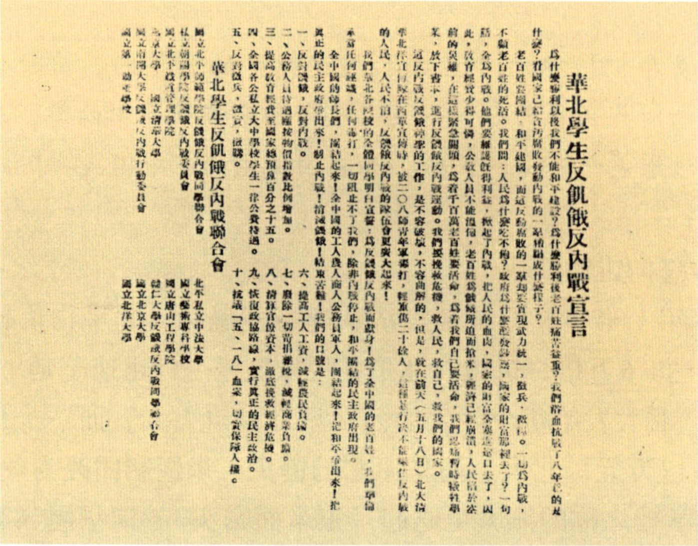

華北學生反飢餓反內戰宣言

爲什麼勝利以後我們不能和平建設？爲什麼勝利後老百姓痛苦益重？我們浴血抗戰了八年是的是什麼？看國家已給貪污腐敗發動內戰的一羣猪玀成什麼樣子？

老百姓要團結，和平建國，而這反動腐敗的一羣却要實現武力統一，徵兵，徵糧。一切爲內戰，不顧老百姓的死活。我們問：人民爲什麼吃不飽？政府爲什麼要發鈔票，國家的財富那裡去了？一句話，全爲內戰。他們要維護既得利益，掀起了內戰，把人民的血肉，國家的財富全塞進[illegible]口去了，因此，教育經費少得可憐，公教人員不能溫飽，老百姓爲饑餓所迫而搶米，經濟已經崩潰，人民陷於[illegible]的災難，在這緊急關頭，爲着千百萬老百姓要活命，爲着我們自己要活命，我們忍痛暫時犧牲學業，放下書本，進行反饑餓反內戰運動。我們要挽救危機，救人民，救自己，救我們的國家。

這反內戰反饑餓停課的工作，是不容破壞，不容曲解的，但是，就在前天（五月十八日）北大清華北洋宣傳隊在西單宣傳時，被二〇八師青年軍毆打，輕重傷二十餘人，這種暴行決不能嚇住反內戰的人民，人民不怕，反饑餓反內戰的隊伍會更廣大起來！

我們華北各院校的全體同學明白宣誓：爲反饑餓反內戰而獻身！爲了全中國的老百姓，我們準備承當任何犧牲，任何毒打，一切阻止不了我們，除非內戰停止，和平團結的民主政府出現。

全中國的師長們，團結起來！全中國的工人農人商人公務員軍人，團結起來！把和平爭出來！把真正的民主政府爭出來！制止內戰！消滅饑餓！結束苦難！我們的口號是：

一、反對饑餓，反對內戰。
二、公務人員待遇應按物價指數比例增加。
三、提高教育經費至國家總預算百分之十五。
四、全國各公私立大中學校學生一律公費待遇。
五、反對徵兵，徵實，徵購。
六、提高工人工資，減輕農民負擔。
七、廢除一切苛捐雜稅，減輕商業負擔。
八、清算官僚資本，澈底挽救經濟危機。
九、恢復政協路線，實行真正的民主政治。
十、抗議「五、一八」血案，切實保障人權。

華北學生反飢餓反內戰聯合會

國立北平師範學院反饑餓反內戰同學聯合會
私立朝陽學院反饑餓反內戰委員會
國立北平鐵道管理學院
燕京大學
國立清華大學
國立南開大學反饑餓反內戰行動委員會
國立第一助產學校
北平私立中法大學
國立藝術專科學校
國立唐山工程學院
輔仁大學反饑餓反內戰同學聯合會
國立北京大學
國立北洋大學

《华北学生反饥饿反内战宣言》

清华大学的《为反饥饿反内战罢课宣言》壁报，提出饥饿的根源在于内战，“内战不停，当局的武力统一政策不放弃，则饥饿将永远追随着人民，‘吃饭问题’将永远成为一个无法解决的死结……”[①]学生代表大会通过“反饥饿反内战”的口号，学生自治会成立“反饥饿反内战罢课委员会”。

北京大学成立“反饥饿反内战行动委员会”，宣布罢课3天。燕京大学学生自治会召开600多人参加的大会，同意清华、北大提出的“反饥饿反内战”的口号。朝阳学院、中法大学两校表示与各校一致行动，辅仁大学则发起400多人的“反饥饿反内战”签名。师院结合恢复师大建制的斗争、铁道管理学院结合恢复北方交通大学校名的斗争、北洋工学院结合反对迁校的斗争、艺专结合要求收回校舍的斗争，宣布继续罢课，适时转入“反饥饿反内战”运动。

① 《清华大学学生自治会为反饥饿反内战罢课宣言》（1947年5月17日），中共北京市委党史研究室编：《反饥饿反内战运动资料汇编》，北京大学出版社1992年版，第128页。

（三）唤起民众伟力

为扩大反饥饿反内战斗争的影响，清华、北大、燕大、中法等学校，决定上街开展宣传活动。

活演剧目鼓民愤。燕大宣传队将抗战时期的街头剧《放下你的鞭子》的主题思想，改为反对内战，并在剧终时加上一段画龙点睛之语烘托气氛："这不是戏，这是内战下的实情。爷爷为了吃饭打孙女，在今天已经不是最惨的事。最惨的是成千成万的中国人整天在自己土地上，枪口瞄准了自己人，或是被自己人打死。"[①]话音未落，围观群众就气愤地振臂高喊："反对饥饿！反对内战！"

通俗演讲动人心。清华、北大、北洋工学院等校组成20个小分队，分赴前门、天桥、东四、王府井、西四、西单等繁华地段进行大规模宣传活动。"今天一尺好的青布要10000多，以前10000多可以开个布店了……各位知道现在在打仗，前线有500万军队，假定军队每人每天20发子弹，每颗子弹最低1000元，这就要花多少钱？"[②]学生们深入浅出的分析，使老百姓茅塞顿开，还有人站出来诉说自己的苦难。

巧改歌词引共鸣。有些同学演唱朗朗上口、颇接地气的歌曲，如《100元钞票》《薪水是个大活宝，要和物价来赛跑》等。"这年头怎么得了，100块钱的钞票满地抛，街头茅房到处有，垃圾堆里也找得到……钞票越印越多，越多越没人要！柴米油盐天天涨哟，涨得比天还要高，穷人吃不饱，富人哈哈笑。这样的日子怎么过哟？快把世界来改造，来改造。"[③]听者频频颔首，发出声声叹息。

在西单演出的北大和北洋工学院同学，突遭国民党青年军208师士兵袭击，8人被打伤，清华校车被捣毁。学委决定立即采取行动。

---

① 宗禹：《种子撒下去了——记燕京宣传队》（1947年5月26日），中共北京市委党史研究室编：《反饥饿反内战运动资料汇编》，北京大学出版社1992年版，第230页。

② 张大中、宋柏、马句主编：《解放战争时期北平学生运动史》，北京出版社1995年版，第85页。

③ 徐康编：《青春永在——1946—1948北平学生运动风云录》，北京出版社2004年版，第54—55页。

18日晚，成立“华北学生反饥饿反内战联合会”（简称反饥联），决定20日举行游行示威，并针对当局暴行，增加“反迫害”口号。

（四）五二〇运动的狂飙

5月20日下午1时半，7000多学生从北大沙滩广场东门出发，向东四挺进。各校宣传队员在人口稠密的大街小巷、繁华热闹的商业场所开展各种各样的宣传活动，喊口号、撒传单、贴标语、画漫画、唱歌曲，汇成了一曲气壮山河、惊天泣地的交响曲。

北平学生举行五二〇示威游行

下午6时半，游行队伍返回北大沙滩广场并召开群众大会，决定5月21日罢课一天，并根据北大同学的提议，将沙滩广场命名为“民主广场”。会上北大一位同学临时动议将6月2日作为“全国反内战日”，举行“四罢”（罢课、罢教、罢工、罢市），群情激愤的学生立即鼓掌表示赞同，主持会议的“反饥联”代表也未及认真考虑，就匆忙表决通过。通过耐心细致的思想工作，学委使持过激立场的同学转变了认识，并将斗争计划改为6月1日在北大沙滩广场举行“民主广场”命名典礼，6月2日各校在校内举行“反内战死亡烈士”追悼大会，不上街游行。

民主广场慰英灵。为加强对学生运动的集中统一领导，正确把握学运方向，在“反饥联”基础上，5月30日，华北学生联合会第一届代表大会在北大召开，正式成立华北学联。

6月1日下午，“民主广场”命名典礼在北大沙滩广场举行。广场北边灰楼墙上，“民主广场”4个一米多见方、鲜红的大字，格外引人注目。在《光明赞》的歌声中，绿地白字的“民主”旗冉冉升起在灰楼屋顶，全场爆发出潮水般的欢呼。当大会主席吕乃强宣布华北学联正式成立时，全场同学齐声高唱起《团结就是力量》。①

6月2日上午，华北学联在民主广场举行“反内战牺牲烈士和内战死难的无辜军民追悼大会”。大会主席聂运华宣读悼文，钱端升、杨西孟、周炳琳、吴之椿等教授讲话。华北学联执委梁畏三宣读《为“六二反内战日”向全国人民发出的严正声明》，揭露当局“不许民意伸张，诬蔑不足，更施以武力迫害”的法西斯行径，指出：“人民对真伪自有尺度，诬蔑曲解自会失信于人，而暴力的滥用只能引起严重的后果。”②

五二〇运动的精神遗产。五二〇运动是解放战争时期北平历次学生运动参加人数最多的一次，这次运动迅速扩大到上海、杭州、武汉、广州等60多个大中城市。正如毛泽东在《蒋介石政府已处在全民的包围中》指出的：“中国境内已有了两条战线。蒋介石进犯军和人民解放军的战争，这是第一条战线。现在又出现了第二条战线，这就是伟大的正义的学生运动和蒋介石反动政府之间的尖锐斗争。”“学生运动是整个人民运动的一部分。学生运动的高涨，不可

---

① 徐康编：《青春永在——1946—1948北平学生运动风云录》，北京出版社2004年版，第71页。

② 张大中、宋柏、马句主编：《解放战争时期北平学生运动史》，北京出版社1995年版，第100页。

避免地要促进整个人民运动的高涨。”[①]五二〇运动标志着以抗暴运动为起点的第二条战线正式形成。

在五二〇运动中，中共北平地下党学委发动学生运动的领导艺术、斗争策略更加成熟。一是把分散的群众性斗争、经济斗争与政治斗争结合起来，把“反内战”和“反饥饿”有力结合在一起，将人民的各种反抗提升到政治斗争的高度，形成强大合力，矛头直指国民党统治。二是创造性地贯彻执行有理有利有节的原则，表现为“清醒地观察和分析形势，估计主客观力量，掌握敌方的动态，利用地方派系之间的矛盾，及时采取对策”[②]。三是各校共产党员、外围组织成员发挥先锋模范作用，广大同学积极投入，在斗争中得到锻炼，从而更加成熟和理性。

五二〇运动充分体现了广大党员的先锋模范作用；青年学生威武不屈、斗争到底的精神；宣传发动群众和紧紧依靠群众的阶级立场；服从大局的意识和高度的组织纪律观念、冷静理性地处理问题的态度和巧妙的斗争手段。这是一笔宝贵的精神财富。

（五）民主自治初告成

1946年秋至1947年上半年，地下党组织重点加强学生自治会的建立和完善工作，使之成为初步推行民主自治的实验室。学生自治会一般有两大主要机构，即作为权力机构和重大事务决策机构的全校学生代表会和作为执行机构的理事会。理事会下设福利、康乐、学艺、联络、总务等部，分别开展相关自治工作和日常服务工作，主要有以下4个方面：

一是管理膳团办好膳食，兴办各类福利事业。当时各校伙食由学生自己管理，学校只提供炊事设备和厨工，其他诸如食品燃料采购、收费结账、食谱安排等事务，全部由学生组成炊事委员会自行负责。由于经济状况不同和地域饮食习惯的差异，各校有米饭膳团、白面膳

① 《毛泽东选集》第四卷，人民出版社1991年版，第1224—1225页。

② 张大中、宋柏、马句主编：《解放战争时期北平学生运动史》，北京出版社1995年版，第104页。

团、丝糕窝头膳团之分。

办好让同学们满意的伙食膳团是各校自治会一以贯之的工作重点，当然也是进步力量和反动力量争夺群众的主要阵地。地下党掌握的学生自治会力争推举认真负责、吃苦能干的同学进入炊委会，最终他们赢得了广大同学的认可、赞赏和信赖，从而进一步被推举为学生自治会的理事或代表。由于物价天天涨，学生公费发放的早晚对办好伙食关系很大。师院自治会膳食部想出一个好办法，一领到膳费，立即全部换成面粉，不存现金，再用面粉去换副食菜金。因此，虽然物价一天几涨，但全校同学的伙食标准始终没有降低，甚至还略有结余。

为同学解困扰、谋福利是自治会的又一项重要工作。主要是在校内举办各种福利事业，如举办福利银行、实物银行、折实储蓄；设立小卖部、合作社、自助商店，供应平价日用品；组织困难同学开展各种自助工作，磨豆浆、刻钢板、整理图书等；募集衣物被褥等帮助困难同学；开设洗衣店、理发店等，以优惠低廉价格为同学服务。燕京大学自治会利用“国际学生救济会”一笔款项，办起花生酱站，先后有上百人推过磨，成为燕园中规模最大、时间最长的一项自助工作。

二是提供各类文化服务，探索新知和传播进步思想。如举办讲座、创办刊物和开办图书馆。讲座主要有学术讲座、时事讲座，还举办读书会、座谈会，宣传新思想、新观点，特别是讨论中国的前途命运、发展道路，人生观、价值观等问题。

各类进步刊物是传播先进思想的重要阵地和进步力量的传声筒。当时最著名的《清华周刊》、《燕京新闻》和《北大半月刊》，它们密切关注时局发展，反内战反独裁，呼唤民主自由和人权。

各校图书馆（室）、文化服务社（站）是进步学生所需精神食粮的“主产地”，帮助同学购置进步书刊，提供马克思主义理论著作、解放区和苏联的书籍，传播革命理论和思想，因而深受同学欢迎。“这些图书室规模虽小，却门庭若市……图书室像沙漠中的绿洲，寒夜里的春风，滋润着一代青年的心灵。”①

三是组织文化娱乐活动，寓教于乐。主要形式有诗歌朗诵会、音乐会、话剧、歌舞、书画展、营火会、体育比赛、郊游、节日联欢、欢迎新生、欢送毕业生、校际联欢等。

多姿多彩的文娱活动不但丰富了同学的业余文化生活，而且寓思想教育于娱乐之中，通过各种娱乐活动，反美反蒋、争取民主自由的进步思想潜移默化地浸透到同学头脑，达到内化于心、外化于行的效果。燕京大学同学还创造了“读报卡通”形式，即一人在幕旁朗读国民党的报纸，另有人扮成报纸中的相关人物，进行漫画式表演，惟妙惟肖，令人捧腹。

四是开展社会服务工作，回馈社会，启迪民智，聚合民心。主要面向社会开办各种补习班、识字班、夜校等。各大学学生自治会利用寒暑假举办文化补习班，帮助中学同学提高课业水平。为补习班授课的都是年级功课好且大都是思想进步的同学，具有高度的敬业精神和责任心。其中以1948年初由华北学联领导筹办的寒假补习班规模最大。

各校学生自治会还组织进步同学为工友们和贫困失学儿童开办夜校、识字班。中法大学学生自治会在校内借用一间教室，招收东皇城根一带20多个贫困家庭的儿童，教授算数、国文课，并将反对国民党统治和革命理想教育融入其中。清华学生自治会办的农村识字班主要教学校周围的西柳村、三旗村、蓝营村、保福寺等村庄的农民子弟识字读书，每周一般下乡两三次。

识字班的教学适当吸取解放区小学课本的内容，使孩子们既能学到知识，又能懂得一些革命道理。除了文化课，还教孩子们跳舞、唱歌。教唱的歌曲如《读书郎》《傻大姐》等，孩子们很喜欢，并从歌中受到教育，回到家后还唱给自己的父母听。

---

① 徐康编：《青春永在——1946—1948北平学生运动风云录》，北京出版社2004年版，第192页。

（六）加强党的建设

1947年末，南北两系的党员发展壮大到1500人左右，党的自身建设随之提上日程。

开展党员教育工作。一是举办学习班，组织党员集中学习。从1947年末开始，中共晋察冀中央局城工部（1948年5月改称华北局城工部），在沧县、泊镇开办学习班，组织地下党员学习《目前形势和我们的任务》等文件，总结交流学运经验。他们将学习收获和心得带回北平，向其他党员和进步分子传播，扩大影响。

清华大学党员吴方结合自己在解放区的见闻感受，写了一本小册子《冀东行》，印刷5000多册，在平津各校风靡一时。据吴方回忆，解放后燕京大学一位熟识的女同学对他说，《冀东行》那时简直让我们入了迷，从那以后我们才坚定了跟党走的决心[①]。

二是主要利用组织生活开展党员教育。即在基层单位，组织党员学习军事、政治形势，交流工作经验，开展批评与自我批评。从1947年下半年开始，中共北平地下党学委组织城内党员进行整党学习。各支部、党小组以思想教育为主，各种方式学习教育活动。学习内容主要有：讨论刘少奇提出的关于"打倒蒋介石"的几个问题，学习党的政策和时事政治，进行革命气节和秘密工作，特别是组织纪律性教育。在学习过程中，针对党员在尖锐复杂的地下斗争中暴露出的问题，按党员标准进行讨论。在学习文件、检查思想、开展批评的基础上，党组织结合党员的日常表现和学习后的政治态度，逐级对党员进行考察和审查。

加强党的统一领导。北系学委决定把过于分散的单线联系的党员组织起来，建立统一领导机构。清华大学成立了领导8个支部的党总支，师院重建党总支，北大分别在各院建立党支部，中法大学建立两个平行支部。其他院校和部分中学也都建立支部，支部下设若干党

① 吴方：《〈冀东行〉一书是怎样写成出版的》，中共北京市委宣传部等编：《解放战争时期北平第二条战线的文化斗争》，北京出版社1998年版，第282页。

小组。

各支部之间、各党小组之间不发生横的联系，也不召开总支、支部大会。各校党的负责人不能同时担任学生自治会和政治性较强的社团的负责人，遇有学生运动以普通群众身份参加。同时，学委下面按部门或工作类别陆续设立专门委员会，有大学工作委员会、中学工作委员会、第二中学工作委员会、中小学教员工作委员会、职业青年工作委员会，各负其责。

南系学委先后由袁永熙、黎智、王汉斌担任负责人。北大南系地下党于1947年7月成立党总支，分管沙滩区文理法三学院、四院等8个支部。清华南系地下党于1948年初正式建立党总支，分管8个支部。燕京大学南系地下党将原有的一个党支部和一个党小组合并成新的党支部。师院南系地下党于1947年1月建立党支部。

各校党总支、支部和专门工作委员会的建立，将分散的党员拧成一股绳，攥成一个拳头，便于地下党对各校工作的集中统一领导，大大增强了党在基层的凝聚力、向心力和战斗力。

发展党的外围组织。学委根据中共中央和城工部的有关指示，借鉴建立民青的经验，于1947年夏建立“民主青年联盟”（简称民联）。为免遭破坏，民联一般由党支部直接领导，不单设独立的领导机构，不采取统一的名称。民联建立后，发展很快，同民青一起成为北平地下党在青年中最大、最重要的秘密外围组织，到北平解放时盟员达3500余人。

各校分别建立不同名称的革命群众组织。北系党组织领导的有北大的“进步青年联盟”、“中国革命青年联盟”、“文化工作者联盟”（北大教员组织），清华的“中国民主青年联盟”、“华社”、“新民主主义文化建设学会”（清华教员组织），燕大的“进步青年协会”，朝阳学院的“民主工作先锋队”，辅仁大学的“辅仁大学民主青年联盟”，北平艺专的“进步艺术青年联盟”，协和医学院的“协新社”“唯物社”，中小学教师建立的“人民教育工作者联盟”等。南系党组织领导的有清华的“炼社”，燕大的“生活创造社”“新民主主义青年联盟”等。

党的外围组织的建立，“把公开工作和秘密工作、合法斗争和非法斗争结合起来。党员隐蔽于外围组织之中，外围组织隐蔽于群众之中”①。许多进步青年正是经过外围组织的教育和工作锻炼，进而加入共产党，成为杰出的革命者和坚定的共产主义战士。

三、助学运动：寓政治斗争于经济斗争之中

为了推动反饥饿、反内战运动继续深入下去，1947年暑假，学委不失时机地提出“抢救失学危机”的口号，决定领导华北学联发起助学运动，寓政治斗争于经济斗争之中，进一步揭露国民党当局内战对教育造成的恶果，教育团结广大学生，争取社会各阶层的同情和支持。

（一）抢救失学危机

进入1947年下半年，国统区的经济和财政金融状况持续恶化，民众在饥饿线上挣扎，北平的数千大中学生也面临失学的威胁。经常到北大医学院附属医院卖血的人中,有一多半是生活费没有着落的面黄肌瘦、无精打采的青年大学生；许多中学生吃不饱饭甚至吃不上饭，只能到北平市社会局办的贫民食堂去讨饭。如何帮助这些困难学生渡过难关，并团结教育他们以认清国民党当局的反动本质，自觉向共产党靠拢，

助學快報
北平市學生助學委員会發行
八月十八日上午八時出版
10
學生生活苦極慘極
賣血賣學費
做鞋求讀書
校校都有失學
不自助怎得了
訪問組報告各校情形
清華、高舉義旗，
校內義賣明日開始，
北大迎頭趕上
宣募方式具体規定
拚命大「出動義賣
助學的母親

北平市学生助学委员会发行的《助学快报》

① 张大中、宋柏、马句主编：《解放战争时期北平学生运动史》，北京出版社1995年版，第145页。

是党在这个时期的一项重要工作。

在学委领导下，8月8日，北平市中学助学委员会总会正式成立，各校相应成立助学委员会分会，未设分会的学校成立宣募大队，办理本校助学事宜。总会设在民主广场北楼，下设执行委员会，分设秘书、总务、会计、特别募捐、宣募等处和联络、分配等部。为公平起见，另设分配委员会，专管助学金的分配审核事宜。

助学运动的宗旨在于“基于同学互助互爱之精神，以集体力量协助清寒同学解决经济问题”，主要是向社会劝募义卖，举行音乐戏剧等义演及体育义赛，向关心爱护学生的社会团体及个人募捐，募捐目标是5亿元法币。

（二）合情合法的旗号

学委将助学运动作为暑期大中学校的主要工作并要求在策略上争取合法，争取社会人士的支持，充分发挥群众参加助学运动。

8月12日，助学委员会派代表走访北平行辕和市政府，聘请李宗仁、何思源为助学委员会名誉主任，聘请市教育局局长王季高为赞助人。同时，助学委员会还争取平津两市一些知名人士的支持。胡适、梅贻琦、陆志韦被聘为名誉顾问，中法大学校长李麟玉、师院院长袁敦礼、辅仁大学代理校长张重一、燕大校务长美籍人士窦威廉、美国驻北平领事傅瑞门为顾问。天津著名律师张干骏、北大法律系主任费青为法律顾问，辅仁大学经济系主任赵锡禹为会计顾问，天津《大公报》、北平《益世报》等团体及社会名流、大学校长、中学校长14人为赞助方，还有一些不便公开出面却在暗中积极支持助学运动的实业界人士如李烛尘等。聘请政府官员、教育界名流和社会贤达作为顾问和赞助人，使助学运动获得了各界代表人物的支持，取得了合法地位。

（三）助学为乐，助学为荣

8月，各校宣传劝募队队员不顾日晒雨淋，分区分批走上街头，向广大市民散发传单，举办讲演和义卖，忘我地投入到募捐活动。据统计，参加宣募队的学生达3000人，占暑假留校同学的60%。

一是散发传单，动之以情。传单中说：“诸位父老兄弟姊妹，请你们听我们的呼声——一大群读书成了问题的穷孩子的呼声。”“为求帮助无力缴学费的同学，为求克服这普遍的失学的危机，我们，北平市学生，展开了助学运动。”[①]他们喊出口号“助学为乐，助学为荣”“穷学生流泪，只为无钱交学费”“战胜贫困的威胁”，[②]引发了人们同情。

二是搞宣传活动和出售助学章。助学委员会在东单、西单、王府井、前门等人口稠密的繁华商业区张贴宣传标语和壁报，唱《活不起》等助学歌，散发助学特刊。每个宣募队员胸前配有助学委员会的特制徽章，向行人推销助学章，普通助学章一枚2000元、荣誉助学章一枚5000元、窗贴一份1万元。在同学们入情入理的劝募下，工人、店员、公务员、家庭主妇等纷纷掏钱购买，得到一份盖有助学公章的收据。3天的街头募捐活动，共筹得法币3亿元。

三是开展义卖和义演活动。参加义卖的东西都是各校同学亲手制作的糖果、书包、手帕、窗贴、肥皂、墨水、字画等。同学们请张伯驹做顾问，举办义卖画展。各校体育社团举办体育表演义赛。9月1日至3日，各校文艺团体在北京大学四院礼堂联合举办助学歌舞义演晚会，上演独唱、大合唱、钢琴表演、青春舞、民族歌舞等，清华、北大的剧艺社合演《升官图》，引起全城轰动。清华大学还组成远征队到天津进行特别募捐。

（四）礼让见真情

助学运动从7月28日开始，到9月18日结束，实现了募捐5亿元的目标。下一步工作就是分配助学金，程序是：个人先申请，助委会调查，最后审核。申请和第一次调查由各校分会分配部负责，助学总会分配委员会负责复查，审核工作由总会分配委员办理。

---

① 《北平市学生助学委员会传单》，中共南京市委党史办公室编：《解放战争时期第二条战线·学生运动卷》（中册），中共党史出版社1997年版，第165页。

② 张大中、宋柏、马句主编：《解放战争时期北平学生运动史》，北京出版社1995年版，第134页。

在分配助学金时，助委会号召开展“礼让活动”，提出“大哥哥大姐姐让小弟弟小妹妹”“经济困难的让给经济绝望的”倡议。各校同学之间发扬互谅互让互助友爱的精神，公立大学同学主动让给私立大学同学，大学同学主动让给中学同学。最让人感动的是师院同学提出放弃申请助学金的权利，为更多中学同学解决困难。最后，1500名同学得到助学金，多者得到100万元左右，少者也得到一二十万元，基本解决了失学危机。

助学运动是北平学生发动的一次合法的、广泛群众性的社会统一战线的经济运动。它的直接目的是“抢救失学危机”，实质是寓政治斗争于经济斗争之中，“是一种不提政治口号的政治斗争”①。助学运动扩大了中国共产党和进步社团的影响，使更多的学生觉悟起来，积极投入第二条战线斗争行列。

四、四月风暴：一腔热血促“六罢”合一

1948年3月29日，蒋介石不顾各界强烈反对，强行召开“行宪国民大会”选举总统。北平当局查禁华北学联，逮捕学生，制造四九血案，激起广大师生的愤怒。学委领导北平爱国师生相继发动抢救教育危机、保卫华北学联、“六罢”斗争和四九大请愿，掀起“四月风暴”，使第二条战线进一步发展壮大。

（一）唱出一个春天来：平津同学大联欢

五四运动以来，在北方历次较大规模的学生运动中，平（京）津两市的高校向来有互相支援、并肩作战的光荣传统。1948年3月，华北学联同意北大提出的关于平津学生大联欢的倡议，并以北平各大学学生自治会联合会的名义写信给天津各校，邀其赴平联欢。

3月27日下午，天津南开大学、北洋大学、河北工学院、女子师

① 张大中、宋柏、马句主编：《解放战争时期北平学生运动史》，北京出版社1995年版，第136页。

范学院、工商学院等校的600名同学陆续抵平。北大同学为他们准备了热乎乎的饭菜，有馒头米饭、白菜豆腐，这在当时已是非常丰盛的晚餐了。饭后天津同学到中法大学参加欢迎会。简短的欢迎仪式后，放映电影《列宁在十月》。天津同学第一次看到这部电影，十分激动。当看到列宁宣布社会主义革命胜利时，全场起立，鼓掌欢呼，经久不息。

3月28日清晨，天津同学会同北大、中法、师院、辅仁等校同学和各中学同学共计3000余人，分乘20多辆卡车或骑自行车，浩浩荡荡开往燕大、清华两校。

3月底的燕园，风光旖旎，春意盎然。校门内一列大长桌上平铺着一面大红旗，上面镶着8个白色大字："团结战斗，迎接光明。"同学们先后用毛笔在大旗上签名，然后由燕大同学陪同，到校内各处参观。微风徐徐，柳丝轻拂，湖水泛漪，百花斗艳，天津同学和城里来的同学真正感受到了春天浓郁的气息，心情豁然开朗。他们有的在绿茸茸的草地上，欢笑，跳跃，奔跑，纵声歌唱；有的在雕梁画栋的穆楼内外专心致志地观看各社团的壁报，《自由论坛》《燕京生活》《火炬》《北极星》，犹如暗夜中的火把，引领着他们的心绪，激发着他们的灵感。在学生自治会所在的麦风阁，大家争相购买新出的《燕京新闻》，先睹为快。

上午10时半，在大体育场举行了联欢大会，4000多名同学席地而坐，乐队奏响鼓号，4位同学高举几千名同学签名的大红旗，后面是各校同学代表组成的主席团，绕场一周，然后把旗撑在主席台上。燕大自治会主席孙会鑫和平津各校的代表相继致辞，强调平津同学发扬光荣传统，团结起来，争取民主。接下来是文艺表演。燕大高唱队的5个指挥晏苏民、冯祥光、王广荃、赵行道、冯际昌一字排开，集体指挥全体同学齐唱《国际歌》《团结就是力量》。燕大新诗社朗诵新诗《打倒东方的暴君》。最后海燕剧团和燕剧社演出卡通剧《御前会议》，描写的是蒋家王朝各派互相推脱战争责任，强指一个被捕学生为"共党分子"，然其招出的同党竟为各阶层人民，于是30余人一起上台，蒋介石便被吓倒了。滑稽的表演，辛辣的嘲讽，深刻的寓意，引得大家笑声、掌声不断。

下午1时，同学们从燕园步行前去清华园。沿着一条潺潺的小溪，步入石坊式的大门，来到心仪已久的清华园。在清华同学的陪同下，参观壁报展览、木刻展览，以及“抗暴”“反饥饿反内战”运动展览。在歌咏室，清华大家唱歌咏队的同学领着一些中学同学唱民主歌曲；在草坪上，民舞社的同学领着大家跳民间舞蹈。下午3时，在大礼堂举行游艺会。清华自治会主席致欢迎词，并宣读张奚若、吴晗两教授致平津同学的两封信。随后，清华大家唱歌咏队演出《生产大合唱》，中学生联合歌咏团“铁流”演唱《插秧谣》《胜利进行曲》。最后，清华剧艺社演出新编讽刺剧《清华园外的竞选》，讥讽即将在南京上演的“行宪国大”和“选举总统”的丑剧。下午6时许，20多辆卡车和几百辆自行车组成的“长龙”载着3000多名同学，映着夕阳的余晖，一路欢歌，驶向北大民主广场，参加营火晚会。

参加晚会的平津大中学生达万人以上，连东西两面的围墙、周围的屋顶上也坐满了人。晚上7时半，晚会正式开始。4个身穿运动衣、身材健硕的同学举着火炬，跑步绕场一周，然后点燃广场中央的木柴堆。熊熊火光中，全场学生齐声高唱《光明赞》：“兄弟们，向太阳，向自由，向着那光明的路。你看那黑暗已消灭，万丈光芒在前头！”

大会主席柯在铄首先致辞：“火是光明的象征。我们要把光明的火焰燃遍中国每一个黑暗的角落。”接着举行献旗仪式，一队北平同学伴着咚咚的鼓声，高举“民主旗”，献给主席台上4位天津同学代表。在暴风雨般的掌声中，天津同学接过旗帜，振臂高呼：“我们要把民主的旗帜插遍天津每个学校！”

游艺节目在大家的期盼下登场。师院的喀什噶尔舞，清华的巴安弦子、农作舞，北大的斗牛舞，先后登台亮相。北大、中法两校歌咏团合唱《民主青年进行曲》《青春战斗曲》，并领着全场高唱《团结就是力量》。接下来南开、北洋大学的百余名同学扭起大秧歌，绕场一周后，大家意犹未尽，于是又绕一周。继由平津8校自治会代表发言，强调要更加团结，共同战斗，并宣布成立联防机构。最后大会主席带领大家高呼口号："我们要读书，反对失学！""独立、和平、民主的新中国万岁！"夜深了，仍有数千同学围着篝火唱歌，不愿离去。

29日下午2时，纪念黄花岗先烈大会在民主广场举行，共计3000余人参加。华北学联代表李瑞生首先致辞，随后许德珩教授起立演讲，在讲到民主问题时，他认为民主有资产阶级民主和人民民主，断言"前一种民主已经旧了，过时了，我们不要了！我们所要争取的应是后一种进步得多的民主！"接着袁翰青教授谈了知识青年的出路问题："今天知识青年只有一条路，就是与苦难的人民同在。我希望今天大家每个人都向自己宣誓：我一定永远地为中国人民的解放而奋斗！"樊弘教授最后诙谐地说："刚才袁先生告诉诸位只有一条路，我认为有两条路。我和袁先生比是退步多了。""一条是由少数人掌握政权，为保持他们的既得利益而压迫全国大多数；一条是工、农、兵、学、商各阶层的人民联合起来，向独裁集团要回政权，愿意，就采取和平的方式，不愿意，就用武力把政权跟它夺过来！"①

历时3天的平津同学大联欢活动结束了。这是平津同学友谊的集会、团结的集会，也是进行新的战斗动员的集会。

（二）众人同心，其利断金：学府民众促"六罢"合一

1948年1月至3月，国统区物价出现六连涨，北平各大中学校的教职员工三餐不饱，广大学生啼饥号寒。在多方告求无果后，北大讲师助教联合会、清华大学教联决定自4月6日起罢教，北大工警公会、职员公会也决定自4月6日起罢工、罢职。此前，为抗议北平当局查禁华北学联，北大、清华等5校决定从4月3日起一致罢课3天。

在北大、清华教职员工行动的影响下，师院等各校的教职员工联

① 张大中、宋柏、马句主编：《解放战争时期北平学生运动史》，北京出版社1995年版，第167—168页。

合会先后决定罢教、罢职、罢工。北平研究院助理研究人员联合会决定同时罢研，北大附属医院医护人员决定同时罢诊。北大、清华等校同学为支持教职员工的行动，均自6日起继续罢课。这样就形成了北平民主运动史上空前绝后、蔚为壮观的师、生、员、工共同对国民党当局斗争的罢教、罢职、罢工、罢研、罢诊、罢课即“六罢”合一的宏大历史场景。

为扩大“六罢”斗争的影响，争取各个阶层人民的同情和支持，各院校的教职员工组织展开强大的舆论和宣传攻势。教职员工以举行记者招待会、发表宣言等形式，呈现事实真相，控诉当局摧残教育。知名教授也施以援手，清华教授30人、北大教授36人、师院教授15人积极响应罢教。

各校同学在校内外开展各种形式的活动，助威声援。北大、清华、燕大、师院、中法、南开、北洋7校自治会联名发表《反饥饿反迫害罢课宣言》，向政府提出旨在提高师生员工待遇的6项要求①。各校学生自治会还举行了别开生面的师生员工诉苦大会、师长工警生活座谈会、招待工警晚会等。在师院工警诉苦大会上，新诗社同学朗诵《献给工警兄弟们》的长诗，台上的朗诵者在流泪，台下的工友和同学一边听也一边流泪，朗诵还未结束，全场就响起一片怒吼：“反饥饿！”“要活命！”工友代表张嘉麟拿着一块冷白薯在控诉：“全家就仗着几块白薯活命！”大家这才明白了工友们过的是怎样的日子。各校同学为了支持工警罢工，组织服务队，接手工友们的工作。一群几乎没有干过粗活重活的纤弱书生，拎起扫帚打扫校园，拿起墩布清理厕所，挥动铲勺炒菜做饭，烧锅炉，看电话，守校门，一个个既兴奋又新鲜，跑前跑后，忙得不亦乐乎。有些技术性强的工种，如蒸馒头、炒菜等就由大师傅现场指导。工友们感受到了同学们的热情，同

① 这6项要求是：(1)提高教育经费最低至宪法规定的15%；(2)合理提高大学教授、讲师、助教、职员待遇，配发面粉；(3)国立学校学生给予全面公费；(4)补助私立大中学校经费，增设奖学金；(5)市立中小学教员全体配面；(6)提高学校工警待遇，配发面粉。

学们体会到了劳动的艰辛，懂得了自己能吃上热乎的饭菜，能在窗明几净的教室里学习，能在风景如画的校园里散步，全赖工友们辛勤的劳作。当时就有同学用《向英雄学习》的曲子，填了新词，一边劳动，一边歌唱："向劳动工友学习！向劳动工友学习！"同学与工友们的关系更加紧密。

各校同学还在校外广泛开展宣传活动。北大红楼的对外广播经常吸引行人驻足倾听，少则四五十人，多则数百人。北大各学院、清华、燕大等校的同学都把大字壁报、标语、漫画贴在校门外和附近街道。师院大门两边的门柱上贴的是一副对联："征粮征兵征税逼人民走投无路　罢工罢课罢教要政府还政于民。"这副对联击中时局要害，契合人民心声，引得围观行人频频击掌叫好。4月5日，北大罢委会组织沙滩、四院、工学院700多名同学，到前门、东单、王府井、西单、宣武门、护国寺一带散发宣传品1万多份。北京大学四院自治会在宣武门附近的城墙上用白灰粉刷"反迫害"3个大字，每个字有丈余见方；两侧是"保卫华北学联""团结就是力量"等口号，也有4平方米大小。气势宏伟，从很远地方就能尽收眼底，起到了特殊的宣传鼓动作用。

4月8日，华北学联等各机构发出休罢宣言，决定从4月9日起暂时中止"六罢"斗争。

（三）一分自由一分血：四九大请愿

树欲静而风不止。"六罢"运动后，国民党当局决计报复。4月9日0时30分，百余名国民党特务分两队冲进北平师院，分别袭击南部斋、一字楼学生宿舍和文科大楼，将两名同学打成重伤，并绑走8名同学。

血案发生后，师院地下党反应迅速，领导学生自治会与和平社团迅即开会，组织抗暴委员会，重组纠察队，发布《告师长书》《告社会人士书》，派同学联络兄弟院校，通知学校负责人立即到校商讨对策，致电袁敦礼院长请他立即回平……沉稳镇静，思路清晰，有条不紊，体现了地下党强大的应对突发事件的能力。当情绪激愤的学生提出立即到行辕请愿时，南北学委负责人认为此时请愿有理有利，应顺应群众要求，立即出发。经过仅半小时的紧急准备，一支七八百人的队伍便冲出校门，奔向行辕。其他学校的地下党领导自治会和社团也紧急动员同学，迅速组织起一支6000多人的队伍，齐聚新华门，给了北平当局以极大的压力。

各校队伍到达行辕后，学委指导华北学联和各校代表组成大会主席团，全权指挥请愿活动。北系学委的张大中、项子明随队伍来到行辕，观察事态发展，就近指导工作，保护同学安全。主席团向行辕提出的6项请愿要求均经过张大中等人审查同意。当个别情绪失控的同学几次试图冲击行辕、极可能酿成流血事件的危急时刻，张大中急忙通过主持大会的燕大党员陶正熠加以阻止："一定要稳住同学情绪，不能冲。"主席团的各校代表也分头劝告各校同学保持冷静，听从指挥，统一行动。当行辕参谋长徐启明试图拖延释放被捕同学，并指责学生违反《戡乱总动员令》，命令学生立即返校时，地下党指挥谈判代表坚决抵制，"除非以上各项要求获得圆满解决，请愿同学决不返校"，最终迫使行辕答应立即释放8位同学。

在此次请愿中，地下党始终把师生的利益和要求放在第一位，充分利用"合法"斗争，将原则性和灵活性有机结合起来，表现了成熟高超的领导艺术。对此，周恩来在5月19日代中共中央起草的给上海局的指示中给予充分肯定："平津学运很有成绩，在北大、清华、燕大、师院、南开、北洋等主要大学校争取了多数，有一批中坚分子，斗争经验丰富，华北学联仍享有相当威信。"①

（四）学府守护神：师生工警联防护校

4月10日下午，师院学生自治会举行"迎慰被捕兄弟归来大会"。北大、清华等校同学接连致慰问词："一分自由一分血！""你们的血染红了中华民族解放之花！"姚炯代表全体被捕同学致答词："我

① 《中共中央关于华北学运归华北局领导给上海局的指示》（1948年5月19日），中共浙江省委党史研究室等编：《解放战争时期第二条战线·学生运动卷》（下册），中共党史出版社1997年版，第6页。

们经历了黑暗势力的迫害，更增添了追求光明的勇气。”北京大学四院的剧艺社同学演出新编活报剧《狼与狗》，医学院演出《穷人站起来》，师院新诗社朗诵即兴创作的新诗《告陈继承》，北京大学大地合唱团演唱《这样的政府一定垮》。

4月11日，国民党北平市党部纠集特务、流氓、暴徒5000余人举行“清共大游行”。先后杀向北大和师院，殴打学生，撕毁壁报，张贴反动标语。

四一一暴行激起广大师生员工的极大愤慨，北大、清华、燕大、师院等校方和北大等11所院校学生自治会纷纷起来声讨抗议。各校当局重视加强联防工作，各校党组织和学生自治会积极配合，基本形成了师生工警联防的安全保卫格局。

各校同学踊跃参加，北京大学四院达到100%，沙滩区达到90%。各校联防组织设立总指挥部，下分纠察队和斋防组织两部分。纠察队按系级或自愿报名组成，负责把守校门、看守电话、巡逻、瞭望等工作。斋防组织由每3个寝室组成一小组，每一宿舍楼或每一地区组成一中队，轮流值班，日夜守卫宿舍。

各校工友也组织起来，参加守卫巡逻等工作。联防工作中涌现出许多感人事迹。清华气象系教授李宪之亲上瞭望台参加瞭望工作。费孝通夫人蒸包子、煮糖粥，送给守卫同学。燕大夏仁德等外籍教授也参加巡查工作。北大讲助会捐款1000万元，一半给同学，一半给工警。各校联防队员工作辛劳却充满自豪感。

师院尹专同学为联防队员专门创作《五更守卫歌》，传唱一时：“一更里月儿上柳梢，背起了木棍，握紧了铁条，挺起身来，站岗又放哨，不让特务腿子抓人又胡搞。二更里月儿亮光光，站在了岗位上仔细想一想，中国的法律早就喂了狼，自己的安全自己来保障……”①各校的联防工作一直持续到4月底才告结束。

---

① 徐康编：《青春永在——1946—1948北平学生运动风云录》，北京出版社2004年版，第102页。

四月风暴斗争中，守卫在校门前的师院学生

四月风暴是第二条战线在北平的深入发展，斗争中第一次出现了“六罢”合一、共同向国民党当局抗议的局面。广大同学在斗争实践中得到了锻炼，思想政治觉悟有了不同程度的提高；越来越多的教授、讲师、助教同情和支持学运；一些学校当局转向同情学生运动。学生运动的正义性深得人心，国民党的倒行逆施到了众叛亲离的地步。国民党中央青年部长陈雪屏不由得哀叹：“比丧失20万大军还惨。”

五、六九大游行：反对美国扶植日本

第二次世界大战后，美国基于称霸世界的战略利益，企图把日本作为远东地区反共反苏的基地，严重危及中国安全，引起中国人民的警觉和愤怒。在学委领导下，北平青年学生和教职员工以各种形式表达对美国扶日政策的不满和愤怒，并在1948年6月9日汇成“反美扶日”大游行。

（一）民意不可违

为揭露美国扶植日本的阴谋，暴露国民党当局依仗美国的嘴脸，北平地下党和各校自治会领导广大同学开展了多种形式的活动。

开展民意测验。北大政治系系会、燕大政治学会就美国扶日问题在《北平日报》登出开展民意测验的布告，并附有8个问题，是一次面向全市市民的大规模民意调查。《北大半月刊》在沙滩区举行反美扶日民意测验。在参加的317名学生中，认为日本军国主义开始复活的，计301人；认为日本军国主义的复活完全是美国扶植的结果的，计304人；认为国民党政府的对日政策是跟着美国跑的，计246人；认为“美国资本、日本工业、中国原料”是奴役中国的政策的，计296人。这表明大多数学生对美国扶日的实质、后果及当局立场的认识还是比较清醒的。

举办座谈会，邀请知名教授演讲。1948年5月底，北大学生自治会邀请王铁崖、汪瑄两位教授，清华学生自治会邀请王遵明、张东荪两位教授就美国扶日问题发表讲演，同学们展开热烈讨论。其他各校也举行了座谈会、演讲会。被邀教授都是知名的、有强烈爱国情怀的政治学家和国际问题专家，他们对美国扶日问题的分析颇具权威性，澄清了学生和一般民众中存在的一些模糊认识。同学们之间的、讨论以至辩论，收到了“真理越辩越明”的良好效果。

出壁报、办展览。在反美扶日的宣传活动中，北大的“实学”“呐喊”“北斗”“女同学会”等社团，清华的“清华人”“北方”“钢铁”“炼社”等社团纷纷贴出壁报、海报，披露大量有关美国扶日的资料。一些学校举办专题性资料展览。铁道管理学院各社团5月初剪贴各报刊有关美国扶日的资料，标出醒目的题目，如“美帝助日建立军队”“日本人又要来了”等，张贴于校内，引起广泛注意。北大还举办图片资料展览，燕大、中法、师院、朝阳学院举办漫画展览，其中，燕大的漫画展轮流在北大、清华等校展出，受到一致好评。

成立“反扶日联”，召开五卅纪念大会。华北学联鉴于3月底被查禁不便公开活动，决定成立“华北学生反对美国扶植日本抢救民族危机联合会”（简称反扶日联），对内是华北学联的专门机构，对外作为独立机构领导反美扶日运动，参加者为平津唐11校。

经过一番筹备，5月30日下午3时，反对美国扶植日本、纪念五卅大会在北大民主广场举行。平津唐12所大学和东北中正大学的学生代表共1500人参加大会。大会一致通过成立“华北学生反对美国扶植日本抢救民族危机联合会”，并通过《致美国国务卿抗议电》等。

当时许多同学要求上街游行，主席团考虑到军警已有部署，不能冒险，便说服同学改绕民主广场游行。

（二）“请辞职返校，司徒雷登先生”

长期担任燕京大学校长、校务长，时任美国驻华大使的司徒雷登极力为美国对日政策辩护，对中国人民的正义言行大肆指责污蔑。6月4日，司徒雷登发表声明恐吓说，反美扶日运动“倘仍继续进行，可能招致不幸之结果”，“鼓动或参加反美扶日政策运动诸君，对余今所言如不同意，则诸君必须准备承受行动之结果”[①]。此前，美国驻沪总领事卡宝德和上海的《大美晚报》也异口同声地指责中国学生的反美扶日运动是“忘恩负义之举动”，“实为可恨”，并迫使国民党当局镇压学生的爱国行动。果然，国民党上海当局制造了六五血案。

北平学生及各界群众对司徒雷登的恐吓和国民党当局的暴行极为愤慨。6月6日，平津唐11所院校学生自治会联合发表抗议司徒雷登的声明，义正词严地宣布：“中国人民和中国学生不是任何恐吓和暴力所能吓倒的……‘承受行动之结果’者，不是中国人民和中国学生，而是美帝国主义！”[②]北平各院校教授、讲师、助教437人也发出致司徒雷登函，用事实对其谬论逐一驳斥。

佘涤清和大学工作委员会仔细分析北平的形势，决定组织各校同学游行，并创造性地采取先分路游行，再集中开会的方式，事前保密，突击游行。

燕京大学在反美扶日特别是如何对待司徒雷登的问题上具有特殊地位，由该校率先发声，作用更好。但因司徒雷登对校务尚有实际支配权力，一些教授为了保住饭碗，不愿表态。地下党决定采取批评教育的策略，不过分刺激校方，在宣传上聚焦于“吾爱吾师，吾尤爱真

① 张大中、宋柏、马句主编：《解放战争时期北平学生运动史》，北京出版社1995年版，第214页。

② 《华北学生反美扶日抢救民族危机联合会对司徒雷登声明的驳斥》（1948年6月6日），中共浙江省委党史研究室等编：《解放战争时期第二条战线·学生运动卷》（下册），中共党史出版社1997年版，第167—168页。

理”，不同某些教授发生直接冲突。学生自治会根据党组织决定，于6月7日开会做出5项决定①。

会议还决定，由学生自治会起草两封致司徒雷登的信。一封采用给美国驻华大使的口吻，抗议其声明，严厉谴责美国的扶日政策；另一封采用给校务长的口吻，对其声明表示遗憾，请他辞掉大使职务，返校主持校务。这种做法得到大多数人赞同，大家纷纷签名。这样既团结了校方和大多数教授，又把同学发动起来。

（三）别开生面的斗争

6月9日拂晓，各校分别召集同学，宣布当天游行。其中，有两个节目深深吸引了围观群众。

一个节目是一首揭露美蒋罪恶的歌曲：“有些家伙天生着一副黑心，请来了美国兵，杀人又奸淫，为的是讨他们喜欢，帮助来打内战哪！”这首歌唱到了老百姓的心里，围观群众不住地点头、鼓掌、叫好。

另一个节目是队伍前面的流动活报剧，宣传效果最好。内容是：一个美国人、一个中国的资本家，唆使一个日本兵抢走一个做生意的老人的货物。当老人向日本兵讨要时，他不但不给，还用棍子痛殴老人，一个青年学生过来干涉，日本兵反而打得更凶，致使老人昏倒在地。老人的孙女苦苦乞求，日本兵却毫无人性地想侮辱她。旁边的美国人不但不表示同情，反而哈哈大笑，连连赞赏：“顶好！顶好！”同学们悲愤地对群众说：“同胞们啊，看见了吧，八年中我们同胞受尽了这样的凌辱，今天日本兵又要来了。”话音未落，“打倒日本帝国主义”“反对美国扶植日本”的口号声如山洪暴发般轰鸣起来。

在王府井，几个小孩儿见“日本兵”打中国人，脸都气白了，一

① 这5项决定是：（1）收集美国扶日资料寄给大使，请予解释；（2）将收集之资料给美籍教授阅读，请其发表意见；（3）请司徒雷登大使说明其声明是否为华府指使，如是请其辞职返校；（4）根据司徒雷登声明发表抗议书；（5）原则决定罢课抗议，与北平各校联络后采取一致行动，其日期及期限授权自治会常驻会及执委会决定。

1948 年 6 月 9 日，在中共北平地下党的领导下，清华大学、燕京大学等北平学生举行反对美国扶植日本侵略势力复活的“反美扶日”游行示威

个小孩儿搬起一块石头一定要打死这个“日本兵”，哭着说“我的妈妈、爸爸都是让日本人打死的，今天我非要打死这个‘日本兵’不可”，并拼命往队伍里冲，同学们急忙把他拉住，解释说这是演剧，不是真的日本兵。小孩儿仍然哭泣不止，眼里噙着仇恨的泪花。行至青年会时，几个青年军士兵被同学们的爱国行动所感动，也跟着喊起口号来。

下午3时，在民主广场举行“华北学生反对美国扶植日本，抢救民族危机大会”，通过了主席团提出的5项决议。最后，大会主席带领全体同学进行了庄严宣誓。

（四）“君子不食嗟来之食”

1948年春，美国一个具有政府背景的救济机构给平津大学生提供救济品，如无偿补助营养品和衣服，供应平价面粉。为了抗议美国，维护民族尊严，爱国师生断然拒绝美国的救济。

早在“六九”游行之前，北洋大学教授张国藩、陈荩民率先拒绝接受美国救济品。北京大学四院同学继而响应，发表拒领美国救济品的声明，将准备分发的几万个鸡蛋退了回去。“六九”游行以后，拒领“美援”在北平各校渐成风潮，“不食嗟来之食”成为爱国师生的共同心声。燕大各社团、团契等纷纷召开座谈会，请一些进步教授发表谈话，动员大家弃领“美援”。大多数同学坚决响应号召，将领取营养补助证贴到图书馆和教室楼的外墙，以明“拒领美援”之志。北大、师院、中法、艺专的爱国教职工和学生纷纷签名，拒绝美国的“救济”。各院校贴出“不食嗟来之食”“中国人的良心不能收买”“反对美国政府以救济为诱饵骗中国的人心，换取中国的主权”等壁报，充分显示了中国人民人穷志不移、家贫气不短，宁肯饿死也不当亡国奴的高尚民族气节。

6月19日，张奚若、吴晗、朱自清等110名清华教职员工联名发表拒领美国救济的声明：“为了表示中国人民的尊严和气节，我们断然拒绝具有收买灵魂性质的一切施舍物资。”朱自清教授当时贫病交加，家里人口多，生活拮据，仍毫不迟疑地签字去。宁可饿死，不领美国的救济粮，他在临终前还特意嘱咐妻儿：“有件事要记住，我是在拒绝美援面粉的文件上签过名的，我们家以后决不买国民党发售的美国面粉。”毛泽东在《别了，司徒雷登》一文中高度赞扬朱自清“表现了我们民族的英雄气概”。

反美扶日运动沉重打击了美蒋反动派，是北平学府广大师生爱国奋斗精神的又一次光辉写照。民族利益至上的爱国主义情怀和立场，贫贱志不移、饿死不做奴才的民族气节，高度的组织纪律性和不屈的斗争精神，是这次运动留下的宝贵精神财富。上海的《观察》写道：“学生已经成为了人民利益的发言人……他们在现实的分析，理想的追求，办事的能力，奋斗的精神上，均已表现出惊人的成就，他们俨然成为一个推动时代的巨轮。”

第三节　黎明前的殊死较量

面对国统区第二条战线深入发展，国民党当局十分恐惧，密谋镇压。华北“剿总”1948年8月19日实施大逮捕。学委与北平当局斗智斗勇，最大程度保存党的骨干力量和学府的进步力量，为即将建立的新中国保留了大量人才。

一、反抗八一九大逮捕：斗智斗勇保火种

1948年8月19日清晨，北平11所大专院校突遭国民党军警宪特包围封锁。北平当局随即公布3批共计463名被拘传学生的名单，声称如不自动投案，即派军警进校搜捕。学委对此早有警惕，事发前已将部分暴露的党员、盟员和进步同学转到解放区，并对留守北平的人员进行纪律和气节教育，做好应变准备工作。

（一）主动出击，斗智斗勇，化危难于无形

北大、清华、燕大、中法、师院5所大学地下党及其外围组织力量、进步力量较为强大，在这次反迫害斗争中，主动出击，以攻为守，广泛发动师生，团结学校一切可以团结的力量，挫败了北平当局的迫害行动。

众志成城，纠察护校。各校自治会召开紧急会议，强烈要求校方退回拘传票，拒绝出庭受审，并决定开展“一人入狱，万人坐牢”的签名活动；利用壁报揭露敌人阴谋，做好教授和校方的工作，争取同情、支持与保护。同时，加强宣传舆论攻势。北大等4校学生自治会联合发出《抗议当局摧残教育迫害学生宣言》。北大各社团、系级纷纷贴出大字报和标语，揭露北平当局阴谋，号召全体同学起来保卫北大。清华自治会用大字报公布当局要拘捕31位同学的消息和名单，号召同学起来抗争，同时巧妙地通知了尚未得到消息的同学迅速采取隐蔽措施，可谓一举两得。中法大学自治会发表《为抗议非法拘捕告

社会人士书》，并立即油印出来，分送各大学各报社。

各校还组织了护校队、纠察队，集全体同学之力护校。北大有300多名同学报名参加护校队，决心以血肉之躯捍卫北大尊严，誓与红楼共存亡。各宿舍也建立安全联防小组。清华大学自治会在各道校门加强防守，紧要地点设立固定岗哨，校内日夜巡逻。一层宿舍的同学搬到二、三层住，女生宿舍由纠察队专门防守。燕京大学学生自治会立即组织纠察队，把守校门。中法大学、师院学生自治会组织纠察队，坚决抗拒军警入校搜捕。

各学校纠察队、护校队，最终未能阻止军警入校搜捕，却起到了迟滞作用，为有关同学安全转移赢得了宝贵时间，一定程度上挫败了敌人阴谋。

斗智斗勇，金蝉脱壳。紧急转移未离校同学是粉碎围捕的关键一环。各校地下党、自治会和进步同学充分发挥聪明才智，创造性地开展对敌斗争。

一是隐蔽待机，乘虚突围。趁风高月黑之夜，选择偏僻荒凉或敌人未设防之处跳墙突围，或趁守门军警换岗之际撤离学校。这是最常采用的方式。二是沉着冷静，从容撤退。中法大学地下党利用招考新生复试的机会，掩护3位同学不露声色地越过关卡。师院同学采取分人包干办法，由几位同学护送一位同学安全离校。三是改头换面，金蝉脱壳。师院自治会用馒头抹掉学生证上的墨迹，书法好的同学模仿原来的笔迹，写上新名字。对身体病弱或行动不便的同学，师生们就把他们藏在校内偏僻之所，待风声过后再出来。

爱生如子，肝胆相照。大逮捕发生前后，5校自治会派同学遍访著名教授，请他们表明立场。进步教授们都激烈反对当局这种丧心病狂的迫害行径。

北大、师院的许德珩、袁翰青、俞平伯等55位教授，发表宣言，抗议当局摧残教育，迫害学生；北大大多数教授、讲师、助教签名发表《抗议书》。进步教授积极奔走，想方设法保护、转移和营救有关同学，许多事迹非常感人。

北大农学院教师申葆和，在教职工宿舍前看到特务捕人，挺身而出拦住特务警察，不让他们把人带走，并为隐蔽好的农学院地下党员黄芦，送来每日三餐，最后被安全护送出校。燕大夏仁德教授热情收留陶正熠等6位同学，深夜把学生领到燕南园墙根下，让学生踩着自己的肩膀翻墙而出。赖普吾教授不辞辛苦，不顾危险，与同学生一起参加校门守卫工作。

中法大学几位教授在精神上给予广大同学极大的激励。袁宝民教授说："当局的迫害不是几名同学的事，而是全体同学的事，也是整个学界的事。"佟仲昭教授说："我同意同学的办法，愿与同学站在一起。"

团结校方，抵制有效。北大、清华、燕大、中法、师院学生自治会积极做校方工作，最终争取5校校方支持学生，不与当局合作。

北大沙滩党组织通过安全保障委员会，组织300多名同学到东厂胡同胡适住宅请愿，要求保障学生安全。清华学生自治会派代表到校长梅贻琦家请愿，梅贻琦答应尽力交涉不让军警进校，并向当局说被拘传的56名学生无一人在校，实际上将在校的15名被拘传的同学保护起来。燕京大学校长陆志韦站在广大同学一边，当军警强行进校搜查时，采取不合作态度，限制军警行动。对于两个被捕的学生（其中一人在名单上），校方想方设法将他们都保了出来。

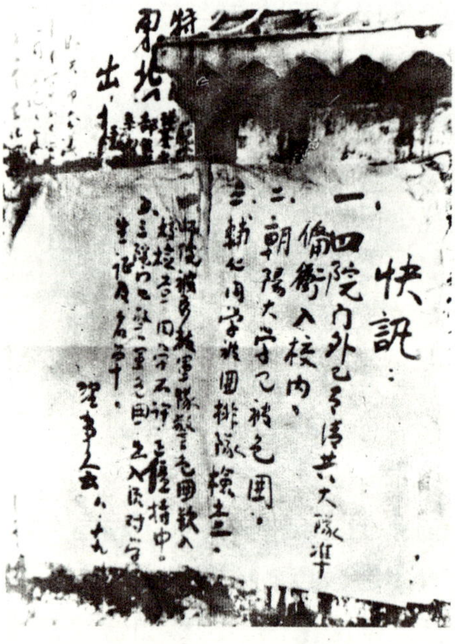

理事会张贴的八一九学校被国民党军警包围的快讯

中法大学校方支持自治会的决议和行动，校长李麟玉拒不接受第二批拘捕名单，并示意同学赶紧离校，嘱咐说："不要让人抓住把柄。”师院自治会找到袁敦礼和温广汉，请学校保障在校同学的安全。袁敦礼召集各班代表和各斋室长讲话：“保证军警绝不入校检查，请同学放心。”

灵活处理，手法高超。反逮捕斗争中，各校地下党组织没有采取坚决阻挡、硬抗到底的方式，在不损害根本利益的前提下，适当做些让步和退却，这一点上，与学校当局是不谋而合。

军警围北大校园6天不得入，为了交差，他们要求校方允许少数军警入校走个过场，安保会心领神会表示同意。警宪头目率领几名宪兵警察在民主广场转了一圈，看了孑民图书馆，回去向上司交了差。警宪头目离开不久，包围沙滩的警宪特务也都撤走了。

撤退人员、隐藏文件工作完成后，清华大学自治会经与校方磋商决定，在军警答应5个条件的情况下可以入校。为了找台阶下和回去交差，军警答应了5个条件后进校搜查，200多名军警忙活了两个多小时，一无所获。

包围燕京大学的国民党青年军208师坚持入校搜查，陆志韦校长提出“不在名单上的人，不论有无嫌疑，都不得逮捕”等4个条件。警察进校后按名单一一查对，终无收获。

中法、师院校方一开始就与国民党军警宪特反复周旋，给上名单的同学撤离学校赢得时间。后来实在顶不住了，只得允许军警进校搜查，但该撤离的同学已经远走高飞了。

（二）英勇抗拒，积极营救，为革命保火种

辅仁大学、华北文法学院、朝阳学院、北平艺术专科学校、北平铁道管理学院、中国大学6所院校也有部分地下党员、盟员和进步同学上了拘传名单。这些学校的进步力量相对较小，阻挡不了军警入校搜查，有的校方还伙同军警宪特迫害学生，致使上了名单的甚至没上名单的同学被捕。地下党想方设法阻止军警宪特抓走同学，敦促校方、发动广大师生积极营救被捕同学。

辅仁大学学生自治会的部分领导权被国民党、三青团分子把持，中间同学占大多数，政治力量敌强我弱。8月19日凌晨，军警包围学校并送来拘传票24张，涉及党员7人，盟员和进步同学10余人。校方督促上了名单的同学自动到投案。在校方的配合下，军警闯入学校，按图索骥抓人，共捕去6位同学。地下党员、盟员团结进步同学寻求生活协进会出面营救，陈垣校长答应出面交涉，以学校名义将同学保释出来，被捕同学的家长也积极展开营救。最后在学校和亲属的担保下，被捕同学先后被释放。

华北文法学院是著名教育家蔡元培创办的一所私立学校。当时在校生约1200人，政治成分比较复杂。19日早晨，校内特务带领军警闯进学校，包围西楼学生宿舍，按拘传票宣读共产党员名单。一开始，同学们坚决拒绝军警抓人，后来有的党员为了不牵连其他同学，主动下楼，准备入狱做斗争。大家异口同声地说："要坐牢，我们一同去！要死一块死，决不出卖同学"，手挽手下楼准备一起坐牢。这时校内特务站出来，给警察一一指认名单上的同学，15名同学被捕（包括未上名单的7位同学）。学院党总支广泛发动教师、同学和校方上层人士营救被捕同学，争取教授签名声援，发动大家捐钱捐物慰问狱中同学。同学们在自己食不果腹的情况下，将白面馒头、花卷、芝麻酱等食品不断送到狱中，还送去报纸供被捕同学阅读。狱中同学大受鼓舞，在敌人审讯面前立场坚定，无所畏惧，12月终被释放。

朝阳学院被拘传学生共11人。地下党要求校方出面交涉，不准军警进校；并将校内的5名名单上的同学隐蔽起来，组织纠察队巡逻自卫。但院方不配合，要把被拘传同学亲自"送"往特刑庭。同学们坚决不答应，关闭校门，纠察队轮流守夜。一直坚持到20日下午6点，最终寡不敌众，名单上的5名同学被捕走。

中国大学地下党员、盟员活动比较隐蔽，没有在校内暴露。上黑名单的12人皆为普通学生，其中8人被捕，但没有审出什么问题，不久被陆续释放。

艺专有8名同学上了名单，只有两人在校，且都安全离开。但校内的反动势力猖獗，派人在校门外监视进步同学，并勒令上了名单的8名同学退学。有3名同学在校外被捕，由于进步同学积极营救，学校出面保释，后被陆续释放。

铁道管理学院有7名同学上了名单，但只有3人在校。为阻止校方将3人交给军警，自治会负责人出面与校方交涉，被拒，于是大家包围训导处，堵住门口，高呼“院长要拿出办教育的良心来”“学府尊严不容摧残”等口号，并高唱《团结就是力量》等歌曲，一时群情激昂，声势壮观。最终，军警宪特共捕去12人，除一名党员外，大部分是盟员和积极分子。

在北平地下党学委和各校党组织的正确领导下，经过学生自治会和进步同学机智英勇的斗争，以及各校进步力量的大力支援和协助，基本粉碎了八一九大逮捕。地下党的骨干力量基本得以保全，党的组织系统和外围组织没有遭到破坏。在这次斗争中经受严峻考验的积极分子被吸收、补充进党和党的外围组织，党在高校的革命力量进一步壮大。

二、反对南迁和护校斗争：为新中国留根蓄才

1948年秋，北平地下党学委和各校党组织坚决贯彻执行中共中央指示和城工部的部署，按照“疏散隐蔽、积蓄力量、以待时机”的方针，依靠团结北平广大师生和人民群众，挫败了国民党当局将一些大学南迁和破坏学校的阴谋，为北平的和平解放和顺利接管做出了应有贡献，为新中国的教育事业和人才事业的接续发展留下了极其宝贵的资源。

（一）把学校留给人民

1948年10月，国民党当局自感平津不保，便抛出大学南迁计划，策划将一些知名的、重要的大学迁往南方，同时专门派人到北平游说各校支持南迁计划。追随国民党南迁还是留在北平迎接解放，这是摆在师生面前的紧迫问题。

北京大学在全国高等学府中的地位举足轻重。国民党说服校长胡适同意南迁，北大地下党发动全校师生展开反南迁斗争。最后一期

《北大、清华联合报》刊登了地下党编撰的两篇文章。一篇是《佳木斯东北大学[①]——新土地上的新大学》，介绍解放区新大学里令人耳目一新的工作、学习和生活新气象；另一篇是《向南迁移？——一个流亡学生的通讯》，描写的东北学生随学校南迁颠沛流离、备遭当局冷遇以至被抛弃的悲苦历程。这两个案例使北平大多数师生明白了一个道理：迎接解放、留在北平前途光明，而追随当局南迁是自寻死地，坚定了留下来迎接光明的决心。校自治会还组织同学分头访问教授和讲师、助教、员工。大多数教授不赞成南迁，尤其是一些进步教授，在反对南迁中起到关键作用。经过艰苦的争取工作，教授会做出决不南迁的决定，国民党的阴谋化为泡影。

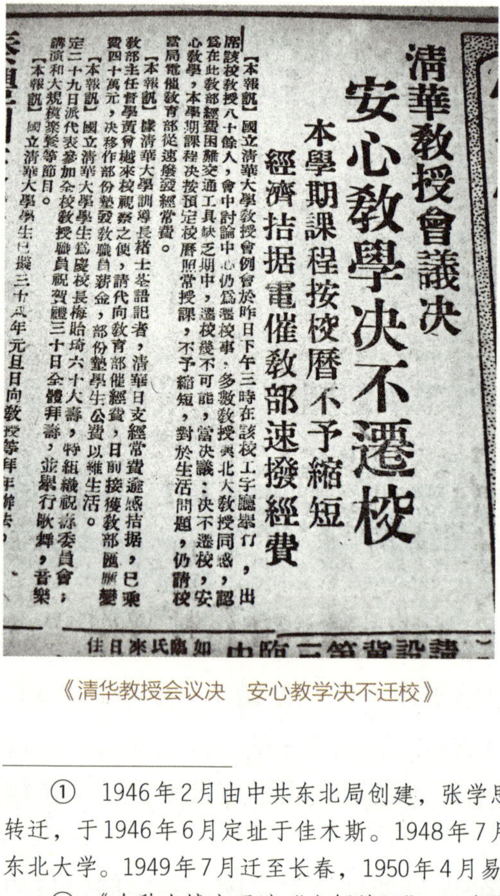
清華教授會議決
安心教學決不遷校
本學期課程按校曆不予縮短
經濟拮据電催教部速撥經費

【本報訊】國立清華大學教授會例會於昨日下午三時在該校工字廳舉行，出席該校教授八十餘人，會中討論中心仍爲遷校事，多數教授與北大教授同感，認爲在此教部經費困難交通工具缺乏期中，遷校幾不可能，當決議：決不遷校，安心教學，本學期課程決按預定校曆照常授課，不予縮短，對於生活問題，仍請校當局電催教育部從速撥發經常費。

【本報訊】據清華大學訓導長褚士荃語記者，清華日支經常費逾感拮据，已乘教部主任督學黃會樾來校視察之便，請代向教育部催經費，日前接獲教部匯撥費四十萬元，決移作部份墊發教職員薪金，部份墊學生公費以維生活。

【本報訊】國立清華大學學生爲慶校長梅貽琦六十大壽，特組織祝壽委員會，定二十九日派代表參加全校教授職員祝賀體三十日全體拜壽，並舉行歌舞，音樂講演和大規模聚餐等節目。

【本報訊】國立清華大學學生已擬三十八年元旦日向教授等拜年

《清华教授会议决　安心教学决不迁校》

国民党当局派专人到清华大学，拉拢一些教授。根据城工部的指示，佘涤清通过各种方式向广大师生员工开展深入细致的思想工作，争取他们留下[②]。地下党通过壁报向广大师生揭露教育部的图谋，绝大多数同学坚决反对，校方也明确表示决不南迁。清华园解放时，除极少数教授追随国民党外，其他教授、讲师、助教、员工都留了下来，决心为新中国

① 1946年2月由中共东北局创建，张学思任校长。校址初设于辽宁本溪，后几经转迁，于1946年6月定址于佳木斯。1948年7月南迁吉林市，与吉林大学合并，定名为东北大学。1949年7月迁至长春，1950年4月易名为东北师范大学。

② 《在敌占城市开辟“小解放区”——解放战争时期清华大学地下党的斗争》，《北京文史资料选辑》第10辑，北京出版社1981年版，第104页。

服务。

师大反对南迁的斗争比较复杂。由于学校中反动党团分子和学校秘书长的鼓噪，一些教职员工和学生人心浮动，疑虑重重。地下党总支决定由学生自治会出面开展反南迁斗争。和平社团首先发动各进步社团展开讨论，指出“创造民主师大，教育为人民”在国民党统治下是无法实现的，只有在未来的民主的新中国才能实现。国文、英语、历史、地理等各个学会联合发表《反对南迁宣言》，坚决反对跟随国民党南迁。在此基础上，自治会召开代表会议，做出了坚决反对南迁的决议，并遍访教授、讲师和助教，说明反对南迁的必要性和意义。最终，在教授会和讲师助教联合会讨论这个问题时，反对南迁的意见占了大多数。

铁道管理学院忠实执行南迁政策，散布“共产党不重视教育”“不关心知识分子”的谣言，并利用该校教师多是南方人、乡土观念重的特点，拼命鼓吹南迁的好处，弄得人心惶惶。党支部抓住该校院长、训导长等负责人抛开学校已南逃的这件事做文章，派党员、盟员分头深入各系级，找同学谈心，分析形势，解释政策，促使同学们丢掉幻想，打消乡土观念，留在北平。他们还分头做教授和其他教职员工的工作，争取大多数人在反对迁校簿上签名。自治会不失时机地提出举行全体同学投票，表决是否南迁，结果80%的同学反对南迁。

（二）师长们请留下来

国民党当局在南迁平津大专院校阴谋失败后，又抛出“抢救平津学术教育界知名人士”的计划，“抢救”对象包括：各院校馆所行政负责人、中央研究院院士和知名学者教授。陈雪屏于12月初专程飞抵北平，敦促“抢救”对象南下，并派两架专机来接。

北平解放在即，教授学者都面临着抉择。一部分思想先进者对国民党早已深恶痛绝，热切盼望共产党的到来和新中国的诞生；但也有一些人对共产党不了解，对美国和国民党还抱有某些天真的幻想，对时局尚在观望，对去或留举棋不定；还有一些行政负责人与国民党有种种联系，因而疑虑重重、惴惴不安。进一步做好他们的工作，争取留下来为新中国服务，是一项重大政治任务。1948年11月初，刘仁要求争取各大学教授、专家全部留下，表明“我们的国家是缺少知识分子的，团结这些人对党对人民是有利的”①。

各校地下党根据刘仁的指示精神，对这项工作进行了周密的研究和部署。

针对一般教职员工，做好一般性政策解释、宣传和思想工作。主要是进行党的城市政策、知识分子政策的宣传介绍，说明留下迎接解放前途光明、个人生活有保障、聪明才智能发挥。特别是注意消除广大教职员工对党的政策的某些误解，澄清和回击国民党制造的污蔑、歪曲性宣传。国民党大肆宣扬“共产党来了，就推行无产阶级物理学，废除现在的物理学”。这种谬论使北大理学院一些教师产生不安和疑虑。地下党员就以延安自然科学院为例，说明“他们讲的物理和我们讲的一样”，“自然科学没有阶级性”，使得这些教授、讲师、助教终于安下心来。

针对知名教授学者和行政负责人，因其学术地位高，社会名望大、影响大，作为重点对象以特殊方式重点争取。各校地下党通过同学、同事、同乡、师生等各种社会关系，甚至党组织直接出面，多管齐下，对知名教授学者和行政负责人开展细致入微的工作。特别是选派一些学习成绩好、教授熟悉或信任的学生党员和盟员，登门访问师长，坦诚宣传解放战争发展形势和党的政策，尊之以师礼、动之以人情，恳切挽留自己的师长留在北平从事新中国的教育事业。

北京大学由学委王汉斌直接领导，吴惟诚（政治系助教）、俞铭传（西语系讲师）、汪子嵩（哲学系研究生）等组成一个统战小组，专做挽留知名教授和行政负责人的工作。俞铭传拜访西语系教授朱光潜，汪子嵩拜访文学院院长汤用彤和中文系主任罗常培、教授杨振

① 项子明：《“第二条战线”的领导者——刘仁同志》，聂荣臻等著：《缅怀刘仁同志》，北京出版社1986年版，第55页。

声。他们表示对国民党已经绝望，无意南下。理学院教授们平时很少关心政治，挽留他们需要做更耐心细致的解释工作。物理系地下党员郭沂经常拜访理学院院长饶毓泰，向他介绍解放战争情况，尤其是讲述辽沈战役后国共军事力量对比的变化，说明国民党失败已成定局。饶毓泰反复思考后决定留在北平，并对人说："你到哪里，哪里也会解放，不如留下为好。"

哲学系学生谢邦定与贺麟平日交往较多，代表自治会请他留校任教。当国民党派飞机来北平接贺麟时，王汉斌派学生汪子嵩代表地下党挽留下了贺麟。吴惟诚专程去拜访郑天挺，诚恳加以挽留。郑天挺说："我本来就不想走。既是这样，我把学校各方面的事好好安排一下。"

艺专党支部对北平艺专校长徐悲鸿一向尊敬，平时联系密切。对于国民党的极力争取，徐悲鸿明确表示要留在北平。为了保证徐悲鸿的安全，党支部专门派同学在他的住宅周围巡逻保卫，并经常到徐家探望、关照。徐悲鸿不但自己坚持留下，而且也影响到艺专一批知名漫画家、版画家、油画家共同留下迎接解放。

辅仁大学校长、著名历史学家陈垣原本购好机票准备南飞。中国大学地下党员王祖鉴与陈垣是世交，得知这一情况后立即报告党支部，支部让他设法劝阻。地下党又派人同陈垣会谈，使其决定留下。

经过积极争取，北大、清华、燕大、师大等北平11所学府的知名教授和行政负责人中，除胡适、梅贻琦等几个人外，其他教授和教职员工都留下来共同迎接北平解放。

（三）保卫我们的校园

1948年11月初，刘仁向学委发出《关于目前平津学运的紧急任务的意见》，确定当时的任务是为迎接解放而立即进行具体的准备工作，保护尽可能多的物资、财产，留下尽可能多的知识青年、公教人员和技术人员等有用人才。学委依靠各校学生自治会，发动各大中学的地下党员、外围组织成员和进步教职员工成立各种护校组织，广泛开展护校斗争。

一是整合优化组织系统，建立群众性护校组织。

成立以佘涤清为总负责人的“迎接北平解放指挥部”，按地区成立分指挥部。每区由一所党的力量强大的学校负责，联系本区内各大中学及其他系统的党员、盟员。同时，自上而下对南北两个党组织系统进行合并，学生党员也按院和系级统一组建为若干支部。各校党组织在党员、盟员中反复进行革命气节教育，以及应付敌人的斗争方法教育，党员都起了备用的假名字，规定了万一失掉关系时重新找组织的方法和暗号。

为防止军警宪特对学校的破坏，地下党领导各校建立了公开或半公开的，以党员为核心或主体、吸收学生自治会和教授、讲师、助教、职员、工友、校警等各方面代表参加的“护校委员会”“迎接解放委员会”等组织，最大限度地把一切爱国爱校的进步力量团结起来，有力地维护了学校安全，将一个个大中学府完整地交到人民手中。

二是做好校内外各方面调查研究，汇集资料，为接管学校和城市做准备。

各校地下党组织发动全体党员、盟员和一些进步群众，对校内外的各种设施做了大量的调查研究工作。校内主要是学校的文书档案、图书资料、仪器设备和其他校产的情况，以及学校行政和教授、各类教职员工人数、名册名单，重点是重要人物的政治面目、社会背景、平时表现乃至有些人的家庭情况、社会关系等。校外主要是学校周边的地理环境、国民党军警宪特的驻守情况、社会环境、居民状况等。

这些工作浩繁、复杂且难度极大。各校一般采取分工负责、包干到人的方式。参加这项工作的党员、盟员和进步同学充分发挥自己的聪明才智，出色地完成了任务。清华农学院几位党员、盟员，为了搞到学校的教职工名册和住院人员户口册，借口圣诞节和新年师生联欢会中有一个游戏节目需要根据每个人的姓名、年龄进行编排，从行政要来相关资料，连夜誊抄一套。师大地下党总支根据学委送来的“调查提纲”，对师大的历史沿革、组织机构、人员政治业务情况、代表人物小传、重要资产设备、图书仪器、文书档案进行了全面细致的调查研究，还整理出一份特务和反动学生名单，为以后公安部门破获潜伏特务和电台提供了重要线索。

对上级指示负责警卫、保护的周围单位、地段，各校地下党也做了大量的调查工作。一般是通过实地勘察（以散步、逛街、喝茶、游玩等形式进行观察）、监视的直接方式，以及与群众聊天、实习访问、利用亲友社会关系等间接形式，调查周围地形地貌、民用军用设施以及敌人兵力武器部署、动向等情况。

三是保护校园财产、保护公共物资和人民财产、人身安全。

燕大自治会由茅以华、杨正彦、卢念高、谢道渊等理事组成护校指挥部，建立由各系共250名同学参加的纠察队，各系同学分工负责各个地段。他们分组轮班，把守东西校门，并沿院墙站岗巡逻。自治会想方设法筹集粮煤等物资，保证师生一日三餐无虞。不少教授及夫人箪食壶浆，慰问夜里执勤的纠察队员。

清华学生自治会和讲师助教联合会共同组成巡防委员会负责全校的防卫工作。钱伟长、张维等教授和何东昌、蔡公期等讲师、助教中的党员参加了巡防委员会。各系分工负责防卫各系馆，并组成警卫小组、联络小组、事务小组，轮流巡守负责地段，重点守护学校资财，特别是已经登记造册的贵重仪器、图书、设备，防止敌人破坏和转移。

北大学生自治会组织专门的护校队，重点保护学校的重要物资和师生安全。为了防止断粮断水，还进行存粮储备。研究必要时打井的方法。医学院以学生自治会、讲助会和住院医师联合会为主组成了应变委员会接管学校，把重要物资、药品、设备仪器等集中起来派专人日夜巡逻看守，成立消防队、医疗队，以应对突发情况。对教授宿舍和由医学院负责保卫的北平图书馆和文津街，进行严密的防范部署。

中学方面，凡有党员或进步力量较强的学校也开展了各种护校斗争。如汇文中学除了负责本校的护卫工作外，还支援慕贞女中的护校和警卫工作，保护同仁医院、古观象台等建筑设施。

三、配合接管学校：迎接和平解放

从1948年12月中旬解放军包围北平城，到1949年1月底入城，近两个月的时间里，各校地下党集中力量，做好迎接解放军进城、配合人民政府顺利接管北平特别是接管学校的工作。

一是广泛进行宣传教育工作，安定民心，稳定社会秩序，团结各阶层人士和人民群众共迎解放。

各校地下党加强思想宣传工作，通过铅印、油印、复写、手抄等方式，散发张贴《中国人民解放军平津前线司令部宣布入城约法八章》、《中国人民解放军北平军事管制委员会告北平各界同胞书》和其他有关党的城市政策、新华社评论、胜利战报等材料；同时，通过口头或文字材料宣传党的工商业政策、知识分子政策、土地政策、对敌伪人员政策等，解答各种问题，消除各种疑虑，以稳定人心，安定秩序。

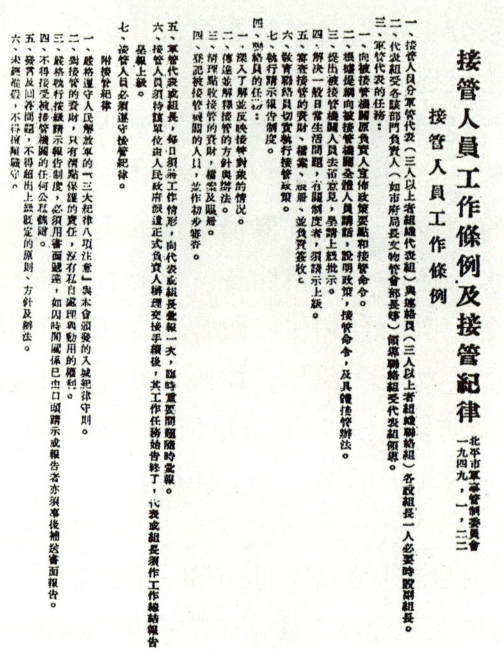

接管人員工作條例及接管紀律

北平市軍事管制委員會 一九四九，一，二三

接管人員工作條例

一、接管人員分軍管代表（三人以上者組織代表組）與連絡員（三人以上者組織聯絡組）各設組長一人必要時設副組長。

二、代表組受各該部門負責人（如市府局長文物管會部長等）領導聯絡組受代表組領導。

三、軍管代表的任務：

一、向被接管機關原負責人宣佈政策要點和接管命令。

二、根據提綱向被接管機關全體人員講話，說明政策，接管命令，及具體接管辦法。

三、提出被接管機關人員去留意見，呈請上級批示。

四、解決一般日常生活問題，有關制度者，須請示上級。

五、審查接管的資財、檔案、表冊、並負責簽收。

六、教育聯絡員切實執行接管政策。

七、執行請示報告制度。

四、聯絡員的任務：

一、深入了解並反映接管對象的情況。

二、傳達並解釋接管的方針與辦法。

三、辦理點收接管的資財，檔案及表冊。

四、登記被接管機關的人員，並作初步審查。

五、軍管代表或組長，每日須將工作情形，向代表或組長彙報一次，臨時重要問題隨時彙報。

六、接管人員須待該單位由人民政府派遣正式負責人辦理交接手續後，其工作任務始告終了，代表或組長須作工作總結報告呈報上級。

七、接管人員必須遵守接管紀律。

附接管紀律

一、嚴格遵守人民解放軍的「三大紀律八項注意」與本會頒發的入城紀律守則。

二、對接管的資財，只有清點保護的責任，沒有私自處理與動用的權利。

三、嚴格執行按級請示報告制度，必須用書面報告，如因時間關係已由口頭請示或報告者亦須事後補送書面報告。

四、不得接受被接管機關的任何公私餽贈。

五、發言及回答問題，不得超出上級既定的原則、方針及辦法。

六、未經准假，不得擅離職守。

《接管人员工作条例及接管纪律》

中法大学党总支调集一批党员和进步分子日夜不停地抄写、刻印、翻印，然后将做好的印刷品集中放入木箱，埋在宿舍里预先挖好的坑中，待需要之际马上挖出转运分发出去。艺专党支部找到著名画家李桦、叶浅予、董希文、周令钊等人，设计、绘制画稿并刻制，由董希文联络《新民报》工人，短时间内赶印出10万多份，秘密运回艺专后藏在学生宿舍的顶棚上。广大党员、盟员和进步同学冒着危险把一张张传单塞进商店、住户。

二是向国民党驻北平各机关有关人员发警告信、劝告信，采取“攻心战术”。

各校地下党组织力量，给国民党官员、特务、军警和在国民党所属各部门担任一定职务的人员写警告信和劝告信，实施攻心政策。警告信主要发给军警宪特分子，警告他们认清形势，停止破坏和捣乱，争取宽大处理；劝告信则发给那些并无大罪恶但掌握重要或一定权力的人，向他们阐明党的有关政策，敦促他们站到人民一边，尽力保护一切公私财产和群众生命安全。这项工作是一场强有力的政治攻势和心理攻势，有力震慑了反动营垒，使大批人下决心投向人民。

三是迎接解放军入校入城，欢庆解放，投身北平的接收和建设工作。清华园、燕园率先解放后，请荣高棠、钱俊瑞做报告，学习时事政策和《论联合政府》等著作，提高理论和政策水平，发动组织群众和协助政府。

天津解放后，在地下党迎接北平解放指挥部和学委的指挥下，各大中学校的地下党、学生自治会、师生员工共同组成迎接解放委员会并立即投入到准备工作中。他们购买各色绸布，做成红旗、彩旗和横幅；购买纸张、笔墨、颜料，书写标语，绘出图画；赶写新诗、练习新歌、排演新剧和腰鼓秧歌。

2月3日，解放军举行北平入城式。清华、燕大两校师生提前一天进城，排列在箭楼两边；北大、师大、中法、辅仁、朝阳、华北文法学院、艺专、中大和铁道管理学院的队伍，排列在从永定门到正阳门街道的两边。各中学的队伍，有的来到了前门，有的等候在解放军将要经过的交通要道上。

上午10时，入城仪式开始。各军兵种部队伴随着《解放军进行曲》浩浩荡荡开进永定门，沿着永定门大街、前门大街威武庄严地向前进。同学们兴奋地打起腰鼓，扭起秧歌，一遍遍地高唱《没有共产党就没有新中国》《解放区的天是明朗的天》等歌曲。许多人跳到坦克上、骑在炮身上跳着、笑着、喊着，用粉笔把“欢迎”“光荣”“胜利”“亲爱的人”等词语写在战士的军装上、背包上。“那个饥饿、黑暗、恐怖的旧北平从今结束；一个充满希望充满阳光的新北平从今诞生。”[1]

北平解放了，一批同学参加南下工作团，随军奔赴南方新解放区工作。师大毛国斌从军南下时，写下一首诗《我们都笑着》：“大家都笑着，跳了起来；我们更说不出话，只听见一阵歌声。看！我们胜利的旗帜迎风飘扬！”留校的广大师生员工，为培养新中国的合格建设者继续贡献自己的力量。

饱经沧桑的北平学府，沐浴在和平宁静的阳光里。时代变了，但北平学府红色文化传统不移，在接下来建设新中国的火热斗争实践中，它必将展现新的时代魅力，谱写新的生命乐章。

北平学生迎接解放军入城（於俊杰　画）

---

① 徐康编：《青春永在——1946—1948北平学生运动风云录》，北京出版社2004年版，第154页。

第六章

北京学府红色文化的典型和特色

任何事物都是普遍性与特殊性、同一性与多样性的统一。在五四运动以来爱国民主运动的大潮中，由于北京各主要学府的进步力量面对着共同的形势和敌人，加之学府共同的行业属性和师生群体的共有特点，更由于中国共产党对北京学府革命斗争的统一领导和学府间的密切协作，北京学府的红色文化呈现出整体性面貌和诸多共同性特点。同时，由于各学府的办学背景、发展历史、文化传统和校内政治力量格局的不同，又呈现出多面性、多元化、多样性特点。这里择取有代表性的几个学府，分别加以介绍，包括以下几类：一是作为国立大学中最为著名的北京大学、清华大学；二是私立大学中的佼佼者中国大学、中法大学；三是国立专科学校中较有特色的蒙藏学校；四是部分具有革命传统的中学；五是原成立于延安时期，在中华人民共和国成立前后迁入北京的4所著名学校。

一、北京大学的红色文化

北京大学的前身是建于1898年的京师大学堂，是中国最悠久的现代大学，是近代新式教育的发祥地。新文化运动以来，北京大学与反帝反封建的思想启蒙、文化革命和政治运动紧密连接，与中国共产党代表的革命力量同呼吸共命运，挺立在民主革命运动的潮头浪尖，践行着时代赋予的神圣使命。可以说，北大的辉煌岁月、光荣历程是近代波澜壮阔的反帝反封建民主革命的一个缩影。北京大学由此形成了悠久的民主风气、优良的革命传统和独树一帜的学府文化，成为北京乃至全国学府红色文化的先锋和杰出代表。

（一）蔡元培：现代大学精神的创立者和化身

1917年1月4日，蔡元培正式到北大视事。针对当时的北京大学学术气氛、创新意识淡薄，陈腐思想、复古观念却大行其道，蔡元培着手对北大进行整顿革新。

蔡元培首先延揽一批具有新思想或学有专长的教师任教。于是，新派人物诸如陈独秀、李大钊、胡适、杨昌济、鲁迅、钱玄同、周作人、刘半农、沈尹默等，其他学有专长者如马叙伦、陈垣、孟森、黄侃、陈汉章、朱希祖、梁漱溟、刘师培等，都齐聚北京大学。一时间，北京大学人才济济，名师璀璨，成为中国高等学府之执牛耳者。

本着"兼容并包，思想自由"的原则，蔡元培对各种主义、思想、见解和学术流派均采取包容态度，使北大成为新思想的策源地和外来思潮的主要接纳者、传播者。

此外，学科课程改革、"教授治校"、男女同校、平民教育、开门办学等思想和实践均具有开创意义。

在蔡元培大刀阔斧的改革整顿之下，北京大学脱胎换骨，焕然一新，呈现出一派百花齐放、百家争鸣的新气象。最引人注目的是学术讨论、思想争辩之风极盛。各种政治和学术团体纷纷出现，著名的有北大新闻研究会、进德会、平民教育讲演团、国民杂志社、新潮社、国故月刊社、孔子研究会、雄辩会、书法研究社、画法研究社、技

北京大学校长蔡元培

击会、音乐研究会等等，不胜枚举。其宗旨基本一致，即研究传播新知，谋求个人素养的提升和社会的改良进步。

为促进学生全面发展，蔡元培贯彻“以美育代宗教”的理念，聘请徐悲鸿为画法研究院的导师，邀请陈师曾到校演讲中国传统山水画；聘请著名音乐教育家萧友梅为音乐研究会的指导，在中国首次演奏贝多芬交响曲。

为了交流全校教学科研情况，活跃学术气氛，1917年11月出版《北京大学日刊》，介绍北大进步社团、进步师生的活动，传播新思想。1918年9月又出版全校性学术刊物《北京大学月刊》，专门刊登全校师生的研究论文和学术稿件，提高了全校学术研究水平。

蔡元培对北大的整顿和改革，不但确立了现代教育体制在北大的统治地位，更重要的是使现代大学精神在北大生根发芽，成为全国教育、学术和文化的一座巍峨的高峰，极大影响了中国现代教育（尤其是高等教育）的基本价值理念和发展方向。主要由蔡元培缔造的北大校风和学统，也越出教育界而照进改造中国社会、实现民族独立的政治现实中，这使得北大成为新文化运动的摇篮、五四运动的策源地和马克思主义的主要传播地，成为历次北京学府爱国民主运动的先锋和中心。

（二）文化启蒙的旗手和制高点

蔡元培的一系列改革使北大内部新旧两派愈加泾渭分明，新旧思想的斗争因此而起并日趋激烈和表面化。以陈独秀、李大钊、胡适、鲁迅、钱玄同、吴虞等为主要代表的新派阵营，以《新青年》主要舆论阵地，“除了继续批判封建礼教、封建伦理思想和伦理制度以外，还提出了文学革命的问题”[①]。胡适的《文学改良刍议》、陈独秀的《文学革命论》，在革新文学内容上有振聋发聩之作用。胡适等提倡白话文，推动了文学形式的革命。白话文运动在短短的3年时间内就在国民教育和文化领域完成了语文合一的革命，是新文化运动的重要成果。

真正显示文学革命成就的是鲁迅的系列白话小说，而最富有喜剧色彩的则是1918年3月钱玄同和刘半农在《新青年》第4卷第3号上演的“双簧戏”，活脱脱刻画出“当时一般遗老遗少、国粹古家们的昏聩酸腐的丑态，给了卫道者们以沉重的一击”[②]。

宣传新思想的进步团体和报刊也相继出现。进步团体计有少年中国学会、北大新闻研究会、国民杂志社、新潮社、北大哲学研究会、平民教育讲演团等，进步报刊计有《少年中国》《国民》《新潮》《每周评论》等，相当一部分完全由北大师生自己创办，持爱国进步的基本立场，大力传播新思想新文化。个别刊物还初步介绍了十月革命，传播社会主义思想。

由于陈独秀等一批新派健将对新文化不遗余力地鼓吹与呐喊，由于《新青年》等进步刊物的出色的宣传工作，使得北京大学声名鹊起，学术、文化地位和影响扶摇直上，成为北京乃至全国新思想新文化传播的重镇和制高点，成为开大规模文化启蒙风气之先、引导中国文化发展方向的旗手。

（三）传播马克思主义的主阵地

北大在传播马克思主义方面同样居于独领风骚的地位。

北大图书馆馆长李大钊博学多识，思想敏锐，富有进取精神，锐意接受和传播新思想。十月革命后，他最早洞察出这次革命不同凡响的划时代意义和对中国革命进程的深远影响，旗帜鲜明地表达对社会主义必胜的信念，传播了马克思主义的基本观点，是中国先进分子最

① 萧超然等编：《北京大学校史》，北京大学出版社1984年版，第70页。

② 同上，第74页。

早接受和传播马克思主义的代表。

五四运动后，新文化运动进一步发展，马克思主义在北大广为传播，并在各种社会思潮的竞逐中逐渐取得优势地位。

一是建立研究马克思主义的团体。1920年，北大成立“北京大学马克斯（思）学说研究会”和“北京大学社会主义研究会”，以各种形式开展对马克思主义的学习、研究和宣传，并逐步从个别、秘密状态走向有组织的、公开的活动，马克思主义开始在中国大地上生根，逐步成长为一种充满生命力的社会思潮。其活动主要有：搜集采购马克思主义文献，建立“亢慕义斋”藏书室，会员可免费借阅图书；分组分专题研究马克思主义；定期举行讨论会、讲演会，不定期举行辩论会。

盖有“亢慕义斋”印章的部分藏书

二是在报刊上宣传马克思主义。1919年5月《新青年》开辟“马克思主义研究专号”，刊载这一时期代表宣传马克思主义最高水平的扛鼎之作——李大钊的《我的马克思主义观》。这是国内比较早地系统介绍马克思主义3个组成部分基本观点的文章，标志着李大钊最终实现了马克思主义立场的根本转变。

三是在校内开设马克思主义课程。从1920年起，李大钊在北大史学系、经济系、法律系和政治系先后开设《唯物史观》《工人的国际运动》《史学思想史》《社会主义与社会运动》《现代政治》5门课程，这是在中国大学的讲坛上第一次正式公开讲授马克思主义理论课程。

在当时的北大校园内，马克思主义如一股强劲的思想飓风袭过，“在北大的讲坛上、出版物中、社团活动中，处处都能闻到它的气息，感到它的存在”①。李大钊吹响了宣传十月革命和马克思主义的第一声号角，成立了全国第一个研究马克思主义的团体，最早将马克思主义理论搬上大学的讲坛，并成为中国第一个马克思主义者。他对马克思主义在中国的传播事业、带动先进知识分子由民主主义者向社会主义者转变做出了不可磨灭的贡献。这表明，北大在中国马克思主义传播事业中的举足轻重和无可替代的地位，是研究、宣传和应用马克思主义的主阵地。

（四）五四精神的缔造者和弘扬者

北京大学在五四爱国运动中依旧冲在最前列，五四运动的火炬就是由北大爱国学生首先点燃起来的。

1919年5月4日下午，北大与其他各校共3000多名学生齐聚天安门广场前。北大学生谢绍敏血书的“还我青岛”4个大字格外醒目。各校推举北大学生代表宣读并通过许德珩起草的《北京学生界宣言》，并在集会结束后由傅斯年指挥进行示威游行。部分北大学生参与了火烧赵家楼曹汝霖住宅行动，许德珩、杨振声、江绍原等被军警捕去。

为反对北京政府滥捕学生，北大学生成立由邓中夏、黄日葵任干事的“北京大学学生干事会”，又约请各校学生一起实行同盟罢课。蔡元培还与高师校长陈宝泉、医专校长汤尔和等6位校长前往总统府请愿，要求释放被捕学生。

在广大师生的坚决斗争和社会舆论的压力下，北京政府被迫释放被捕学生。为了把北京学生组织起来，5月6日，由北大发起成立“北

① 萧超然等编：《北京大学校史》，北京大学出版社1984年版，第98页。

京中等以上学校学生联合会”，邓中夏、高君宇是参加联合会的北大学生代表，邓中夏还担任过联合会的总务干事（主席）。

北京政府视北大为眼中钉，并把矛头对准校长蔡元培，蔡元培只得辞职离京。为了迫使北京政府明确表态挽留蔡元培并阻止其在《凡尔赛和约》上签字，从5月12日起至6月初，北大等各校学生多次走上街头开展宣传演讲活动，揭露政府出卖国家利益的罪行。

在强大的群众压力下，北京政府不得不释放被捕学生、罢免亲日派人物的职务，巴黎的中国代表团专使也拒绝到会签字，“挽蔡”斗争也取得胜利。

北大进步师生是五四运动的发起者和主力军。他们冲在最前面而不知退缩自保，在斗争最激烈的地方展现自身价值，在斗争最危险的时刻奉献自己的青春乃至生命（如北大预科学生郭钦光带病参加游行，在赵家楼被军警殴伤吐血而不治）。他们的民族义愤强烈，爱国热情浓厚，斗争意志坚决，反抗精神彻底，是五四一代骄子和民主战士。陈独秀、李大钊、许德珩、邓中夏、高君宇、黄日葵、何孟雄……是这个激情澎湃岁月的最杰出代表，他们和北大完全配得上这些光荣而又神圣的字眼：爱国、民主、奋斗、奉献、牺牲。

（五）建党先行者、革命初心践履者

经过五四运动洗礼，北大进步师生中一批初步具有共产主义思想的青年知识分子思想日益成熟，更加自觉地学习、掌握和运用革命的科学理论，并迅速向共产主义世界观转变。一是确立马克思主义信仰，自觉同各种反马克思主义思潮坚决斗争，北大诞生了中国最早的一批马克思主义者。二是力倡阶级斗争和暴力革命学说，主张根本解决社会问题。三是积极参与斗争实践，与工农大众相结合。最典型的是邓中夏成立平民教育讲演团，组织北大师生到闹市区、京郊工厂和农村进行讲演，逐渐得到群众的欢迎；1920年5月1日，北大的先进分子组织了北京第一次纪念国际劳动节活动。

在酝酿创建中国无产阶级政党的过程中，北京大学当仁不让走在最前列，做出了特殊贡献。

1920年2月，李大钊送陈独秀前往天津，途中商讨了建党问题。3月，“北京大学马克斯（思）学说研究会”成立，多数会员是北大的学生和旁听生。通过潜心研究和探讨，以及举行演讲会、辩论会等活动，许多会员迅速确立马克思主义立场和世界观。不少骨干后来加入中共的党团组织。

1920年10月，李大钊、张国焘、张申府在李大钊办公室正式成立北京共产党小组，李大钊为负责人，他当众宣布捐出个人每月120元薪俸中的80元作为小组活动经费。北京共产党小组的第一批成员全是“北大人”。1920年11月，北京共产党小组改名为中国共产党北京支部，李大钊被推选为书记。同月，北京社会主义青年团在北大成立，北京共产党小组的成员又几乎是青年团团员。

自此，北大以及北京地区的革命斗争局面为之一新。以李大钊、邓中夏为代表的早期马克思主义者以极大的热情和精力发动组织工人运动。1920年11月创办出版《劳动音》周刊和《工人周刊》，每期销售几千份。1921年1月，北京支部在长辛店创办劳动补习学校，教员大多是北大师生，李大钊、邓中夏、何孟雄等曾去学校考察或讲过课。

3月，李大钊发表《团体的训练与革新的事业》，公开呼吁创建中国共产党。6月，应上海党组织的要求，北京共产党支部推举张国焘、刘仁静为代表参加在上海召开的中共一大。

北大在创建北京地区共产党组织以至全国性党组织方面发挥了领导和核心作用。北京地区以北大初步具有共产主义思想的革命师生为主体，以北大为创建党的活动的主要阵地，出现了党的主要创始人李大钊，出现了最早的研究马克思主义的组织，尤其是出现了中国最早的地方党组织之一的北京共产党小组，还有最早的社会主义青年团组织，最早的工会。更为重要的是，北大这些优秀的早期马克思主义者，绝大多数人从一开始就树立了共产主义坚定信仰，对党无限忠诚，对党和人民事业具有献身精神。他们以强烈的时代使命感和历史责任感，把对现实社会的改造与人民的解放和幸福联系起来，把毕生为之奋斗的事业与国家独立、民族复兴的事业联系起来，鞠躬尽瘁，赴汤蹈火，“铁肩担道义，妙手著文章”，誓以青春寄壮志，甘洒热血写春秋，无悔地坚守着共产主义的信念，忠实践行着共产党人的初心。他们的品格、操守、事业，永远值得后人无限景仰。

（六）国共合作的典范和国民革命的生力军

中国共产党成立后，北京大学的爱国师生在北京地方党组织的领导下，继承和发扬五四精神，积极投入到如火如荼的国民革命洪流中，继续发挥先锋和主力军作用。

第一，加强党的组织建设和宣传工作。组织方面，1921年下半年建立中共北京地方委员会，李大钊任书记，办公机关设于北大红楼，这是北京第一个党的地方组织，下属的东城支部以北大党员为主，书记为邓中夏。社会主义青年团在北大影响广泛，团员十分活跃，成为进步学生的骨干力量，团中央机关刊物《先驱》也在北大编辑、出版和发行。1922年，李大钊担任校长室秘书，校长室成为党团员集会的重要场所。

宣传方面，1921年11月17日“北京大学马克思学说研究会”成立。研究会提倡全体会员通过定期讲座、共同研究、公共讲演、编辑书报等手段阐扬学说精神①。由邓中夏、黄日葵负责筹备的社会主义研究会和文学研究会也同时成立，创办《先驱》，集中宣传党的主张，扩大马克思主义的宣传。

第二，积极参与和维护国共合作。李大钊由孙中山亲自主盟加入国民党，成为第一个加入国民党的中共党员，并为促成国共合作做了大量组织和宣传工作，迅速统一了党员思想。中共三大后，李大钊被指派负责北方地区党的工作。

1923年9月，李大钊同王法勤、丁惟汾等国民党负责人在北京重

① 王学珍等编：《北京大学纪事（1898—1997）》，北京大学出版社1998年版，第99—100页。

建国民党组织。11月，北京的国民党员总数达千人以上，其中中共党员、青年团员占1/3。10月，李大钊被孙中山任命为国民党改组委员，与廖仲恺等负责国民党改组事宜。1924年1月4日，李大钊在京主持国民党党员大会，决定李大钊、张国焘、谭克敏等6人为出席国民党一大的北京代表。

1924年1月20日，李大钊在国民党一大上被指定为大会主席团成员，与国民党“右派”进行坚决斗争，得到多数代表的理解和支持，当选为国民党第一届中央执行委员。

1924年4月，国民党北京执行部正式成立，李大钊与丁惟汾共同领导执行部的工作，指导北方地区的革命运动。7月，在李大钊领导和帮助下，国民党北京市党部成立。到1925年10月，北京的国民党员已增至2600多人，其中包括北大的部分学生积极分子。

第三，投身反帝反军阀的爱国民主运动。第一次国共合作建立后，党在北大的力量得到加强。北大红楼成为党的北方区委和北京市委指挥革命斗争的中心之一。这里有党的联络机关，有党的刊物《政治生活》的发行机构。党的负责人赵世炎、黄日葵、陈乔年等都住在北大附近的宿舍或公寓里，其中许多人以北大学生或旁听生的身份做掩护。地下党员发展到30多个，学生会的主要干部也多是党团员。

为配合南方的革命运动，北大和其他学校进步师生发动一场场反帝反军阀的革命斗争，主要有公祭列宁，力促中苏复交；掀起废除不平等条约运动；发动两次非基督教运动；声援五卅反帝运动；开展反对段祺瑞执政府的斗争。

1927年4月6日，李大钊等60多人被捕，他们大义凛然，坚贞不屈，表现出共产党员无私无畏的高尚品质和革命气节。4月28日，李大钊等20人遇难。从这时起，全国处于白色恐怖之中，北方革命转入低潮。

（七）学府抗日救亡运动先锋

1928年6月初，国民党军队进占北京，北大师生立即开展复校运动[1]，挫败了国民党当局将北大改为中华大学和北平大学的阴谋，正式恢复国立北京大学的名称。

此时，中共在北大的地下党团组织逐渐恢复并有所发展。党团组织通过群众性社团团结进步同学，开展政治、文化宣传活动。进步学生通过《谷风》《开拓》等刊物发表政治见解，宣传中共的政治主张。党领导的反帝大同盟在北大设有支部。北大的一些左派作家还参加了北平左翼作家联盟、社会科学家联盟等进步文化团体。

九一八事变后，北大爱国师生通过发表通电、请愿等形式迅速掀起抗日救亡运动。12月5日，360多名北大学生抵达南京向教育部请愿，结果33人被打成重伤，185位同学被绑上卡车，囚禁于孝陵卫。同学们集体展开绝食斗争，在铁窗寒夜里引吭高歌，坚决不屈服。在北大学生示威斗争的影响下，到南京请愿的各地学生代表团一律把请愿旗帜改为示威旗帜。返平后，他们创办《北大新闻》，成立抗日救国会，学习军事知识，开展军事训练。教职员抗日会也积极支持学生的军训课程，增加无线电装置、战地测量和救护等特种军事训练。

1933年至1935年，日本疯狂侵略华北，令北大学生为国家危亡忧心忡忡。当时“红军北上抗日”的喜讯传来，东斋壁报栏中赫然出现“八一宣言”，西斋阅报室里也摆出《抗日救国宣言》，同学们如拨云见日，豁然开朗。

一二·九运动发生后，北大党团组织立即动员学生加入游行队伍，与其他院校的学生一起战斗。随后，北大立即成立学生会，通过宣布总罢课等决议，决定加入北平市学生联合会。

12月16日，北平市学联领导全市学生爱国游行总示威。北大学生率领第三大队2000多人，冲破军警的阻截，奔向天桥，与清华、燕大等20余校的同学会合。北大学生俞启威站在一辆电车上，慷慨激昂地向群众发表演说，当场通过有关救亡抗敌的决议案。

---

① 奉系军阀控制北京期间，强行将北京9所国立高等学校合并为“京师大学校”，在校内实行白色恐怖，北大师生在极端困难的条件下坚持争取恢复“北京大学”的斗争。

1936年1月3日，北大率领“平津学生南下扩大宣传团”第一团出发，深入农村开展抗日救亡宣传。他们在辽阔的华北平原上播撒抗日救亡的火种。返回北平前，他们成立了中华民族解放先锋队，这是中国共产党领导下的先进青年的群众性组织。北大许多进步学生参加民先队，发挥了先锋和桥梁作用，逐渐成为坚强的无产阶级战士。

（八）全民族抗日烽火中的守望者

1937年7月28日，平津沦陷。北大的进步师生在中国共产党的号召和教育下，到前线去，到后方去，进一步与工农相结合，为全民族的解放而战。在抗日民族解放战争的烽火中，北大历史掀开新的一页。

当平津沦陷之际，大部分师生先后离开北平。有的就近转入平西山地的游击区，在中共领导下参加敌后抗日游击战争；有的奔向延安或其他地区，从事抗日救亡运动；一部分师生则辗转南下，在后方艰苦的条件下继续进行教学科研活动。留在北平的北大教职员和学生为数不多。

1937年底，汤尔和在汉奸组织华北政务委员会中主管教育部，决定利用北京大学原来的某些条件，成立伪国立北京大学，下设文、理、法、工、农、医6个学院。从1938年5月至1940年9月，6个学院先后正式开学。汤尔和、钱稻孙先后任“总监督”和“校长”①。

平津沦陷后，北大大部分师生南迁长沙，与清华大学、南开大学组成长沙临时大学。长沙临大的一些学生自动奔向抗日前线，有的前往自己的家乡从事抗日救亡工作，有的前往中共领导下的陕北。1938年4月，长沙临大迁往昆明，正式更名为西南联合大学。在极端艰苦的条件下，西南联大师生团结一致，各安其位，勉力维持，共度时艰，以各种方式报效国家，表达对国家的热爱和关切。这期间，中共地下组织开始在和西南联大逐步恢复，领导进步师生发扬五四运动和一二·九运动光荣传统，坚持进步民主，反对倒退独裁，被称为

---

① 萧超然等编：《北京大学校史》，北京大学出版社1984年版，第337页。

“大后方的民主堡垒”。在8年艰苦卓绝、烽火连天的岁月里，坚守在北平的北大进步师生们无时无刻不想念远在昆明的同僚、同学，他们坚信一定会在抗战胜利的凯歌中在红楼前会合，尽情拥抱、跳跃、欢呼……

（九）第二条战线的前锋和中坚

1946年10月，复校后的北京大学正式开学，北大进步师生又投入新的爱国民主运动，继续引领民主运动的发展方向，成为民主运动的“风暴眼”，逐渐成长为第二条战线的中坚。

领导反甄审运动。以在校生为主体组成的北平临时大学是反甄审运动的主力之一，其中1到6分班的学生是北大理文法农工医6个学院的同学。领导毕业生反甄审运动的是北平专科以上学校校友联合会，主要负责人是北大毕业生徐伟、沈勃、宋硕。经过北大等校学生的共同斗争，国民党当局的甄审不了了之。

领导抗议美军暴行运动。“沈崇事件”发生后，北大学生首先行动起来。12月30日，北大进步师生在沙滩大操场会合中法、师院、清华、燕大等校的学生举行抗暴大游行示威，以演讲、朗诵新诗、高唱反美歌曲等形式表达对美军暴行和政府软弱媚外行径的愤怒。北大的进步教授也热情支持学生的爱国正义斗争。

领导反饥饿反内战运动。1947年5月20日下午，以北大学生为先导的游行队伍从沙滩广场出发，沿途向市民讲演，控诉当局的罪恶行径，向北平行辕请愿。北大十几名助教也参加游行。6月1日，北大沙滩广场被命名为“民主广场”，奠定了北大作为民主运动领袖和中心的地位。五二〇运动之后，中共在北大的阵地日益巩固，半数以上的师生参加党领导的社团和各种教工组织，党在北大的力量占据优势。在第二条战线的斗争中，北大进步师生继续以民主战士的姿态和斗志冲锋在前，成为反蒋斗争最活跃的力量之一。

参加“四月风暴”。1948年4月，北平当局制造师院“四九血案”，北大师生积极声援师院同学的斗争。北京大学四院、工学院、医学院和沙滩区的同学奔赴新华门，与师院同学共同战斗；北大30

余位教授自动集会，支持学生正义行动；北大美籍教授傅汉斯和不少讲师、助教加入请愿队伍；校方郑天挺、贺麟等到师院慰问并到北平警备司令部交涉；北大领衔5校致电教育部，要求严厉追究有关人员的责任，制止此类事件再发生。4月11日，北大学生又团结一致，坚决回击了特务、流氓对北大的袭击和破坏。

冲破黑暗，迎接黎明。在八一九大搜捕中，北大校方对上了名单的同学持保护态度，大多数教授坚决站在学生一边，并积极掩护他们转移或撤退。北大地下党组织以各种方式保护这些同学，并及时将他们转移到解放区。从1948年10月起，为挫败当局将北大等校南迁的阴谋，北大地下党做了大量耐心细致的工作，为新中国保留了有用人才。北平解放前夕，北大地下党组织进步同学建立各种形式的群众性护校组织，最大限度地保护校园财产和其他公共物资，为稳定民心和社会秩序积极宣传教育。1949年1月底到2月初，北大师生精心准备，积极迎接解放军入城，见证了2月3日的解放军入城仪式，并作为全市大中小学师生员工代表向解放军献旗献词。北平解放后，北京大学的历史揭开了崭新篇章。

二、清华大学的红色文化

"西山苍苍，东海茫茫，吾校庄严，巍然中央。"

这是清华大学校歌中的一段，彰显清华的不凡气象。在新民主主义革命波澜壮阔的历史阶段，清华大学的红色力量参与历次重要运动，经历挫折牺牲与离散流亡，终连绵不绝，体现了"行健不息"的自强精神。

（一）五四运动的唤醒和早期的革命活动

五四运动之前，新文化运动的思潮虽然开始影响清华，但是很多学生埋头读书，准备留洋，很少过问政治。1919年4月30日，巴黎和会最终无视中国的正当要求，激起学生们的强烈义愤。5月4日晚，随着北京城内学生举行反帝爱国大示威游行，清华大学也沸腾起来。

高等科二年级学生闻一多夜里抄录岳飞的《满江红》一词，贴在高等科饭厅门口，引起大家围观。

第二天，学生高等科长和中等科长，召开学校各级社团联席会议，当天在体育馆前召开了全校学生大会，决定从5月6日起罢课。5月9日又举行“国耻纪念会”。大家庄严宣誓：“清华学校学生，从今以后，愿牺牲生命以保护中华民国人民、土地、主权，此誓。”①宣誓后，学生们在大操场焚烧日货，围观者不禁欢呼。

6月3日、4日，北京各校出动几千学生上街宣传。清华学生也组织“救国十人团”和18个宣传队奔赴城内开展反帝爱国演讲。6月8日，一些被捕学生回校，清华对于被捕的学生，给予高度礼遇，派出代表和军乐队前往欢迎，并在第二天晚上全校举行联欢会。②

五四运动激发了学生们的爱国热情，学生社团如雨后春笋般兴起，至1921年4月，全校新成立约20多个学生社团。社会上流行的思潮，如“三民主义”“国家主义”“共产主义”等也传入清华园，学生们有关言论及辩论情况刊载在《清华周刊》，引起了大家的关注。③

学生中出现了以施滉④为代表的清华最早的共产主义者。五四运动之后，施滉等人组织成立“唯真学会”。1923年，以施滉为首的冀朝鼎等8人，在“唯真学会”内部成立一个名叫“超桃”的秘密组织。⑤意在希望大家能够超过“桃园三结义”。施滉等人受《新青年》

---

① “清华学生国耻纪念会誓词”，《清华周刊》第170期，1919年5月15日。

② 清华大学校史研究室编：《清华革命先驱》（上），清华大学出版社2004年版，第3—5页。

③ 同上，第6页。

④ 施滉（1900—1933），云南大理人。1917年考入清华学校，1919年参加五四运动。1920年组织“唯真学会”并任会长。1924年7月赴美国斯坦福大学学习。1927年，施滉参加了美国共产党，并任美共中国局第一任书记，后回国开展斗争，曾担任中共河北省委书记；1933年由于叛徒告密，在北平艺专被捕；次年初，在南京雨花台壮烈牺牲。

⑤ 清华大学校史研究室编：《清华革命先驱》（上），清华大学出版社2004年版，第6页；叶介甫：《倡导清华大学教育体制改革第一人》，《党史纵横》2013年第4期。

的影响，敬仰列宁、孙中山和李大钊，曾去南方专门拜访过孙中山，并得到李大钊的指导。[1]1925年，“超桃”全体成员先后到美国留学。

校园中也出现了来演讲的革命先驱。1926年3月，清华为纪念孙中山逝世一周年，举行纪念会，特别邀请李大钊、陈毅来校演讲。李大钊是当时国民党北京特别市党部负责人，陈毅是党部的工作人员，他们的讲话促进了进步思想在爱国学生中的传播。[2]

1926年三一八惨案中，清华有20多位学生受伤，大一学生韦杰三腹部连中4弹，被送到协和医院急救无效后逝世，年仅23岁，临终时遗言：“我心甚安，但中国快要强起来呀！”3月22日，清华学生组织进城迎回韦杰三灵柩的活动。事后，人们从圆明园废墟搬来一根断石柱，在清华校内为韦杰三立了一个纪念碑，刻上了他的临终遗言。

（二）第一个共产党支部的建立和早期斗争

清华第一个共产党支部出现在1926年。当年11月，共产党员王达成到清华学校图书馆的购置股工作，北京市党组织负责人陈为人介绍他联系上了两名清华共产党员雷从敏（雷从民）、朱莽。三人在清华三院开会并成立了中国共产党清华学校第一个支部，王达成任书记。不久，王达成赴绥远冯玉祥部队开展地下工作，支部书记先后由雷从敏、朱理治接任。[3]

1927年夏天，北京的革命组织遭遇了腥风血雨。白色恐怖下，清华党支部始终坚持斗争，并善于隐蔽，曾在工字厅后厅掩护过北京市里的党员躲过追捕。[4]清华党组织一度与上级失去联系，完全转

---

① 清华大学校史研究室编：《清华大学史料选编》（第一卷），清华大学出版社1991年版，第534—545页。

② 徐心坦、刘文渊：《中共清华大学地下党组织的发展历程》，《北京党史研究》1997年第2期。

③ 清华大学校史研究室编：《清华革命先驱》（上），清华大学出版社2004年版，第10页；徐心坦、刘文渊：《中共清华大学地下党组织的发展历程》，《北京党史研究》1997年第2期。

④ 清华大学校史研究室编：《清华革命先驱》（上），清华大学出版社2004年版，第11页。

入秘密活动。有人消极了，但是仍然有坚定的六七人坚持战斗，1929年，有人还能经常在图书馆里发现党的传单。[①]

30年代初，党的“左”倾路线影响逐渐加重。1930年下半年到1931年初，北平市委把党、团、工会力量统一组织起来，成立“行动委员会”“苏维埃筹备会”，组织“暴动预习”“飞行集会”。清华党员参与了在双十节、十月革命节、广东暴动纪念日等日子里的北平党组织的活动。1930年9月初，清华党支部还曾在清华一院（清华学堂）二楼的一个教室里，召开了西郊区苏维埃筹备会，有党员、团员及积极分子近30人参加会议，准备进行北平的武装革命。

1931年初，党一度纠正李立三“左”倾错误，清华党支部工作重点转入群众性的宣传工作，开始举办“平民夜校”等。[②]但是1931年后，北平党组织多次受到极为严重的破坏，但清华党组织仍保持了健全。清华党团组织还秘密组织开展了清除基督教势力的工作，积极参与了驱除罗家伦、反对吴南轩、拒绝乔万选的斗争。外围组织也发挥了积极作用。[③]

1931年九一八事变发生后的第二天，清华学生就成立了抗日救国会，开展抗日活动。1931年12月，清华大学30余人和燕京大学等校学生联合组成了200多人的北平学生南下请愿团，奔赴南京，于12月15日举行的抗日救亡请愿游行，遭到国民党政府镇压，被迫返回北平。

1933年1月到5月，日军疯狂侵略华北，东北三省人民亡国灭种的惨剧，即将再次发生在北平。清华学生会于1月28日召开紧急会议，组织“战时工作准备队”，400多名同学参加救护队、看护队、慰劳队，开展各项抗日活动，13位同学志愿加入东北义勇军。校内同学还参加赶制防毒面具、捐献万件雨衣等活动。春假时，有100余

---

① 何玉：《战斗在清华大学图书馆的地下党组织》，《北京党史》2012年第1期。

② 清华大学校史研究室编：《清华革命先驱》（上），清华大学出版社2004年版，第12页。

③ 徐子佩：《我在清华大学的学习和革命生活（中）》，《中州今古》1994年第2期。

位同学志愿到遵化修筑军路，不少同学到清河制呢厂等附近工厂和农村，继续开展抗日宣传活动。

从1932年8月到1934年秋，中共北平市委多次受到严重破坏，大部分时间党的领导机关不复存在。这一期间，清华党组织虽然与上级党组织失去联系，但仍坚持革命活动，①在学生中进行艰苦的工作，发展进步力量。有些进步社团被迫停止活动，党组织转而建立了一些秘密外围组织“民族武装自卫委员会”“北平民族武装自卫会”等并开展活动。有相当影响力的《清华周刊》也一度掌握在党员手中。1934年下半年，牛佩琮当选《清华周刊》42卷总编辑，1935年初，蒋南翔当选《清华周刊》43卷总编辑。《清华周刊》的爱国进步宣传，吸引着广大青年。②

清华园老照片

① 徐心坦、刘文渊:《中共清华大学地下党组织的发展历程》,《北京党史研究》1997年第2期。

② 清华大学校史研究室编:《清华革命先驱》(上)，清华大学出版社2004年版，第14—15页。

1935年北平党组织克服重重困难，逐步恢复力量。当年6月，清华党支部书记何凤元与上级党组织接上了关系。1935年秋，蒋南翔继任清华党支部书记。在此前后，清华党组织吸收了高承志等加入中国共产党，为参与领导一二·九运动打下了组织基础。

（三）激情燃烧的一二·九运动

在日本的威逼下，1933年国民党政府与日本签订《塘沽协定》，1935年又签订“秦土协定”“何梅协定”。但是日本仍步步紧逼，积极策动华北五省“防共自治运动”，成立傀儡政权。同时，极力拉拢驻守平津和冀察的第29军长宋哲元。华北已经陷入沦亡的危机。

平津一带，到处笼罩着亡国的气氛，不少争相南逃。清华大学也准备南撤，重要图书仪器已经装箱启运。在这个危难时刻，清华的党组织发挥了重要的作用。一二·九运动中，时年21岁的清华大学地下党支部书记蒋南翔草拟了清华大学救国委员会《告全国民众书》，读来令人泣下：

> 华北自古是中原之地，现在，眼见华北的主权，也要继东三省热河之后而断送了！这是明明白白的事实，目前我们友邦所要求于我们的，更要比二十一条厉害百倍，而举国上下，对此却不见动静，回看一下十六年前伟大的五四运动，我们真惭愧……现在，一切幻想，都给铁的事实粉碎了！“安心读书”吗？华北之大，已经安放不得一张平静的书桌了！……[①]

12月9日早晨7时，清华同学在西大操场集合出发，由黄诚、吴承明等人带队，参加当天的一二·九游行示威。清华队伍在上午9时到达西直门，但是受阻于城外。学生杨述（杨德基）作的一首诗表达

① 中共北京市委党史资料征集委员会编：《一二九运动》，中共党史资料出版社1987年版，第143页。

了学生们的愤慨之心："义旗高举在今朝，烈火冲天百丈高。甘冒风霜为救国，宁遭斧钺不降曹。汉奸卖国真无耻，学子争存恨未消。他日偿还流血债，工农蜂起似钱潮。"①学生们抗日热情空前高涨，许多人强烈要求"再来一次"爱国游行。

由于国民党当局决定12月16日成立冀察政务委员会，北平学联立即将示威游行定在这一天。12月16日拂晓，由清华、燕大率领的城外学生大队出发，经过西便门，突破封锁，最终部分学生到达天桥，参加了由约两万名市民和一万学生举行的市民大会。

之后，游行队伍以清华大学为先导，前往外交大楼示威。受阻于正阳门，又转往宣武门，与守门的军警相持。清华女学生陆璀趁人不注意，迅速平贴着地面爬进宣武门，与军警斗争并被逮捕。当时美国记者斯诺正在现场拍照，跟着押送陆璀的警察到了警察所，并对她进行了采访。第二天（12月17日）美国《纽约先驱论坛报》头版头条发出一条新闻，正标题是"5000中国人奋起反对日本统治，警察击倒60"，副标题是"北平学生被打，'贞德'被捕"。②

一二一六运动后，南京政府行政院下令解散平津学联，并宣布平、津各校提前放寒假，学生一律限期离校。北平各校也加强对学生们的管束。学生们受高涨的爱国热情鼓舞，仍坚持自己的行动。

12月25日，清华学生20多人，组成清华自行车队，后来由于别的学校学生加入，车队改名为"北平南下自行车宣传队"。大家由清华园出发，骑上自行车奔赴南京宣传、示威。③

1936年1月2日，平津学联组织了"平津学生南下扩大宣传团"，共分4个团，约500人，南下河北等地宣传。其中第三团有三个大队和一个先遣队，共150多人，包括清华学生50多人。1月4日，第三

---

① 清华大学校史编研组编：《战斗在"一二·九"运动的前列》，清华大学出版社1985年版，第13页。

② 清华大学校史研究室编：《清华革命先驱》（上），清华大学出版社2004年版，第20—21页。

③ 同上，第21页。

团由西郊蓝靛厂出发。[①]按照预定路线，第三团经卢沟桥、长辛店、良乡、琉璃河，6日中午到达涿州的马头镇。

宣传团所到之处，向群众宣传救亡道理，演唱救亡歌曲，贴标语、发传单、演出街头剧，激起了群众对日本的民族仇恨。第三团1月10日继续从固安出发，14日到达高碑店，住在一所小学校，突然被便衣特务和军警20多人控制，次日晨被押运回北平。2月1日，“平津学生南下扩大宣传团”第一、二、三团联合在北平师范大学召开代表大会，成立中华民族解放先锋队。

1936年2月，国民党当局颁布《维持治安紧急治罪法》，在全国开始镇压学生抗日救亡运动。2月24日，北平当局发布取缔北平学联的命令，29日凌晨派出大批军警搜捕各校黑名单上的学生。400多名军警闯进清华园，把平斋等学生宿舍包围起来，搜捕进步学生。清华支部书记蒋南翔、参加北平学联工作的姚依林、学生纠察队长方左英，被抓到西校门警卫室，但都被学生们抢回。当晚7时，有5000多名军警再次进清华捕人，当时学生骨干已分散避开。[②]

在历次斗争中，清华的进步力量得到锻炼而继续增长。民先队清华分队队员曾达到180多人，在清华地下党支部的领导下，成为清华学生运动中的骨干力量。清华的党组织也得以增强，1936年4、5月间，清华党组织吸收多位民先队骨干及积极分子相继加入或由共青团转入中国共产党，党组织进一步壮大。这期间，清华党支部书记先后由蒋南翔等多人担任。[③]

---

① 清华大学校史研究室编：《清华革命先驱》（上），清华大学出版社2004年版，第22页。

② 清华大学校史研究室编：《清华革命先驱》（上），清华大学出版社2004年版，第24—25页；中国高等教育学会、清华大学编：《蒋南翔文集》，清华大学出版社1998年版，第1181—1182页。

③ 清华大学校史研究室编：《清华革命先驱》（上），清华大学出版社2004年版，第23—24页；中共北京市委党史研究室编：《北京革命史回忆录》（第二辑），北京出版社1991年版，第314页。

（四）在斗争中贯彻党的抗日民族统一战线政策

1936年3月3日，北平各校民先队员约1300余人，为惨死在狱中的河北北平高中学生郭清举行抬棺游行。许多学生因此受伤、被捕，其中有清华学生16人。

1936年春，刘少奇到华北担任中共中央北方局书记之后，在《火线》等刊物上发表了《论北平学生纪念郭清烈士的行动》等文章，指出应扩大民族统一战线，巩固和发展一二·九运动成果。[①]进步学生也反思了自己存在的问题，认识到："没有全体学生群众的支持，结果只牺牲了学生群众里的精华，整个学运遭遇到更大的打击，得不偿失。"[②]

1936年7、8月间，中共中央北方局组织部长彭真来到清华园，在学生宿舍平斋428室杨述的宿舍里住了一周多，对党员和民先队员进行形势分析和抗日民族统一战线政策的教育。[③]

卢沟桥事变发生前的几个月里，北平学联组织各校学生在西山露营，学习军事，发动学生积极参加29军主持的学生军事训练等活动。7月初，在西山樱桃沟的军事训练夏令营中，清华学生地下党员赵德尊和北大学生地下党员陆平在一块大石头上雕刻"保卫华北"4个大字，表达了同学们抗日救亡的决心。

清华党支部书记杨学诚在延安参加完中国共产党全国代表会议后，调到北平学委工作，清华党支部书记由吴继周接任。在这前后，党组织发展新的同志加入中国共产党。当时在校党员共有42人。据初步统计，抗战前，先后在清华的共产党员累计共有110人。[④]

卢沟桥事变后，清华大学一部分学生留下来在平西、冀中、冀

---

① 清华大学校史研究室编：《清华革命先驱》（上），清华大学出版社2004年版，第26页。

② 清华大学校史研究室编：《清华大学史料选编》（第二卷）（下），清华大学出版社1991年版，第959页。

③ 清华大学校史研究室编：《清华革命先驱》（上），清华大学出版社2004年版，第27页。

④ 同上，第30—31页。

东等抗日前线与当地工农结合开展抗日游击战；大部分学生则从天津经烟台、青岛到了济南，然后再分赴各地。他们中有的北上抗日；有的南下发动群众，传播救亡种子；有的去长沙，入清华、北大、南开三校联合组成的长沙临时大学（后至昆明成为西南联大）继续学习。①

1946年10月，清华大学在北平复校，学生共2200多人，其中从西南联大复员的有900多人。从昆明复员北上的党组织仍由中共中央南京局（原南方局）领导，称"南系"，属"南系"党员转入清华的有26人。同年10、11月间，从北平临时大学及各大学、中学转入清华的党员，受晋察冀中央局（后改为中共中央华北局）领导，称"北系"，转入清华的党员有25人。"北系"党组织在复员初期不设党支部，而由原来各自的上级领导人单线联系。②

（五）第二条战线斗争中迎来新中国

解放战争开始后，北平学生爱国民主运动不断高涨。1946年12月30日，1000多名清华学生参加示威游行，抗议美军暴行。③1947年，5月20日，1000多名清华学生参加北平各校学生"反饥饿，反内战"大游行。1948年春，在清华"南系"教职员党支部领导下，清华"讲师、教员、助教联合会""职员公会""工警联合会"开展"争饱暖，求生存"的斗争。学生民主运动迅速发展的同时，党组织不断发展壮大。1948年8月前，清华"南系"党总支下属支部发展到10多个，党员有100多人。清华"北系"党总支下设7个分支部，党员有90多人。全校共产党员达到200多人，占学生总人数约10%。④

1948年7月，教育部密令各大专院校肃清校内共产党嫌疑分子和接近共产党分子。华北"剿总"在8月19日一大早开始行动，在

① 清华大学校史研究室编：《清华革命先驱》（上），清华大学出版社2004年版，第31—32页。

② 同上，第56—57页。

③ 同上，第57页。

④ 同上，第64页。

北平11所大专院校实施逮捕，其中包括清华学生。中共北平地下党学委紧急通知清华两个党总支。上了黑名单的同学有的化装越墙赴解放区，有的躲在园内杂草丛中，有的隐蔽在教授家里。如学生自治会常驻会主席、社会系学生裴毓荪先后在吴泽霖、冯友兰、费孝通等教授家中隐蔽，得到积极保护，随后在彭珮云的接应下，安全离校。[①]

大逮捕事件之后，党组织重新进行调整和安排干部力量。1948年9、10月间，清华地下党一方面做好群众工作，巩固发展党的组织；另一方面积极地向解放区输送干部，到清华园解放，前后共输送干部近100人。临近北平解放时，清华地下党依靠严密的组织、坚强的领导，并通过秘密外围组织、学生自治会、各种进步社团，形成了一股势不可挡的革命力量，在当时的清华园占了压倒性优势。各种革命活动可以公开或半公开地进行，看进步书刊、唱解放区的歌曲、跳陕北秧歌舞、演进步戏剧、出进步壁报已是司空见惯。所以，当时的清华园被誉为国统区的“小解放区”。[②]

1948年12月15日，解放军进驻海淀镇；17日，第13兵团政治部主任刘道生来校在大礼堂向师生们做讲演，第13兵团政治部在清华大学西校门及体育馆前张贴布告，正式宣告清华园的解放。[③]1949年6月28日，根据北平市委决定，清华党组织在二校门张贴当时全校党员及负责人名单，结束了党的地下状态。其中有教师30名，学生148名，职工9名，教师中另有4名因工作需要暂未公开党员身份。[④]

---

① 清华大学校史研究室编：《清华革命先驱》（上），清华大学出版社2004年版，第70页。

② 同上，第72页。

③ 清华大学校史研究室编：《清华大学史料选编》（第四卷），清华大学出版社1994年版，第4页。

④ 清华大学校史研究室编：《清华革命先驱》（上），清华大学出版社2004年版，第76页。

三、中国大学的红色文化

中国大学自成立就具有光荣的革命传统。在北京历史上的反帝反封建斗争中，中国大学一直走在前列。以李大钊、李达、吴承仕、杨秀峰等为代表的一批“红色教授”在学校传播马克思主义；在斗争实践中，中国大学培养出了以李兆麟、白乙化、董毓华、段君毅等为代表的一批民族英雄和国家栋梁。中国大学的红色文化正如她的革命精神一样，坚定不移，卓然独立！

（一）中国大学的建立与参加五四运动

辛亥革命后，孙中山先生为培养中国民主革命和建设人才，在北京创办国民大学。民国政府拨款84500两白银作为开办费，租前门内西城根愿学堂为校址。1913年4月，国民大学正式开学。1913年“二次革命”爆发，政府收回开办经费，学校由官办改为民办。1917年3月5日，学校改名中国大学，迁入西单二龙坑郑王府新址。中国大学初设四大部：大学部，下设文、法、商三科；专门部，下设法、商两科；法政别科部；附属中学部。

孙中山为此倾注了相当大的精力，寄托了他对未来中国文教事业的恢宏期望。众多军政要员曾在该校任职，可以说，一部中国大学校史就是半部民国军政史。

1919年5月，中国在巴黎和会失败的消息传来，北京学生十分愤怒。5月3日夜，在北京大学三院礼堂举行全体学生大会，中国大学派代表参加。经过整夜筹备，次日中午开启了轰轰烈烈的五四运动。当日，军警捕去32人，其中有中国大学学生刘国平等。5月7日晨，中国大学姚憾校长会同各校校长赴警察厅保出各校被捕学生。学生回校后，大家开会欢迎。19日，中国大学与全市各院校宣布罢课。[①]

1919年5月15日，中国大学学生会成立，领导广大同学参加了轰轰烈烈的五四运动。自1921年底中国共产党在中国大学建立了地

① 中共北京市委党史研究室编：《中国大学革命历史资料》，中共党史出版社1994年版，第331—334页。

下党组织起，学生会都是在地下党组织领导下工作的（通过学生会党员干部领导）。中国大学学生会，同时也是北京市学生联合会的会员。

（二）《曙光》杂志和马克思主义在中国大学的传播

1919年11月，曙光杂志社在中国大学成立，成员以中国大学学生为主，包括法文专修馆、俄文专修馆等学校的学生。月刊的编辑为中国大学学生宋介，主要撰稿人也是宋介等人。①

曙光杂志社在1919年11月1日《曙光》1卷1期中，对于"我们为什么要办这个杂志"做了热情的解释："我们处在中国现在的社会里头，觉着四围的种种环境、层层空气，没有一样不是黑暗、恶浊、悲观、厌烦，如同掉在九幽十八地狱里似的。……所以我们不安于现在的生活，想着另创一种新生活；不满于现在的社会，想着另创一种新社会。……所以我们发愿根据科学的研究、良心的主张，唤醒国人彻底的觉悟，鼓舞国人革新的运动。虽然能力有限，愿力却大。谨将宗旨列下：本科学的研究，以促进社会改革之动机。"②

《曙光》杂志早期有着浓厚的学院习气和脱离实际的缺点，1920年以后，随着十月革命影响的深入和马克思主义的传播，《曙光》的倾向有所转变。以后大量刊载介绍苏俄的文章及列宁著作的译文，一些文章则讨论劳动、阶级斗争、社会制度的根本改造等问题，表现了社会主义倾向在知识分子中起到了积极作用。

1921年3月，李大钊在《曙光》及《评论之评论》杂志上，连续发表《社会主义下之实业》和《中国的社会主义与世界的资本主义》两篇文章，对张东荪等人的吉尔特社会主义即行会社会主义进行批驳。③自1922年至1927年，李大钊兼任中国大学经济系教授。实际上，他之前也经常到中国大学发表演说。④

---

① 中共北京市委党史研究室编：《中国大学革命历史资料》，中共党史出版社1994年版，第338页。

② 同上，第25页。

③ 同上，第338—339页。

④ 同上，第342页。

1921年中国共产党成立后，马克思主义逐渐在中国大学传播开来。方式大致有4种：一是一些进步教授，课堂上下宣传马克思主义，对学生产生了很大影响；二是中国大学地下党组织的发展和领导爱国运动；三是一些有马克思主义思想的进步教授来校讲演；四是进步师生创办很多刊物、壁报，宣传马克思主义。一些极有声望的进步学者（多是共产党员），在中国大学担任系主任，或任主要课程教授，像董毓华、黄诚、白乙化、黄龙等进步学生，大都受这些进步教师的教导、指引而成长起来，走上革命道路并干了一番救国救民的事业。当时进步师生共同创办了不少进步刊物，除了前面所说的《曙光》杂志外，还有《文史》《盍旦》等期刊。[①]

（三）三一八惨案、抗日救亡及北方"左联"的斗争

1926年三一八惨案发生后，3月23日中国大学决议为本校死难烈士赵钟钰召开追悼会，并停课4日，对全体死难烈士表示哀悼。校董何其巩先生（1936年以后任校长）目睹惨案，悲愤万分。1929年任北平特别市市长后，他特呈请南京政府批准，对三一八烈士进行公葬（公葬墓地在圆明园西侧），并亲自撰写慷慨悲愤的《"三一八"烈士墓表》，用664个字写出了惨案的真实状况。[②]

1931年九一八事变后，10月间，北平学联组织数千大学生到驻北平的陆海空军副总司令行营向张学良请愿，并组织大规模的南下请愿斗争。中国大学（包括附中同学）数百人参加。此次赴南京请愿和示威斗争，对国内外影响都巨大。[③]

1931年春成立的北方"左联"，主要宣传无产阶级革命，解放劳苦大众和苦难同胞。1935年初，成员中有中国大学的鲁方明（余修）、王大彤、夏英喆、张楠等人。"左联"出版的刊物有《北方文艺》

---

① 中共北京市委党史研究室编：《中国大学革命历史资料》，中共党史出版社1994年版，第342—343页。

② 同上，第344—345页。

③ 同上，第347—348页。

《文学杂志》等大型刊物。[1]一二·九运动爆发之前，中国大学“绿洲社”的成员，就以“文艺茶会”的组织，团结了一大批爱好文艺的进步青年。

（四）一二·九运动的革命风潮

一二·九运动前夕，中国大学的党组织同上级组织失去联系，但党的活动从未终止。董毓华、鲁方明、侯薪等一批优秀党员发挥了特有的作用，团结了大批革命青年。后来这些人都成了一二·九运动的骨干。一批有学识的进步教授在教学中传播马克思列宁主义，引导学生研讨中国的革命问题。这就为一二·九运动打下良好基础。[2]

一二·九运动爆发之前，北平学联决定，为显示群众威力和表达中国人民的意愿，号召同学们行动起来，向国民党当局举行一场请愿斗争。12月7日，中大派出董毓华、甘全礼、孔震萍、王桐等同学为代表参加北平学联召开的会议，决定12月9日举行学生代表请愿，因请愿毫无结果，总指挥部决定，请愿改为游行示威，中国大学等各校纷纷响应，其间遭到镇压。

为揭露当局暴行，北平学联决定举行“血衣展览”大会，经过一周准备，共搜集血衣百余件，邀请到受伤同学的家长30余人。血衣挂在逸仙堂（中大礼堂）内，上书“血淋淋铁的事实”7个大字。12月23日北平学联主持召开“血衣展览”大会，到会代表千余人。中大同学组成纠察队，负责保卫会场。董毓华代表学联做了关于一二·九运动伟大意义的报告，慷慨激昂，声泪俱下，异常感人。会后根据建议，血衣展览保留一周，让各校同学继续参观，7天之内共接待参观群众达万余人次。[3]

一二·九运动期间，中国大学原校长时任外交部长的王正廷，在学校的代理人、总务长祁大鹏，对学生爱国活动力主压制。中大党组

---

① 中共北京市委党史研究室编：《中国大学革命历史资料》，中共党史出版社1994年版，第352页。

② 同上，第354—356页。

③ 同上，第359页。

织自1936年7月开始，经过驱祁、倒王、拒吕、迎何的曲折斗争，历时两月余，赶走了祁大鹏，迎来了北平原市长何其巩担任校长。“这不仅是中大的胜利，也是北平‘一二九’运动的胜利，对学生救亡运动的继续深入和发展，起到了一定推动作用。”[①]

（五）奔赴抗日战场与坚持地下抗日斗争

卢沟桥事变发生后，中国大学的中共党员、民先队员和广大爱国师生在中共北平市委的领导下，除部分人留在北平坚持长期抗日地下工作外，先后离开北平奔赴全国各地抗日战场。

全民族抗战初始，离开北平的中国大学教师吴承仕、管彤（张致祥），经中共上级组织指示，留在天津，编印《时代周刊》宣传抗日。管彤还负责华北人民武装自卫委员会的领导工作，动员华北人民抗日，组织武装抗日军队。部分中国大学爱国师生分散到全国抗日战场，参加抗日战斗。为拯救中华民族，他们以满腔热血献出自己的一切。这些爱国师生有陈光仁、雷鸣、陈雷、王志平、梁国华、刘进、黄铮、傅如真、亓美堂、杜柏深等百余名。

由于抗日工作需要或无法脱身而留在北平敌占区坚持地下工作的中国大学爱国师生，为数也不少。其中代表人物如校长何其巩，教师王之相、许宝骙等人。[②]何其巩校长肩负重任，当危难之际，在沦陷区支撑中国大学之命运。抗战期间北平在日军铁蹄践踏下，中国大学抵制了敌伪的引诱，坚守了这块阵地。[③]

全民族抗战开始后，留在北平的中国大学中共党员赵元珠（庄英、肖莹）、张德懋（张靖）、万选（万复、万子卿）及一些民先队员在中国共产党领导下坚持地下抗日工作。[④]中国大学民先队还成立地下读书会，秘密传阅马列主义经典著作和进步的社科文学书籍。读书

① 中共北京市委党史研究室编：《中国大学革命历史资料》，中共党史出版社1994年版，第366—367页。

② 同上，第375—378页。

③ 同上，第378—381页。

④ 同上，第381—382页。

会成员1937年秋冬发展到20多人。中国大学的师生由北平地下党组织到解放区阜平参观学习，参加抗日工作。被派回北平从事地下工作的，大都以中国大学做掩护，如陆元炽、赵得寿（李本）、蓝公武的女儿徐华等。抗日战争中，中国大学成为中国共产党在日军侵华心脏——北平的活动基地之一。①

（六）进步力量蓬勃发展与迎接解放

1945年抗日战争胜利前夕，中国共产党设在中国大学的党组织和派遣人员有以白羽为书记的党支部（党员有余铭久、赵怀秋、矫世奎）、以郑汝慧（关晖）为书记的党支部等。还有一些校外中共党组织领导的党员和民主青年联盟盟员潜伏在中国大学工作。②

1945年暑假期间，中国大学共产党员、爱国进步学生韩恩甲、邓国才、韩文才等，到晋察冀边区首府河北阜平学习。日本宣布投降后，他们中止学习，在孙逊带领下，日夜兼程返回北平。他们会合在校的共产党员，并在中共北平市委统一领导下，展开接管工作的宣传活动。他们联合其他党员，一夜之间把八路军北平卫戍区由司令员郭天民签署的通告及城市政策的宣传品、宣传标语张贴在北平的大街小巷和中国大学校园。此时的中国大学校园一派生机。③

1945年8月20日，北平地方当局宪警联合办事处发布了《严禁学生结队游行，集会结社的禁令》。这无疑是国民党发出的继续实行独裁统治的信号。北平当时的社会状况是：物价飞涨，民不聊生。中国大学师生思想波动，人心不安，爱国进步学生要求组织起来进行斗争。

1946年3月新学期开始之际，中国大学大多数学生为学费和生活费焦虑。他们看到国立院校既不缴学费，国家管吃住，还发救济物品，而中国大学师生员工却无此优遇。中国大学崔万镒、于廷栋

① 中共北京市委党史研究室编：《中国大学革命历史资料》，中共党史出版社1994年版，第383—386页。

② 同上，第388—389页。

③ 同上，第390页。

等十几位同学，一致同意成立“饥寒团”开展宣传活动，准备游行请愿。[1]

这次请愿取得了初步胜利。请愿后，学生自治会根据食堂用餐人数造册领补助粮2万斤。中国大学的请愿行动，惊动了北平市当局。国民党政府在让步的背后，却采取暗中谋害和瓦解群众的手段。1946年下半年新学年开学前夕，国民党当局气焰嚣张，加紧迫害进步群众，逮捕了16名进步学生和无辜群众。

在中国共产党的领导下，学生运动开始进入有组织阶段，新的社团不断出现。[2]一些民主进步师生在校内参加由中共党员和“左派”学生组织的秘密读书会，有些师生接触社会上的进步民主力量，并在他们的影响下，参加校外的民主进步组织，如民主青年联盟。有的还在校外加入中国共产党。[3]

1949年1月28日，解放军先遣部队入城。中国大学出动了数百人组成欢迎队伍走上街头游行，庆祝北平解放。这次游行是由中国大学学生院系联合会组织，自西单游行到前门。队伍进行中锣鼓喧天，以文艺大队高举校旗为先导，参加游行的学生手执欢迎解放军的小彩旗，秩序井然。师生们边歌边舞边呼口号，欢庆解放。[4]

四、中法大学的红色文化

李石曾、蔡元培等人联合法国人士，将法式教育制度理念引入中国，创建北京中法大学。这所学校虽相对较小，但是校园政治氛围较为自由，在历次北京革命斗争中，参与积极，表现突出。以陈毅为代表的一批优秀青年才俊在这里成长成才，以范文澜为代表的一些教师

① 中共北京市委党史研究室编：《中国大学革命历史资料》，中共党史出版社1994年版，第390—391页。

② 同上，第392—395页。

③ 同上，第408—411页。

④ 同上，第414页。

哺育着北平青年，以贝熙叶为代表的法国人士参与了对日抗争。

（一）中法大学建立和中共地下党支部诞生

1918年，李石曾、蔡元培等人动员法国退还庚子赔款，加强中法文化交流，联络中法两国人士发起成立中法大学的行动。1920年，北京中法大学在西山碧云寺法文预备学校的基础上扩充为文、理两科，最先成立，首任校长为蔡元培。一年后，它在法国的姊妹学校里昂中法大学也在里昂始创。[①]

1925年，北京中法大学已经初具规模，大学部发展为4个学院，即服尔德（伏尔泰）学院、孔德学院、居礼（居里）学院和陆谟克学院，分别以法国文学家、哲学家和科学家名字命名。学校文学科于1925年秋从西山碧云寺法文预备学校移至北京城内东皇城根39号（现东黄城根北街甲20号），改称服尔德学院，这里成为北京中法大学本部。

中法大学老照片（北京市档案馆　提供）

① 许睢宁、张文大、端木美：《历史上的中法大学（1920—1950）》，华文出版社2015年版，第40页。

早在1923年，中法大学还在北京西山时，就成立了中共秘密支部，党员10余名，有早期留法勤工俭学的颜昌颐、陈毅等人。1924年毕业后颜昌颐再次赴法，后转到苏联莫斯科东方大学学习政治和军事，并于1925年回国参与领导上海武装起义、南昌起义、海陆丰武装起义。1929年8月，因叛徒出卖被捕后被害于上海龙华。

除共产党员外，还有一些进步师生。1927年至1935年，历史学家范文澜曾在中法大学文学院任教两个阶段，和党领导的团体——教联、“左联”、互救会产生过联系。[①]王慎明系经济系教授兼高中部主任。他所采用的教材，即苏联出版的政治经济学。阮慕韩教授上“公民”课，则直截了当地向学生们讲解社会发展史及共产主义必然实现。

中法大学学生积极参加社会活动。1925年4月2日孙中山灵榇安厝碧云寺，学生们自发组织中法大学迎丧会，身着素装，臂戴黑纱，列队迎候，一起目送孙中山的灵榇缓缓置入宝塔之中。[②]当时在中法大学服尔德学院读书的陈毅，还用曲秋的笔名发表《西山埋葬》的长诗，寄托对孙中山的绵绵哀思，表达秉承遗志的雄心壮志。

（二）三一八惨案、一二·九运动中的爱国抗争

1926年三一八惨案发生后，为了悼念中法大学学生胡锡爵在内的烈士们，3月23日，北京各界人士齐聚北京大学大操场举行北京市各界追悼三一八死难烈士大会，陈毅主持大会。

1931年九一八事变后，中法大学校内成立学生会，参加北平学生抵制日货、宣传抗日的活动。1933年，国民党北平当局的宪兵三团大肆镇压共产党与爱国人士，曾将中法大学的范文澜、阮慕韩、王慎明等进步教授和进步同学方德增等逮捕。幸有校方通过李石曾等国民党上层关系，及时把他们保释营救出来。从此，校内革命活动有过一个短暂时期的沉寂。

但是党的地下活动依然存在，1935年10月红军到达陕北，学生

---

① 许睢宁、张文大、端木美：《历史上的中法大学（1920—1950）》，华文出版社2015年版，第129页。

② 同上，第76页。

阅报室不久就出现了中国共产党的铅印宣传品“八一宣言”。[①]

中法大学的革命精神在一二·九运动中得到弘扬。学生参加1935年12月9日、12月16日两次示威游行，成立学生会，参与组织南下宣传，有10余位同学参加平津学生南下宣传团，向群众宣传抗日。[②]

中法大学属南下宣传团第三团第三大队第一分队，途经马头镇，召开群众大会。一位50岁上下的当地农村妇女，受到他们鼓舞，登上土堆，宣讲人人都应该爱国。这一动人情景，成为邹韬奋主编的《大众生活》某期封面图片。同期，还发表了一篇关于军警强行押解中法大学“爱国罪犯十二名”返校的通讯，引起全国各界关注。[③]

在1936年3月北平成立的中华民族解放先锋队中，中法大学也有20余人参加。中法大学民先队除参加日常政治活动外，还组织读书会、办墙报、组织时事座谈会等。学生陈嘉平任队长的“中法大学救亡歌咏队”，团结全校爱好音乐的师生，传唱抗日救亡歌曲，很受欢迎。[④]大家先请来崔嵬指导，后来又请来师大的杨淑英同学教唱歌。这个歌咏队在学生会开大会前要领头唱歌《义勇军进行曲》《五月的鲜花》《毕业歌》《松花江上》《大刀进行曲》等，激励同学们团结一致抗日。中法大学民先队学与学联在香山老虎洞等地联合开展露营活动，锻炼抗战能力、增强彼此交流。中法大学及附属高中有20余人参加。这些活动发展了党员，为抗日救亡运动训练了大批骨干，使人们对抗日游击战战术有了初步概念。[⑤]

（三）全民族抗战时期的“三不”原则和自行车“驼峰航线”

卢沟桥事变发生后，北平各高校迅速掀起抗日宣传和战地服务

---

① 陈嘉平：《我们在中法大学的时候》，《北京党史》1986年第3期。

② 许睢宁、张文大、端木美：《历史上的中法大学（1920—1950）》，华文出版社2015年版，第90页。

③ 陈嘉平：《我们在中法大学的时候》，《北京党史》1986年第3期。

④ 许睢宁、张文大、端木美：《历史上的中法大学（1920—1950）》，华文出版社2015年版，第156页。

⑤ 陈大东：《中法大学同学参加“一二·九”运动的片断回忆》，《北京党史》1987年第3期。

活动。7月10日，中法大学师生到前线劳军，组织宣传队、募捐团、看护队、服务队等支援抗战。7月29日，北平沦陷，中法大学陷于困境中。中法大学师生提出了不接纳辅导官、不开日语课、不挂太阳旗的“三不”原则，为日伪当局所不容。虽然学校有与法国的关系，但也只能勉强维持至这一年底，到了1938年实际停办。

1939年7月，中法大学得到教育部的批准，先将理学院迁往昆明，随后于1941年迁文学院至昆明，医学院则停止招生。[①]

日伪的打压，并不能消灭中法大学师生的抗日意志，中法大学校董、教授、校医贝熙叶也加入抗日志士行列。

贝熙叶1872年出生于法国，1920年与蔡元培、李石曾一起在北京创办中法大学，他的医术很好，同情中国百姓，受人称赞。[②]卢沟桥事变爆发后，贝熙叶曾代表外国驻平全体医官致函中国红十字会，表示愿意为红十字会服务，支援中国抗战。他还驾车到宛平县城，为受伤的百姓医治创伤，把需要手术的伤员接到法国医院救治。

最令人称道的是，贝熙叶秘密为八路军送药，用自行车建立了一条运输医疗用品的“驼峰航线”，经过北平西山向敌后抗日根据地运药。贝熙叶，年近70岁有时候要载重几十斤上路，骑车行程数十里，十分劳苦。后来他买了辆雪铁龙小汽车运药。贝熙叶的住处贝家花园一度成为一个红色据点，甚至看房人王月川也是中共地下党秘密交通员。[③]

习近平在纪念中法建交50周年大会上的讲话中赞扬贝熙叶的壮举。他说：“我们不会忘记，无数法国友人为中国各项事业发展做出了重要贡献。他们中有冒着生命危险开辟一条自行车‘驼峰航

① 许睢宁、张文大、端木美：《历史上的中法大学（1920—1950）》，华文出版社2015年版，第161页。

② 同上，第116页。

③ 同上，第119—120页。

线’、把宝贵的药品运往中国抗日根据地的法国医生贝熙叶。”[①]

抗日战争期，中法大学开始复校计划。1946年8月中法大学正式复员北归，首批学生举着昆明学生联合会赠送的“民主先锋”锦旗，告别昆明回到北平。1946年10月中旬，中法大学师生全部回到北平，并于11月1日正式开学。[②]

（四）冲破黎明前的黑暗

中法大学革命力量相对较强，1947年中法大学有师生400余人，其中中共地下党员、党的外围成员、进步学生已经占到半数以上。校内相对安全，竟然可以公开放映《列宁在十月》这种红色革命影片。由于很多学生前往解放区参加革命，加上战争中学生流失，到北平解放前夕，中法大学的学生人数已经减少到200余人。[③]

中法大学师生参加多次大规模反内战示威游行，1946年底，中法大学同学们参加了声势浩大的全市学生抗议美军暴行示威游行。教师们也同样走在前列，1947年5月29日，平津各大学教职员500余人签名发表向全国呼吁和平的宣言，领头签名者就有代表中法大学的叶如琏，这次中法大学共有17位教职员在呼吁书上签名。[④]

1947年10月，在历次革命斗争的基础上，中法大学成立两个党支部。1948年10月，两个支部合并成立党总支，不断发展经过斗争考验的青年入党，并陆续向解放区输送进步青年。[⑤]

1949年1月31日，北平和平解放。6月16日，北平军管会发布第152号令，接管中法大学。1950年10月6日，中央人民政府教育部下发第810号令，停办中法大学，将其师资、校舍资源分别并入华北大学工学院、北京大学、南开大学。[⑥]至此，中法大学完成了它的使命。

---

① 许睢宁、张文大、端木美：《历史上的中法大学（1920—1950）》，华文出版社2015年版，第120页。

② 同上，第173—174页。

③ 同上，第174—175页。

④ 同上，第175页。

⑤ 同上，第176—177页。

⑥ 同上，第181—182页。

五、蒙藏学校的红色文化

中央民族大学附属中学的前身，是成立于1913年的蒙藏学校，是以开发蒙藏青海人民学识、增进蒙藏青海人民文化为宗旨的官办学校。1916年6月，因受袁世凯称帝的影响，国立蒙藏学校经费无着，被迫停办。8月，内务部总长孙洪伊函报国务院下文蒙藏院，催令蒙藏学校开办。财政部将位于西单石虎胡同8号的官产毓公府租借给校方为校址，10月正式迁至新址，于11月10日开课。

1918年8月，国立蒙藏学校改名为国立蒙藏专门学校，包括专门科和中学部，成为中国历史上第一所全国民族大专学校。1919年4月30日，中国在巴黎和会上的正当要求遭拒后，北京学生群情激愤。5月4日，国立蒙藏专门学校130余名学生在荣耀先等人的带领下，手持白旗，上写“取消二十一条”“还我青岛”等爱国口号，上街游

1923年11月，绥远蒙古族旅京学生与在京供职人员在蒙藏专门学校合影。前排左二为多松年，左五为云泽（乌兰夫）；二排右一为吉雅泰；三排左五为奎璧

行，火烧赵家楼。5日参加各校学生总罢课，荣耀先与瞿秋白、许德珩、张国焘等共同发起成立北京学联，统一领导各校的学生运动。6日，《晨报》以《蒙藏学界之愤激》为题，刊登国立蒙藏专门学校学生的罢课宣言，接着又以“蒙藏学校一百三十人”名义参与签署《致巴黎专使电》《致巴黎和会电》等爱国文电，掀起国立蒙藏专门学校新一轮的爱国热潮。

1923年，乌兰夫、多松年等39名蒙古族学生被招进蒙藏专门学校。李大钊、邓中夏、赵世炎、刘伯庄等中共北方区委人员先后多次来到学校，宣传马克思主义，活动形式有读书会、座谈会、个别交流等，组织青年学生到北京大学三院听李大钊的报告，在宣武门内吕祖阁参加马列主义研究小组学习，听陈独秀等讲课。

这批蒙专青年1924年先后加入社会主义青年团。1925年，国立蒙藏专门学校中共党支部成立，成为中国少数民族党建中的第一个支部，编辑出版党支部刊物《蒙古农民》，是中国少数民族的第一份革命刊物。

同年，蒙藏专门学校革命青年学生兵分5路投入大革命洪流：乌兰夫、多松年等5人与张闻天、王稼祥、杨尚昆、蒋经国等赴苏联莫斯科中山大学；荣耀先等10多人到黄埔军校；贾力更等10余人去广州毛泽东主办的农民运动讲习所；奎璧等人先到蒙古共和国党务学校，进而转到莫斯科东方劳动大学；李裕智、吉雅泰等则直接回内蒙古开展和领导革命斗争。可以说，蒙藏专门学校是内蒙古革命的摇篮，在内蒙古现代革命史上具有重要的历史地位。1929年6月，学校改名为国立北平蒙藏学校。

1935年12月9日，蒙藏学校学生在席振华、寒峰、周中孚等人的发动下，加入北平学联组织发动的一二·九学生爱国运动。1937年七七事变后，北平蒙藏学校改名为“国立北京蒙藏学校”。1945年8月，恢复北平蒙藏学校校名。

20世纪三四十年代，蒙藏学校革命火种生生不息，地下党领导人刘仁、崔月犁等关注、指导在校学生，吉雅泰也化装进入北平，暗中支持学生的革命活动。进步知识分子张致祥以语文教师身份、齐燕铭以蒙古族同乡身份，在校组织读书会，排演进步戏剧。在他们的引导下，克力更、黄静涛、寒峰、潮洛濛、墨志清、浩帆、李子欣等人走上革命道路，有的奔赴延安，有的返回内蒙古参加革命斗争。

1949年1月，北平和平解放。北平蒙藏学校由北平市人民政府暂行接管，黄静涛为校长。4月，国立热蒙师范学校正式合并到北平蒙藏学校。6月，奉华北人民政府令，学校隶属华北高等教育委员会领导。11月，移归中央人民政府教育部领导。1950年9月，取消“国立”字样，改称蒙藏学校。

1951年6月11日，中央民族学院建立，同日，教育部发文，蒙藏学校与中央民族学院合并，改称中央民族学院附属中学，由中央民族委员会直接领导，成为少数民族干部子弟中学。①

六、其他学校的红色文化

（一）北京市第一六一中学

北京市第一六一中学的前身，就是历史上有名的“女一中”。

1913年，京师公立第一女子中学成立。建校初期即得到革命先驱李大钊的关怀。1919年5月，京师公立第一女子中学师生参加五四爱国运动，全校学生罢课，发表罢课宣言。1928年，学校更名为北平特别市市立第一女子中学校。

1931年，九一八事变爆发，学校积极参加抗日救亡活动，募捐援助东北义勇军。1933年，学校成立女一中附属平民学校，帮助失学儿童学习普通知识。同时，全校师生积极参加抗日救亡活动，募捐援助东北义勇军。1935年，学校在高中班讲授李大钊生平及其著作《纵与横》《唯物史观》等。6月，师大、清华、女一中等20余所大中学校在女一中开会，成立黄河水灾救济联合会；10月，第二次干事

① 1993年11月，随中央民族学院更名，学校定名为中央民族大学附属中学。

会在女一中举行，女一中、清华等5校当选为特种委员会委员；11月，女一中、东大、清华、师大等学校的代表组成灾区服务团，前往黄河灾区发放衣服、赈款，高一学生邓迪秀代表女一中赴山东赈灾。同年11月，北平大中学生抗日救国联合会召开成立大会，选举女一中学生郭明秋①为学联主席。

在中共北平临时工委的领导下，北平学联在学校多次召开秘密会议，发动了著名的一二·九爱国学生运动，学校为发动此次运动唯一的中学。一二·九运动后，女一中进步校长孙祥偈被国民党政府逮捕，一部分进步教师被迫离校，不少参加学运的同学被开除。

1937年12月，日伪统治者将学校改名为“北京市立第一女子中学校”。1940年，学校中华民族解放先锋队组长卢懋祖带领同学赴平西抗日根据地参加革命，1941年10月献出年轻生命。1941年1月，八路军总部保卫部派党员刘新到北平开展工作，他利用在女一中兼课的机会接近青年发展组织，在中国大学、北大工学院成立党支部，并为七中、四中派去党员。

1945年，北平光复后，学校恢复原名。1947年，校长彭华琚因怕贪污行为被揭露，集体解聘12位学校进步教师。女一中在校学生和毕业校友，发起为期两个月的“护师运动”。5月，学校师生参加地下党领导的“反饥饿、反内战”大游行。1948年8月，中国革命青年联盟在北平成立，女一中正式建立地下党支部。

1949年1月31日，北平宣告和平解放，在中共北平地下党和民主青年联盟组织领导下，学校师生参加欢迎解放军入城仪式。1949年10月1日，中华人民共和国成立，女一中学生参加开国大典。②

---

① 一二·九运动后，郭明秋辗转奔赴延安参加革命；抗日战争及解放战争时期，郭明秋曾任刘少奇的译电员、中央组织部蔡畅的秘书、中央妇委秘书长、中共中央东北局常委等职。

② 1972年，学校更名为北京市第一六一中学。进入21世纪，学校先后与北京市第三十中学、北京市长安中学合并，形成了“一校三址”（北、中、南三个校区）的办学格局。

（二）北京市八一学校

北京市八一学校的前身，是八路军晋察冀军区荣臻小学。1947年3月1日，为了保障革命后代和烈士遗孤安全、培养教育革命第二代荣臻小学在晋察冀边区阜平县沟槽村（今向阳庄）诞生。荣臻小学是晋察冀军区第一所干部子弟小学，分为幼稚部和小学部。

荣臻小学成立初期，物质条件极为困难，教职员大部分为家属，缺乏办教育的人才和经验。学校没有教材，学校老师到边区政府要来一套，夜以继日地抄写，赶在开课之前把手抄本交给孩子们，每个年级两本，老师一本备用、孩子们共用一本。老师没有办公桌，用木头箱子代替；没有自来水笔，把蘸水笔尖插在高粱秆上写字；没有墨水，用水冲一小包紫染料代替。艰苦的环境和条件培养了老师和孩子们艰苦奋斗和勤俭节约的精神。作为部队子弟学校，学校师生坚持军事化的生活，每天早晨要出操，主要安排跑步和爬山。

1947年5月开始至北平解放，荣臻小学先后历经3次搬迁。第一次，随着晋察冀军区司令部的搬迁，学校从阜平县沟槽村搬迁到易家庄村。第二次，又从易家庄村搬迁到平山县古贤村。在国民党飞机轰炸、偷袭党中央所在地的特殊时期，学校全体师生转战河北和山西一带的山区，坚持边转移边上课。第三次，北平和平解放后，学校从古贤村搬到北平护国寺定阜大街，后迁至府右街李阁老胡同20号，成为第一个进北平的部队子弟学校。

在易家庄，学校办学条件得到改善，学生数量和教师数量有所增加，军区把白求恩医科大学和国际和平医院工作的大夫的孩子送到学校就读。学校除正常的课程之外，把爱共产党、爱毛主席、爱解放军的革命教育贯穿于教学和生活方方面面。课程内容与国内政治形势紧密结合，增加学生的革命责任感，如介绍晋察冀边区的课文：“晋察冀，晋察冀，你是一片自由的土地。我们大家都爱你。看吧，高山起伏，平原千里，四千万劳动人民，时刻都在注视你，让你成为全国的模范，为中华民族扬眉吐气。”

在古贤村，司令部把3头牛（1头公牛、2头奶牛）交给子弟学校代为饲养，主要供幼稚部的孩子们喝奶。为了节省开支，学校组织学生在学习间隙开展生产劳动，男孩子打草鞋，女孩子织毛衣、织毛袜子、缝手套、捻棉线、纳鞋底，用芦苇织芦席，用荆条编筐。孩子们还利用假日和课外活动时间，帮老乡推碾子，担粪运肥。麦收时，全校出动，到麦田帮老乡收割，并提出"地里不落一穗麦，不扔一颗粮"，充分体现了军民一家和劳动人民儿女的本色。1948年下半年，国民党的飞机经常对平山县所在的党中央驻地进行轰炸，古贤村也遭到严重破坏，正常的教学生活秩序被打乱，学校采用灵活的机动方式：敌人的飞机一来，师生们就藏起来，等飞机飞走后，孩子们就把沙滩、树林、玉米地当作课堂。没有笔和纸，小木棍就是笔，在地上练习写字。

1949年5月25日，校名改为"中国人民解放军华北军区政治部八一学校"（分为小学部和幼稚部）。①

（三）汇文中学

汇文中学成立于1871年，原是美国教会美以美会教堂附设的蒙馆。1952年，由人民政府接管，改为北京市第二十六中学。1989年4月又恢复"汇文中学"的校名。汇文中学有优秀的革命传统，为祖国建设和中国革命事业培养了大批有用人才。

据许德珩回忆，汇文中学是五四运动中最早到天安门集会的两个学校之一。早在大革命时期，汇文中学即由彭雪枫等建立第一个党支部，党员有郭英、赵风江等。在1926年三一八反帝爱国运动中，汇文中学很多爱国师生积极参加运动，唐耀昆、谢戡两位同学献出宝贵的生命。第二次国内革命战争时期，张学诗、邓力群、王振乾等在

---

① 1952年8月9日，学校迁至西郊海淀镇南栅栏6号（今苏州街29号），沿用原校名。1955年4月15日，学校改名为中国人民解放军北京军区政治部八一学校。1958年8月25日，学校增设三年制的初中部，校名改为中国人民解放军北京军区八一学校。1964年7月3日，学校移交北京市教育局领导，改名为北京市八一学校。1976年1月，学校改名为北京市八一中学，成为完全中学。2014年7月，学校又更名为北京市八一学校，合并海淀区彩和坊小学，恢复小学部，北京市八一学校成为集小学、初中、高中和国际部为一体的综合性、国际化的学校。

汇文中学入党、入团或加入党的外围组织而走上革命道路。1931年九一八事变后，汇文中学学生在张学诗、王振乾等进步同学组织带领下，进行了大量的抗日救亡运动。1935年，汇文中学学生积极参加一二·九和一二·一六的宣传、罢课、游行活动。后来又有不少同学参加南下扩大宣传团的队伍。抗日战争爆发后，大批同学走出课堂，奔赴抗日民族解放的战场。

抗日战争胜利后，汇文中学原有的党员和进步群众，有的转移到新的战斗岗位，有些奔赴解放区参军或参加工作。留在学校的党员和进步学生都是单线联系，分属校外不同的上级领导，尚未形成一支有组织的战斗队伍。那时学生党员李学法（李宁）、进步学生赵少英、进步教师吴纯性都在学生中开展工作，教育积极分子。

1945年底寒假期间和1946年暑假期间，中共北平北下党学委分两批秘密组织汇文中学进步师生到张家口晋察冀中央局城工部学习。1946年下半年建立解放战争时期汇文中学的第一个党支部，赵嗣良任支部书记。1946年春季开学组织社团——“自由读书会”，组织同学阅读进步书报杂志、进步文艺作品，还创办《自由周刊》壁报，评述时事，探讨“自由”“民主”等问题，揭露一党专政的个人独裁，维护“政协”的决议等。

1946年春季，经同学选举正式成立汇文中学学生自治会，李新民任主席，赵嗣良任副主席，取得了自治会的领导权。在学生自治会公开领导下，支部在校内外开展了大量工作，使学生内敌我力量发生了巨大的变化，进步学生队伍日益壮大，反动分子日益孤立。

1948年夏季以后，北平的解放已指日可待。同学们做了冲破黎明前的黑暗、迎接解放的思想准备。北平解放在即，汇文中学配合军队和根据地来的干部，搞好接管北平的工作。支部对学校设备、人员编制、财产状况以及校内的特务、反动党团骨干名单等，都一一造册，详加说明，为接管工作做好准备。2月3日，汇文中学学生组织队伍参加了欢迎解放军入城仪式的活动。

（四）育英中学

育英中学（今北京市第二十五中学），由美国基督教公理会在1900年开设，是北平市有名的8个教会中学之一。由于校方严禁在校学生参加社会活动，校内政治空气比较沉闷。九一八事变爆发后，民族危亡激发起育英中学同学们深藏的爱国主义情怀，进步爱国气氛渐浓。1931年秋季，育英中学学生以演讲、话剧、募捐、戏曲等多种形式在校内外宣传抗日救亡，在自办的刊物上进行宣传教育。还成立抗日救国会，成为北平抗日救国会候补执行委员。参加抗日救国市民大会，举行一系列爱国活动。如举办“提倡国货运动”大会，举办盛大的募捐活动，慰问爱国将士。在校内，音乐教师李抱忱组织育英中学师生合唱队，1935年举行“平、津、济、京、沪旅行音乐会”，以“借雄壮的音乐表现出中华民族的伟大，用慷慨的歌声咏唱出中华青年的奋发”，所经5个城市都受到广大市民的欢迎。这次南下演出，既宣传了爱国精神，鼓动了民心，也使育英中学师生受到初步锻炼。1935年夏，育英中学发起并参加由北平市14所大中学校学生组成的近600名师生规模的露天音乐会，与会师生高唱进步救亡歌曲，悲壮雄浑的音乐极大鼓舞了大家的革命意志。

1937年7月，日军占领北平。有些育英中学同学直接参加抗日战争，为祖国贡献了生命。留在学校的进步同学积极开展爱国活动。1939年，地下党委派张大中到育英中学开展工作，建立一支进步分子的队伍。先后发展宋汝棼、高鲁、赵谦入党。1941年初建立育英中学第一个党支部，书记张大中。为了更多更好地培养积极分子，张大中和宋汝棼建立党的外围组织“细流社”，创办《细流》，很受同学们的欢迎。到1941年6月，育英中学党支部已经有学生党员8人及一批积极分子。许多地下党员和进步青年响应党的号召，奔赴抗日根据地参加革命。太平洋战争爆发后，日伪政权全面接管育英中学。育英中学党支部仍然坚持斗争，继续团结一部分进步青年开展校内校外的抗日斗争。解放战争时期，从1946年开始，育英中学地下党遵照党的指示，以分散、隐蔽、各自为战的方法开展对敌斗争。首先把身边的进步同学团结起来，发动他们参加进步学生集会，阅读进步书报，学唱革命歌曲，从而增加他们对党的了解和对革命的认识。通过读书会活动，同学们的思想觉悟都有了提高，大部分参加党的民主青年联盟组织，走上革命道路。育英中学在解放战争期间成了北平学生运动的一支重要力量，为革命胜利做出了重要贡献。

（五）来自延安的红色四校

中国人民大学、北京理工大学、北京外国语大学、中央民族大学从建校伊始就流淌着革命血液，传承着红色基因。它们的前身是延安时期中国共产党在革命根据地创办的红色学校，并在中华人民共和国成立前后相继迁入北京。

中国人民大学的前身是1937年中国共产党创办于延安的陕北公学，以及后来的华北联合大学和华北大学。1950年10月3日，以华北大学为基础合并组建中国人民大学，成为新中国创办的第一所新型正规大学。

北京理工大学的办学历史最早可追溯至1939年在延安创办的自然科学研究院，1940年春改为延安自然科学院，1943年并入延安大学。1946年1月，延安自然科学院改名为晋察冀边区工业专门学校，辗转华北办学。1946年4月，根据形势发展需要，北方大学工学院在晋冀鲁边区成立。1948年10月，晋察冀边区工业专门学校与北方大学工学院合并，成立华北大学工学院，培养具备新的技能和本领、善于管理的工业干部和技术人才。1949年8月，华北大学工学院迁入北京，划归中央人民政府重工业部领导，为重工业建设和发展服务。1950年9月，华北人民政府教育部决定将中法大学学校本部及数、理、化3个系合并到华北大学工学院。1951年11月18日，华北大学工学院改名为北京工业学院，自1952年1月1日启用新校名。1988年更名为北京理工大学。

北京外国语大学是中国共产党创办的第一所外国语高等学校，前身是1941年成立于延安的中国人民抗日军政大学三分校俄文大队，后发展为延安外国语学校，隶属于党中央领导。新中国成立后，学校归外交部领导，1954年更名为北京外国语学院，1959年与北京俄语学院合并组建新的北京外国语学院。1980年后直属教育部领导，1994年正式更名为北京外国语大学。

中央民族大学前身是1941年9月在延安建立的民族学院。新中国成立不久，1949年12月毛泽东根据形势发展特别是国家建设的需要，做出了培养大批少数民族干部的指示。1950年6月，中央人民政府决定在北京建立一所新型大学——中央民族学院。1951年6月11日，中央民族学院正式开学。1993年11月30日，更名为中央民族大学。

结　语

发端于新文化运动和五四运动的北京学府红色文化，以其鲜明亮丽的时代特色、焕然一新的青春风采、坚贞不屈的斗争精神，在新民主主义革命运动史上留下了浓墨重彩的灿然画卷，书写了彪炳青史的光辉篇章，是一笔极为宝贵的思想遗产和精神财富，值得我们永远铭记、传承弘扬。

他们是求索真理、宣传主义的红色火炬。新文化运动犹如一声春雷，惊醒了那个时代的北京学府，打开了一扇遏制新思想涌流的闸门，掀起了一股思想解放的浪潮。以学生斗争为先导的五四爱国运动，带着辛亥革命不曾有的战斗姿态，启导广大人民的觉悟，促进了马克思主义在中国的传播，为中国共产党成立做了思想和组织上的准备。以李大钊、邓中夏为代表的北大师生，最早接受和传播马克思主义，并组织马克思学说研究会，翻译《共产党宣言》《社会主义史》等，深入群众广泛传播；北京共产党小组成立后，坚持把学习和宣传马克思主义放在重要位置，同时帮助北方主要城市建立党团组织。中国共产党第一位女党员、北京女子高等师范学校学生缪伯英，坚持用马克思主义指导中国妇女运动，被李大钊誉为“宣传赤化的红党”。他们积极筹建北京社会主义青年团，作为党的助手和预备学校，把联络进步青年学习和宣传马克思主义作为主要工作。各种进步刊物诸如《新青年》《劳动音》《晨报》等，也如雨后春笋般涌现，成为传播真理、宣传主义的重要阵地。在马克思主义与工人运动相结合的过程中，中国共产党应运而生、发展壮大，犹如一团熊熊燃烧的火炬，照亮了中国革命的锦绣前程。

他们是救亡图存、热血爱国的时代先锋。面对巴黎和会上丧权辱国的《凡尔赛和约》，他们纷纷走上街头、走出北京，不惧残酷镇压、坐牢杀头，毅然决然发出“外争主权、内除国贼”的呐喊，引燃了全国范围的群众爱国运动，在华夏大地上形成了救亡图存的燎原之势。面对日军铁蹄的入侵、东北大好河山的沦陷，他们怒火中烧、热血沸腾，一次次掀起声势浩大的抗日救亡运动热潮，一批批投身到东北抗日义勇军的滚滚洪流，全国各地纷纷发表通电和宣言，声援北平学生爱国运动，一时长城内外、大江南北，到处响彻抗日救亡的战斗号角。面对七七事变后全民族抗战的严峻形势，他们抱定“青山处处埋忠骨，何须马革裹尸还”的强烈爱国信念，大力支援中国军民英勇抗战，义无反顾投笔从戎，奔赴前线奋勇杀敌。面对北平沦陷后日军法西斯的统治，他们拒绝日伪的资助，拒做敌伪的顺民，积极开展地下斗争，始终保持着威武不屈的爱国情怀和铁骨铮铮的民族气节。他们在北京这块红色沃土上，奏响了一曲曲浩气长存的爱国主义壮歌，上演了一幕幕跌宕起伏的爱国主义话剧。无数事实充分证明，爱国主义是北京学府红色文化最亮丽的主色调，是青年精神最激昂的主旋律。

他们是埋葬黑暗、播撒光明的英勇斗士。新文化运动，他们率先扛起民主和科学的伟大旗帜，形成空前思想大解放的浪潮。五四运动，他们率先研究和宣传马克思主义，给中国革命带来真理的光芒。大革命时期，他们率先组织成立“反帝大联盟”，维护国共两党合作，反对北洋军阀统治。抗日战争时期，他们高举抗日救亡的旗帜，点燃一二·九运动的烽火，形成席卷全国的抗日救亡高潮。解放战争时期，他们击水弄潮、前赴后继，迅速掀起疾风暴雨般的爱国民主运动，成为第二条战线的急先锋和主力军；他们粉碎国民党当局南迁学校的阴谋，积极开展大规模群众性护校斗争，全力做好留住人才的工作，为北平和平解放后的长远建设积蓄了有生力量，为埋葬蒋家王朝和赢得新民主主义革命的胜利做出了不可磨灭的历史贡献。他们不愧为民主运动中的英勇斗士，他们不愧为党的强大后备力量。最终，他们在中国共产党领导下与全国人民一道，驱除了黑暗，迎来了黎明。

北京学府的红色文化既是中国共产党领导的革命文化，又是朝气蓬勃的青年文化。青年兴则国家兴，青年强则民族强。今天，新时代的梦想召唤青年，新时代的责任赋予青年，新时代的光荣属于青年，在中华民族伟大复兴的历史征程中，青年们必须勇立潮头、奋发蹈厉、担当作为，书写出无愧于先辈、无愧于时代、无愧于人民的青春华章。

后　记

根据全国文化中心建设领导小组总体部署，在中共北京市委宣传部统筹指导下，市委党史研究室组织编写了“红色文化丛书”。丛书由原中央党史研究室副主任李忠杰担任主编，市委党史研究室主任李良及副巡视员刘岳担任执行主编，副主任陈志楣、张恒彬及原副巡视员范登生、副巡视员运子微担任执行副主编。

为打造精品力作，邀请邵维正、柳建辉、关海庭、杨凤城、王树荫、黄如军、包国俊等著名党史军史专家学者组成丛书编委会，并下设刘岳及曹楠、宋传信、方东杰、黄迎风、高俊良、王桂环、祁霄等人组成的办公室。编委会负责制定方案、确定书目、遴选主编、审定大纲及书稿。办公室负责组织联络督办工作，出台书写规范、组织作者培训等。曹楠负责丛书协调工作，宋传信负责丛书图片统筹工作，骆洪刚负责部分图片修版工作。

《北京学府的红色文化》是“红色文化丛书”之一，由首都师范大学党委宣传部常务副部长、马克思主义学院教授黄延敏主编，中国农业大学马克思主义学院李明珠（撰写第一、二章），华北电力大学机关党委副书记、首都师范大学历史学院博士生王硕（撰写第三章，第六章第二目、第四目），市教委《北京教育志》副主编张驰（撰写第四章，第六章第五目、第六目），首都师范大学马克思主义学院副教授王树祥（撰写导语，第五章，第六章第一目，结语），首都师范大学李敏、苏玉（撰写第六章第三目），新疆大学郭清（撰写第六章第四目）共同完成。全书共6章16节。方东杰承担联络员工作并阅改第二稿，曹楠阅改第一稿，原北京市委党史研究室副主任陆兵、北京师范大学马克思主义学院副院长周良书审改第二稿。王锦辉润色全书，范登生改写结语。原中央党校副校长李君如，中央党校（国家行政学院）分管日常工作的副校（院）长何毅亭、副校长谢春涛，原中央党史研究室副主任龙新民等领导、专家学者对本书提出宝贵意见。北京出版社编辑对全书进行了严谨细致的编辑加工，在此一并表示衷心感谢。

由于时间仓促和水平有限，书中难免存在疏漏和不足之处，敬请广大读者批评指正。

中共北京市委党史研究室

2019年8月